예술의
사회학적
읽기

예술의 사회학적 읽기
우리는 왜 그 작품에 끌릴까

초판 1쇄 펴낸날 2022년 12월 30일

지은이 최샛별 김수정
펴낸이 이건복
펴낸곳 도서출판 동녘

편집 구형민 정경윤 김다정 이지원 김혜윤 홍주은
마케팅 임세현
관리 서숙희 이주원

등록 제311-1980-01호 1980년 3월 25일
주소 (10881) 경기도 파주시 회동길 77-26
전화·영업 031-955-3000 **편집** 031-955-3005 **전송** 031-955-3009
블로그 www.dongnyok.com **전자우편** editor@dongnyok.com
페이스북·인스타그램 @dongnyokpub
인쇄·제본 새한문화사 **라미네이팅** 북웨어 **종이** 한서지업사

예술의
사회학적
읽기

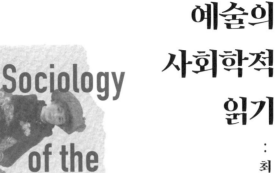

:: 최
샛
별

:: 김
수
정

Sociology

of the

Arts:

: 우리는 왜 그 작품에 끌릴까

Connecting

Arts and

Society

동녘

'오픈 런' 시대의 예술사회학

이 책의 제목인 '예술의 사회학적 읽기'를 과목명으로 대규모 교양수업을 개설한 지 어느덧 14년이 흘렀다. 강산이 한 번 바뀌고도 남을 시간이었던 만큼 그동안 많은 변화가 있었다. 이 수업을 듣고 사회학과로 전공을 바꾼 학부생은 박사학위를 취득한 뒤 교수가 되어 이 책을 교재로 쓰겠다며 출판 시기를 물어왔고, 석사 과정을 밟으며 조교를 하던 학생은 어엿한 사회학자가 되어 든든한 공저자로서 이 책을 집필하게 되었다. 서문을 쓰고 있는 지금, 다시 한번 엄청난 세월의 힘과 무한한 감사함을 느낀다.

지난 시간들을 돌이켜보았을 때, 조금 더 학문적인 측면에서 가장 눈에 띄는 변화는 '예술 장field'의 급격한 성장과 확장이다. 실제로 지난 한 세기 동안 예술은 좁게는 한국 사회와 사회과학계에서, 그리고 좀 더 넓게는 인류사적으로나 지성사의 측면에서 가장 뚜렷하고도 대대적인 변화를 거쳤다. 이를 가장 잘 보여주는 것은 아마 예술이 갖는 신비감의 변화일 것이다. 훌륭하고 위대한 존재인 예술은 범인들은 범접할 수 없는 위치에서 고고하게 빛나고 있었다. 그러나 길거리에서조차 예술을 발견하는 오늘날, 예술은 우리에게 친숙한 일상이 되었다.

거창하게 얘기하지 않더라도, 우리는 예술계에서 일어나는 많은 변화와 그것이 우리 삶과 사회에 미치는 엄청난 영향력을 쉽게 확인할 수 있다. 한국의 상황만 봐도 그렇다. 오늘날 예술은 사회 전 분야에 걸쳐 거침없이 확산과 성장을 거듭하며 매일매일 새로운 역사를 써내려가고 있다. 한국 순수예술가들의 전 세계적인 활약이 계속되는 한편, 영화와 드라마, 케이팝 등 대중예술을 선봉에 둔 한류현상은 한국 사회에서 예술이 더 이상 주변적이거나 부차적인 것이 아님을 여실히 보여준다. 소비의 측면에서도, 한때 부유한 중년층의 전유물이었던 미술품 경매가 청년층의 세대문화로 자리 잡기 시작했으며, 새로운 공연과 미술 전시를 보기 위해 치열하게 예매 전쟁에 참여하는 '오픈 런' 현상까지 빚어진다. 이처럼 사람들의 예술에 대한 관심과 욕구는 그 어느 때보다 뜨겁다.

그뿐만 아니라 사회적·산업적 측면에서도 예술은 필수적인 요소가 되었다. 다양한 예술 콘텐츠의 생산과 분배, 그리고 이들을 기획·관리·운영하는 예술경영 등 이른바 '창조산업' 영역에 대한 관심과 참여가 증가하고 있다. 또한 창조산업 영역의 확장은 여기서 파생되는 예술인력 양성교육, 예술인 복지 등으로까지 이어진다. 사회의 전 영역이 예술과 연결되어 있다 보니 당연히 정부도 '예술 정책'이라는 이름 아래 예술을 중요한 국가 정책 영역에 포함시키고 있음은 물론이다.

이러한 상황에서 예술과 관련된 논의들이 활성화되는 것은 당연한 수순이다. 그리고 예술사회학은 이 모든 영역에서 가장 기본이 될 이론적·방법론적 시각을 제공해줄 수 있는 거의 유일한 학문이다. 각각의 분야에서 의사결정을 내릴 때 고려해야 할 예술의 개념과 범위, 예술의 문화적·경제적·

사회적 효용과 가치, 이를 둘러싼 다양한 견해들과 시각들, 특정 현상을 분석할 때 활용할 수 있는 구체적인 방법론과 분석 틀까지 다양하게 제시할 수 있기 때문이다.

그러나 아쉽게도, 예술사회학에 관심 있는 많은 독자들의 지적 호기심을 충족시켜줄 만한 책이 아직 출간되지 않은 실정이다. 무엇이 문제일까? 우선 예술사회학 분야의 책 자체가 많지 않다. 또한 출간된 책이 있다 하더라도 한국의 상황을 반영한 책을 찾아보기가 어렵다. 한국에 비해 예술사회학 분야의 논의들이 상당 부분 진척된 서구권 국가들의 경우, 일종의 고전과 같은 책들이 있다. 그 책들은 국내에 번역되어 있기도 하지만, 말 그대로 '고전'이다 보니 내용이 어려울 뿐만 아니라 최근의 변화들을 포착해내는데 한계를 가질 수밖에 없다. 또한 서양의 사례들만을 활용하기 때문에 한국 고유의 예술 작품이나 관련 이슈들이 빠져 있어, 한국 사회의 예술 영역에 대한 설명력이 떨어진다.

이 책은 기존의 예술사회학 고전들이 담고 있는 기초적인 이론적 내용들은 물론, 최근의 이슈들까지 폭넓게 소개한다. 또 서양 예술의 사례들과 더불어 한국 고유의 순수예술과 대중예술 분야의 사례들을 동시에 다룸으로써, 기존에 출간된 책들의 장점을 극대화하고 한계점을 보완했다. 무엇보다 누구나 재미있고 편안하게 읽을 수 있도록 어려운 내용을 쉽게 풀어 썼고, 보충 설명을 더해 가독성을 높였다. 이를 통해 예술사회학 분야에 관심을 둔 예비 학자들, 예술과 사회에 대한 이해도를 높이고 싶은 독자들, 좀 더 심도 있는 지식을 바탕으로 예술 소비의 수준을 끌어올리고 싶은 독자들, 앞으로 예술과 관련된 분야로의 취업을 꿈꾸는 독자들 모두에게 도움이 되고자 했다.

이 책은 총 4부로 구성되어 있다. 1부에서는 예술을 사회학적으로 읽어
낸다는 것이 무슨 의미인지, 예술을 둘러싼 다양한 이슈들에는 어떤 것들이
있으며, 학문의 장場에서 예술 개념은 어떻게 변화해왔는지 살펴봄으로써
예술사회학으로의 여정을 준비하는 내용이다. 2부에서는 예술과 사회가 맺
는 관계에 주목한다. 구체적으로 예술이 사회에 대해 무엇을 말해주는지
(4~6장), 또 사회를 변화시키는 예술의 힘은 얼마나 강력한지(7~9장)에 초점
을 맞춰 각각에 적용될 수 있는 풍부한 사례들과 관련 이론들, 그리고 연구
예시들도 살펴본다.

이어지는 3부에서는 예술의 생산과 소비의 측면을 살펴본다. 먼저 작품
의 창조가 이루어지는 예술 세계(예술계)의 모습과 그 안에서 진행되는 예술
생산의 구체적인 과정들, 그리고 이러한 과정에 주목한 연구들을 살펴본다
(10~11장). 또한 사람들이 예술을 해석하고 소비하는 방식에 초점을 맞춰 능
동적인 의미에서 수용자란 어떤 존재인지, 이들이 예술 작품을 해석하고 의
미를 생산한다는 것은 무슨 뜻인지, 나아가 예술을 소비하는 행위의 사회적
의미는 무엇인지 살펴본다(12~14장). 끝으로 4부에서는 예술사회학 분야의
연구들에서 주요하게 활용되는 분석 틀인 '문화의 다이아몬드'를 적용한 분
석 사례들을 살펴볼 것이다.

1~4부를 통틀어 열여섯 장 전체에 수록된 각각의 이야기들은, 이제 막
예술사회학이라는 분야에서 공부를 시작한 사람들에게 도움이 될 이론적·
방법론적 지식들과 흥미로운 예시들을 담고 있다. 그리고 예술에 깊은 애정
과 관심을 둔 사람이라면 누구나 한 번쯤 궁금해했을 법한 질문들에 답해줄

수 있는 열쇠들을 품고 있다. 이 책이 제공하는 이론적 자원들과 분석적 기법들은, 그동안 다양한 예술 작품과 현상에 관심이 있었으나 사회과학적 기반이 없어 연구가 어려웠던 독자들이 풍성한 예술사회학 연구들을 생산할 수 있도록 탄탄한 기초와 유용한 분석 틀이 되어줄 것이다.

예술사회학으로
떠나기 전에

I

예술과 사회가
만나는 방식

생산되고
소비되는 예술

예술을 사회학적으로 읽어보기

IV

예술사회학으로 떠나기 전에

I

1. 예술을 둘러싼 다양한 이슈들

아이돌 음악, 예술이 되다

전 세계가 방탄소년단(이하 'BTS')의 인기로 들썩이고 있다. 2020년 '빌보드 핫100' 1위와 2021년 그래미 어워드 노미네이트까지, 한국인 최초와 최고라는 타이틀을 놓치지 않으며 연일 신기록을 경신하는 이들의 행보는 놀랍기만 하다. 케이팝 아이돌을 넘어 전 세계가 인정한 아티스트로 발돋움한 이들의 음악은, 국제적인 팝 시장의 트렌드와 한국 고유의 색채를 모두 담고 있다. 압도적인 무대 스케일과 타의 추종을 불허하는 퍼포먼스도 좌중의 시선을 사로잡기에 충분하다. 매 공연마다 전석 매진 행렬은 기본이요, 발표하는 뮤직비디오마다 억대 조회 수 기록을 달성하고 있으니 단연 현시대 가장 핫한 아이콘이 아닐까 싶다. BTS의 공연이나 뮤직비디오를 본 사람들이 안무와 멜로디, 퍼포먼스의 높은 완성도와 예술성을 극찬하는 모습을 보는 것도 낯설지 않다.

　그러나 오랫동안 대중음악과 예술, 혹은 예술성은 어울리지 않는 한 쌍으로 인식되었다. 대중음악의 대중성은 늘 순수예술의 예술성의 대척점에 자리했으며, 그 시장성과 상업성으로 인해 감히 예술로 인정받지 못했다. 1990년대 초창기부터 아이돌 가수는 '딴따라'라는 용어로 폄훼되기 일쑤였다. 이들을 좋아하는 팬들 역시 '빠순이'라는 속된 표현으로 싸잡아 언급되곤 했다. 공장에서 찍어내듯 만들어져 남이 써준 음악에 맞춰 립싱크를 하며 춤을 추는 10대들과 그들을 추종하는 또 다른 10대들. 사회는 아이돌과 그들의 팬덤을 줄곧 이런 부정적인 시선으로 조망해왔다. 하지만 이후 20여 년의 시간이 흐르면서 한국 대중음악계와 문화 산업 분야는 눈부신 성장을 이뤄냈다. '딴따라' 대신 '아티스트'라는 말이 아이돌 가수들을 지칭하는 공식 용어가 되었고, 대중음악은 대중예술의 한 분야로 우리 삶 깊숙이 자리 잡기에 이른다.

　언뜻 이제 대중예술에 대한 평가절하의 문제는 해결된 듯 보인다. 순수예술과 대중예술 모두가 예술의 지위를 얻었기 때문이다. 그런데 바로 여기서부터 또 다른 문제가 발생한다. 대표적인 사례가 바로 최근 불거진 BTS의 병역 특례 논란이다. 그동안 정부는 국위 선양과 문화 창달에 기여한 예술·체육 특기자가 일정 조건을 충족했을 경우 군복무 대신 예술·체육 요원으로 복무하게 하는 제도를 유지해왔다. 일부 사람들은 "국위 선양으로 따지면 BTS만 한 인재가 없다"며 순수예술 분야와 동일하게 병역에 대한 혜택을 주어야 한다고 주장했다. 피아노 콩쿠르 1위는 되고 빌보드 1위는 안 되는 현실은 형평성에 어긋나며, 케이팝에 대한 차별이라는 것이다. 지난

2018년 BTS가 빌보드 메인 앨범 차트인 '빌보트 200'에서 1위를 차지한 뒤 불거진 이 논란은, BTS 멤버들이 국방의 의무를 다하겠다고 밝힌 이후에도 꾸준한 논란을 불러일으켰고, 2022년 10월 멤버 중 맏형인 진의 입대 선언과 함께 전원이 입대 의사를 알리면서 일단락되었다.

대중문화도 예술이라고 생각했던 사람들조차 '병역'의 문제가 대두되는 순간 '그래도 순수예술이랑은 다르지'라고 생각할지 모른다. BTS가 국위 선양을 했다는 사실에 대해서는 대부분의 국민이 동의했음에도 불구하고, 이들의 병역 특례 문제에 대한 여론조사에서는 병역 특례 찬성 비율이 상대적으로 낮았다는 점이 이러한 현실을 방증한다.

이처럼 어떤 대상을 예술 또는 예술가로 인정하고 받아들이는 데는 다양한 사회적 맥락이 작용하게 된다. 순수예술과 대중예술을 둘러싼 논쟁들은 이 밖에도 무수히 많다. 예컨대 대중문화가 예술의 지위를 획득하는 순간 이들 역시 지원의 대상이 된다. 이때 과연 어떤 예술을 지원해야 하느냐의 문제가 대두되곤 한다.

2022년 4월 BTS 병역 특례 문제를 둘러싼 연합뉴스TV의 설문조사 결과. BTS의 국위 선양 사실에는 대부분이 동의하지만, 병역 특례에 대한 찬성 비율은 상대적으로 낮다.

I. 예술사회학으로 떠나기 전에

미술관에 '걸려 있는' 그림

어떤 사람들은 예술과 예술이 아닌 것을 구분할 때, 그것이 위치하는 장소를 기준으로 삼기도 한다. 우리 주변에 존재하는 예술을 위한 다양한 장소들과 공간들을 떠올려보자. 각 국가의 보물들과 예술 작품들을 한데 모아 보관하는 국립박물관과 미술관, 오페라와 클래식 음악회가 펼쳐지는 초대형 공연장의 화려하고 세련된 외관과 웅장한 느낌, 관람객에게 정숙을 요구하는 엄숙한 분위기는 몇백 년 이상을 버텨온 예술품들과 어우러져 아우라를 뿜어내곤 한다. 따라서 대부분의 사람들은 이러한 공간에서 공연되거나 전시된 작품들을 이견 없이 예술로 받아들이며, 길거리에서 판매하는 그림이나 퍼포먼스와는 확실히 다르다고 생각한다.

그런데 이러한 관행적 사고의 틀을 깨는 퍼포먼스를 보여준 한 예술가가 있다. 연일 파격적인 행보로 예술에 대해 질문을 던지는 영국의 얼굴 없는 화가 뱅크시Banksy가 그 주인공이다. 뱅크시는 대영박물관, 메트로폴리탄 미술관, 뉴욕 현대미술관, 미국 자연사박물관 등에 자신의 그림을 몰래 가지고 들어가 다른 작품들 사이에 전시해놓았다. 놀랍게도 방문한 관람객들은 물론 미술관 관계자들까지 오랫동안 그 사실을 알아차리지 못했는데, 뱅크시는 이 점을 꼬집어 예술을 예술로 규정짓는 것이 과연 예술 그 자체인지 비판 섞인 의문을 제기했다. 뱅크시는 이 밖에도 스스로를 '예술 테러리스트'라 명명하며 자본주의하의 미술 시장을 비판하는 작업을 지속해왔다.

흥미로운 사실은 뱅크시가 이런 파격적 행보를 보이면 보일수록 아이러

뱅크시는 자신의 작품 〈당신의 눈은 아름답군요〉(2005)를 뉴욕 메트로폴리탄미술관에 몰래 전시했다.

I. 예술사회학으로 떠나기 전에

니하게도 그의 작품 값이 천정부지로 뛰었다는 점이다. 가장 최근에는 2018년 10월 영국 런던 소더비 경매에 나온 뱅크시의 작품 〈풍선과 소녀〉가 약 15억 원에 낙찰된 직후 파쇄기에 갈려 절반쯤 찢어진 사건이 화제가 되었다. 다음 날 뱅크시는 이 작품이 경매에 올라갈 것을 알고 미리 액자에 파쇄 장치를 설치했다고 밝히며, 본인의 소행임을 알리는 동영상을 인스타그램에 올렸다. 뱅크시의 그간의 행보를 알고 있던 구매자는, 그림이 반쯤 잘려 나갔음에도 불구하고 이 이색적인 작품을 낙찰가 그대로 구매했다.

이번 해프닝 역시 예술에 대한 여러 질문들을 유발했다. 어떤 사람들은 역시 뱅크시다운 창의적이고 도발적인 발상이라고 극찬한 반면, 또 다른 사람들은 뱅크시가 자신의 작품 값을 올리기 위해 부린 교묘한 술책이라며 강도 높은 비판의 목소리를 쏟아냈다. 견고한 예술계의 아성을 무너뜨리려는 시도를 하면 할수록 점점 더 그 중심부로 진입하게 되는 아이러니한 상황을 어떻게 설명해야 할까?

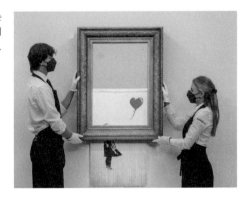

뱅크시의 〈풍선과 소녀〉(2018)는 영국 런던의 소더비 경매장에서 15억 원에 낙찰된 직후 파쇄되었다.

햄버거와 케첩 중 예술이 아닌 것은?

대표적인 패스트푸드로 사랑을 받는 햄버거도 예술이 될 수 있을까? 건너편 테이블에 앉아 있는 친구가 햄버거를 먹는 모습을 보고, "어, 저 친구, 예술을 먹고 있군"이라고 말할 사람은 아마 없을 것이다. 그렇다면 고무 소재 방수포 천으로 만든 지름 212센티미터의 초대형 햄버거 조형물은 어떨까? 이 질문에 머뭇거리며 대답하기를 주저하는 사람들에게 사진 속 거대한 햄버거 조형물을 보여주면 아마 "정말로 저렇게 큰 햄버거 조형물이 있는 거냐"며 신기한 듯 웃을 것이다. 그러다 이 햄버거를 만든 사람이 누구인지를 이야기해주면 모든 사람들이 이견 없이 초대형 햄버거를 예술로 받아들일 것이다.

바로 1962년, 햄버거라는 음식을 상상 이상의 아주 큰 형태로 만들어 신선함과 재미를 선사한 스웨덴 출신의 미국 팝아트의 거장 클래스 올덴버그Claes Oldenburg다. 한국인들에게는 청계천 초입에 위치한 20미터 높이의 조형물 〈스프링Spring〉의 작가로 더욱 잘 알려져 있다. 올덴버그의 〈바다 햄버거〉는 일상적인 소재를 예술 작품으로 승화시켰다는 격찬을 받으며, 1967년 캐나다 토론토의 온타리오 미술관에 당시 기준으로 상당히 높은 금액인 2000달러에 판매되었다.

그리고 현대미술이 늘 논쟁적이듯, 올덴버그의 햄버거도 예외 없이 커다란 논쟁을 불러일으켰다. 같은 지역에 위치한 센트럴테크니컬 고등학교에 재학 중인 50명의 학생들이 올덴버그의 햄버거 전시에 반대하며 274센티미터 크기의 케첩 병 조형물을 만들어 미술관 앞에서 퍼레이드를 한 것이

클래스 올덴버그의 〈바닥 햄버거〉(1962)와 이 작품의 전시에 반대하며
대형 케첩 병 조형물을 만든 미국 센트럴테크니컬 고등학교 학생들.

다. 그리고 이들은 햄버거엔 케첩이 필요하다며 그들이 만든 거대한 케첩 병을 기부하겠다고 밝혔다. 그러나 당시 미술관의 현대미술 큐레이터였던 바이든 스미스Bydon Smith는 이러한 학생들의 재기발랄한 저항 시위에 대해 놀랍다고 말하면서도 그들의 기부를 거절했다. 이유는 "그것이 중요하고 독창적인 작품이 아니기 때문"이었다.

결론적으로 햄버거는 예술로, 케첩은 예술이 아닌 것으로 판명 났다. 여러분은 여기서 예술과 비예술을 가른 결정적 요인이 무엇이라 생각하는가? 우리는 언뜻 보기에 낯설고 이해하기 어려운 작품들에 대해 누군가 그것이 유명한 예술가의 작품이라고 이야기해주면, 뭔가 심오하고 훌륭한 의미가 담긴 예술 작품으로 새롭게 보이는 현상을 경험하곤 한다. 올덴버그의 작품도 마찬가지이다. 그의 작품을 처음 본 학생들의 의아한 반응은 그가 팝아트의 거장이라는 사실을 알게 됨과 동시에 그의 작품이 위대한 예술 작품이라는 확신으로 변화한다. 만약 저 거대한 케첩 병이 고등학생들의 작품이 아닌 또 다른 팝아트 예술가의 작품이었다면 어땠을까? 미술관은 케첩 병 기부를 받아들였을까?

무대 뒤의 사람들

현대미술을 좋아하는 사람이라면 미국의 화가이자 팝아트의 거장으로 잘 알려진 앤디 워홀Andy Warhol에 대해 잘 알고 있을 것이다. 현대미술을 좋아하지 않거나 잘 모르는 사람이더라도 한 번쯤 그의 이름을 들어본 적이 있을 것이다. "예술가는 가난하다"는 통념과 달리 그는 현대미술계에서 예술적·대중적·상업적으로 모두 성공하며 그야말로 한 시대를 풍미했기 때문이다. 앤디 워홀은 미국 사회에서 너무나 평범한 것으로 여겨졌던 캠벨 수프 통조림을 소재로 한 '캠벨 수프 시리즈'로 순수미술계에 입성했다. 그는 실크스크린 기법silkscreening *을 활용해 작품을 만들고, 무늬별로 나눠 준비한 판형에 정해진 물감을 부어 완성했기 때문에 그의 작품엔 색깔만 다른 동일한 모양의 시리즈들이 많다. '앤디 워홀'이라는 이름을 들으면 자연스럽게 떠오르는 작품들은 대부분 이러한 기법이 사용되었다.

워홀의 작업 방식은 여러 측면에서 논란의 대상이 되었는데, 대표적인 비판 중 하나는 대량생산을 위해 공장에서 사용하는 실크스크린 기법을 신성한 예술 창작에 사용했다는 점이었다. 실제로 그는 자신의 작업실을 '공장factory'이라고 불렀는데, 실크스크린 작업이 가능한 공장을 세운 뒤 수많은 조수와 보조 인력을 두고 작업지시서를 통해 작품을 대량으로 찍어냈다. "예술은 비즈니스"라고 주창했던 그의 입장과 딱 맞아떨어지는 제작 방식인 셈이었다. 앤디 워홀은 고독한 천재, 외롭고도 긴 작업 시간 등 우리가 흔히 예술가에 대해 떠올리는 통념들을 그야말로 산산조각 낸 장본인이라 할 수 있다.

* 판화 기법 중 하나로 스크린 판의 미세한 구멍으로 잉크를 밀어내 찍는 방법이다. 일반적인 판화의 경우 좌우가 반전되어 찍히지만, 실크스크린은 보이는 이미지 그대로 나온다는 장점이 있다. 보통 실크스크린은 광고 전단지 등을 제작하기 위한 인쇄 기법으로 인식되었기 때문에 순수미술에서는 사용되지 않았으나, 워홀은 실크스크린 공장을 세운 뒤 작품을 대량으로 만들어냈다.

앤디 워홀의 〈마릴린 먼로〉(1962)와 〈캠벨 수프 통조림〉(1965).
실크스크린 기법을 활용한 그의 작품들은 색깔만 다른 동일한 모양의 시리즈가 많다.

I. 예술사회학으로 떠나기 전에

우리가 예술사회학적인 관점에서 주목해야 할 지점은 '최초의 상업 예술가'인 앤디 워홀이 아니라 그의 뒤에서 묵묵히 그의 지시를 따라 실크스크린 작업을 도왔던 사람들이다. 단적으로 말해 예술계, 혹은 '예술 세계'라고 부르는 공간엔 매우 다양한 사람들이 있고, 이들은 각기 다른 역할들을 수행한다. 우리가 미술관에서 접하는 워홀의 작품에는 그의 서명이 들어가 있고, 모든 작품들이 '그의' 작품으로 명명되어 소개되고 거래되지만, 엄밀히 말해 그 혼자만의 작품이 아니라 그와 그를 도운 사람들의 합작이라 할 수 있다.

이후에 더욱 자세하게 살펴보겠지만, 앤디 워홀의 작품이 관객에게 도달하는 과정에는 수많은 인력들이 관여한다. 그의 공장을 만드는 데 동원된 사람들, 그가 사용한 물감과 종이를 만든 사람들, 그의 작품을 걸 미술관을 짓고 전시회를 기획하는 사람들, 공장에서부터 미술관까지 그의 작품을 운반하는 사람들 등이 있다. 비단 미술 작품뿐 아니라 음악, 무용, 문학 등에서 하나의 예술 작품이 만들어지고 독자와 관객에게 도달하기까지의 과정은 '집합적'으로 이루어진다. 예술과 사회의 관계를 더욱 잘 이해하기 위해서는 이처럼 촘촘한 그물망으로 이어져 있는, 사람들 간의 네트워크에 주목해야 한다.

불편한 감정을 유발할 때

예술의 특징 중 한 가지를 꼽자면 예술은 '즐거움을 주는 경험'과 관계된다는 것이다. 우리가 여가 시간에 음악을 듣고, 주말에 영화관으로 나들이를 가는 이유를 생각해보자. 우리는 신나는 음악을 들으며 일상의 따분함을 날려버리기도 하고, 한 편의 영화를 보며 감동을 받기도 한다. 이런 맥락에서 보면 분명 예술은 우리에게 즐거운 경험을 선사한다. 그러나 만약 어떤 음악이나 그림, 공연 등이 고통스럽고 끔찍한 감정을 불러일으킨다면 그것은 예술일까 아닐까? 또는 결과적으로 우리에게 감동과 기쁨을 주더라도 그 과정에서 비윤리적 행위가 발생했다면? 범죄자가 만든 작품은 어떨까? 예술은 윤리와 관련해서도 수많은 논쟁거리를 생산해낸다.

자, 여기 두 가지 사례를 보자. 먼저 미국의 행위예술가 크리스 버든Chris Burden의 〈밤을 부드럽게 통과하기〉라는 퍼포먼스의 한 장면이다. 퍼포먼스의 제목과는 상반되게, 그는 무수히 많은 깨진 유리 조각 위를 맨몸으로 기어가고 있다. 어깨 부근에는 피가 난 자국이 보인다. 이 퍼포먼스를 본 사람들은 어떤 감정을 느낄까? 아마도 아름다운 선율의 음악을 들을 때처럼 마음이 편안하고 즐겁진 않을 것이다. 크리스 버든은 이 밖에도 자신의 손바닥에 못을 박거나, 팔에 총을 쏘고, 맨몸에 전선을 감아 감전되는 등 수많은 자학적 신체 행위를 주제로 퍼포먼스를 수행했는데, 예술계에서는 그가 파괴와 혁신으로 새로운 예술 시대의 도래를 이끌었다고 평가하기도 한다. 여러분은 어떤 평가를 내리겠는가?

I. 예술사회학으로 떠나기 전에

크리스 버든의 〈밤을 부드럽게 통과하기〉(1973, 위)와
기예르모 베르가스의 〈전시회 1〉(2007). 고통스럽고
끔찍한 감정을 불러일으키는 예술이 '혁신'으로 인정받을
수 있을까?

또 다른 사례는 좀 더 최근의 것이다. 코스타리카 출신의 예술가 기예르
모 베르가스Guillermo Vargas는 2007년 한 전시회장 구석에 병든 유기견을 데려
와 묶어놓았다. 그는 다음 날 이 개가 죽을 때까지 물과 먹이를 주지 않았
고, 대중은 이러한 전시를 기획한 베르가스를 비난했다. 실제로 이 전시는
예술가의 표현의 자유와 생명의 윤리를 두고 뜨거운 논쟁을 야기했으며, 이
러한 논쟁은 아직까지도 유효하다. 레디메이드Ready-made[*]에 예술이라는 개

***

[*] 일상적인 기성 용품을 새로운 관점으로 해석해 만든 미술 작품의 한 장르. 사전적 의미로 '기성품
의', '전시용의' 제품이라는 뜻이지만, 이미 만들어진 제품을 마르셀 뒤샹이 예술 작품으로 전시
하면서 미술 용어로 자리 잡았다.

       1. 예술을 둘러싼 다양한 이슈들

념을 붙인 마르셀 뒤샹Marcel Duchamp이나, 팝 아트의 대가 앤디 워홀 등 우리에게 상당한 충격을 안겨주며 등장한 예술가들의 작품은 수많은 논쟁 끝에 혁신적인 작품으로 인정받았다. 과연 베르가스의 전시도 하나의 혁신적인 예술로 인정받을 수 있을까? 판단은 여러분들의 몫이다.

어떤 '예술'을 지원하시겠습니까?

내가 낸 세금으로 특정 예술가 또는 예술 분야를 지원할 수 있다면 누구를, 어떤 분야를 지원해야 할까? 모든 예술가와 분야를 다 지원할 수 있다면 좋겠지만, 딱 한 명 혹은 한 분야만을 지원할 수 있다면? 예술성이 가장 뛰어난 작가? 가장 소외된 예술 장르? 아니면 가장 많은 사람들이 좋아하는 대중예술? "무엇이 예술인가?"라는 질문에 대해 한없이 관대한 입장을 보이던 사람들도, 막상 한정된 세금을 누구에게 지원하느냐의 문제 앞에 서면 각자의 기준과 가치관에 따라 치열하게 고민하기 마련이다. 이러한 고민은 비단 개인 차원에서만 생기는 것은 아니며, 예술 분야에 대한 지원을 담당하는 협회나 조직, 공공기관에서도 나타난다. 물론 각각의 기관 역시 예술 지원·후원에 대한 나름의 기준이 있다.

　　예를 들어 예술(가)에 대한 투자를 통해 수익을 창출하려는 사적 갤러리나 기업의 경우, 특정 예술가와 그의 작품이 갖는 시장성이 가장 주요한 기준이 될 수 있다. 반면 좀 더 공적인 목적을 위해 예술(가)을 지원하는 공공

기관은 기본적으로 납세자들의 세금을 사용하기 때문에 공공성·공익성 기준을 우위에 둔다. 공공예술이 대표적인 예가 될 수 있는데, 이때 예술 작품의 공공성은 때때로 예술가가 주장하는 예술성이나 표현의 자유와 상충하며 논란을 야기하기도 한다. 여러분이라면 논란이 된 다음 작품들을 둘러싼 상반된 의견들 중 어느 쪽에 손을 들어줄지 생각해보자.

먼저 〈오줌 예수〉는 미국의 사진가이자 예술가인 안드레스 세라노Andres Serrano의 문제작이다. 이 작품은 사람의 소변과 황소의 피를 담은 용기에 십자가상을 담아 찍은 사진으로, 1980년대 말 현대미술의 중심지인 미국에 미술 검열이라는 바람을 불러일으켰다. 이 작품이 미국의 국립미술진흥기금 NEA, National Endowment for the Arts의 지원으로 제작되었기 때문에 정치권과 미술계 사이에 격렬한 논쟁이 벌어졌고, 예술 표현의 검열 문제가 대두되었다. 당시 정치권에서는 이 작품을 두고 '쓰레기', '신성모독'이라는 반응이 나왔고, 결국 미국 의회는 국립미술진흥기금의 예산 삭감안을 통과시켰다. 이 기금은 정치적·이념적·외설적·사회적 이슈를 표현한 미술은 후원하지 않는다는 수정안까지 발표했다.

미국의 미니멀리즘 조각가 리처드 세라Richard Serra가 제작한 〈기울어진 호〉는 공공미술을 둘러싼 논쟁 중 가장 유명한 사례다. 미국 연방조달청의 의뢰를 받아 1981년 뉴욕 맨해튼의 페더럴 플라자Federal Plaza에 설치한 이 거대한 조각(가로 37미터, 세로 3.7미터, 두께 6.4센티미터)은 자연환경에 잘 견디는 내후강corten steel으로 제작되어 굽은 벽처럼 광장을 가로질렀다. 광장을 이등분함으로써 오가는 사람들의 시선과 동선을 가로막은 이 설치미술에 대해 많은 이가 불편함을 토로했다. 심지어 녹슨 강철이 그라피티 미술가들과 범죄

안드레스 세라노의 〈오줌 예수〉(1987)는 예술 표현의 검열에 관해 격렬한 논쟁을 일으켰다.

I. 예술사회학으로 떠나기 전에

리처드 세라의 〈기울어진 호〉(1981)는 공공미술을 둘러싼 논쟁 중 가장 유명한 사례로,
결국 세 조각으로 절단되고 말았다.

자들을 끌어들일 수 있다는 우려까지 제기되었다. 결국 1985년 3월, 조각을 광장에 남겨둘지 말지를 결정하는 공청회가 열렸고 참석자 중 122명은 작품의 존치를, 58명은 철거를 주장했다. 키스 해링Keith A. Haring, 클래스 올덴버그 등 유명 예술가들이 작품을 옹호했지만, 17만 5000달러나 들여 고철 장벽을 만든 건 미친 짓이라며 반대하는 목소리도 만만치 않았다. 배심원단은 4대 1로 철거를 요구하는 시민들의 손을 들어주었고, 1989년 3월 〈기울어진 호〉는 세 조각으로 절단되고 말았다.

(공공)예술은 어떠해야 하는가? 사람들에게 어떤 효과를 주어야 할까? 예술가의 표현의 자유는 어디까지 허용될 수 있을까? 예술 작품의 존치를 두고 대중의 의견에는 얼마나 힘을 실어줘야 할까? 이 질문들에 명쾌한 해답을 내리기란 쉽지 않다. 사람마다 생각이 다를 뿐만 아니라, 논란이 야기된 시대적 배경과 사회적 맥락에 따라서도 의견은 달라지기 때문이다. 만약 〈오줌 예수〉가 반기독교적 문화가 지배적인 국가에서 제작·전시되었다면 어땠을까? 〈기울어진 호〉가 예술의 다양성이나 현대미술에 대한 사람들의 이해도가 더욱 높아진 최근에 제작되었다면? 예술을 둘러싼 생각과 의견, 가치관뿐만 아니라, 예술에 대한 다양한 이해관계들은 예술 그 자체만큼이나 지금 이 순간에도 끊임없이 변화하며 새로운 논쟁거리를 생산해내고 있다.

여기까지의 내용을 살펴본 여러분들은 아마 큰 혼란에 빠져 있을 것이다. 예술을 좋아하고 나름 잘 알고 있다고 생각했던 독자들마저 '예술이란 과연 뭘까' 하는 의문을 품게 되었을지도 모른다. 만약 여러분들이 예술, 그리고 예술과 관련된 다양한 이슈와 논쟁에 머릿속이 복잡해지고 마음이 어수선해졌다면, 예술사회학으로의 초대장이 무사히 전달된 것이다. 앞으로 우리는 왜 사람들이 점점 더 다양한 것들을 예술이라고 이야기하는지, 그럼에도 불구하고 무엇이 예술인지를 결정하는 일은 왜 이토록 어려운지, 그리고 예술이라는 것이 맥락과 상황에 따라 어떻게 다르게 인식될 수 있는지를 함께 살펴볼 것이다. 마음의 준비가 되었다면 다음 장으로 넘어가보자!

2. 예술사회학으로의 초대

예술사회학이라는 흥미진진한 모험에 초대된 여러분을 환영한다. 예술사회학은 간단히 말해 예술을 사회학적으로 읽어내는 학문이다. 이 말은 무슨 의미일까? 이 질문에 답하기 위해서는 먼저 사회학이 어떤 학문인지, 예술을 바라보는 사회학의 관점은 무엇인지 이해해야 한다. 사회학은 예술을 포함해 우리가 일상을 살아가면서 마주하게 되는 다양한 사회현상들과 사회문제들을 다채로운 시각으로 분석하고 해석하며, 그 원인과 결과를 이해하는 데 도움을 주는 학문이다. 역사적으로 오랜 발전 과정을 거치며 독자적인 이론과 방법론을 확립해온 사회학은, 예술에 대해서도 다른 학문들과 구분되는 독특한 시각을 견지한다.

이 장에서는 예술을 보는 관점들을 소개하고, 예술을 사회학적으로 읽어낸다는 것이 무엇인지, 이 작업은 구체적으로 어떠한 분석 틀 안에서 다루어질 수 있는지를 살펴본다. 이 부분에 대한 학습이 마무리되어갈 때쯤이면 여러분은 예술사회학으로 향하는 여정을 위한 본격적인 준비가 되어 있을 것이다.

'위대한 예술'에 물음표를 붙이면

'위대한 예술' 그리고 '고독한 천재 예술가'. 예술과 예술가를 수식하는 상투어가 되어버린 이 표현들은 오랜 기간 우리 사회에서 통념으로 자리 잡았다. 그런데 만약 여기에 누군가 '물음표'를 붙이면 어떻게 될까? 이는 예술을 둘러싼 숭고하고도 휘황찬란한 신화에 대한 전면적인 도전이자, 예술을 전에 없던 새로운 시각으로 바라보는 출발점이 될 것이다. 작은 부호 하나가 실로 엄청난 파급 효과를 가져오는 셈이다.

이 작지만 강력한 부호는 예술사회학이 가진 비장의 무기다. 물론 예술사회학이 예술의 위대함이나 예술가의 천재성을 무조건적으로 비판하는 것은 아니다. 오히려 그동안 의문의 여지없이 받아들여진 사안들에 대해 날카롭지만 건전한 질문을 던지고 문제를 제기함으로써 예술과 예술가, 예술 세계(예술계), 나아가 우리 사회를 더욱 종합적이고 총체적으로 바라볼 수 있게 한다. 보이지 않던 것, 보지 못한 것을 볼 수 있게 만드는 힘. 그것이 예술사회학의 가장 큰 매력이다.

천재의 걸작이라는 '신화'

그 개념의 역사만 가지고도 책 한 권은 족히 쓰고 남을 정도로 '예술'은 인류사에서 오랫동안 아주 특별한 지위를 점해왔다. 예술을 명확하게 정의할 수는 없지만 훌륭함을 넘어선 탁월함, 따라갈 수 없는 완성도에서 비롯된 세련됨, 그 종교적인 느낌에서 뿜어져 나오는 숭고함까지 예술의 위대함을 설명하는 수식어는 차고 넘친다. 평범한 인간의 활동과는 정반대에 위치한 것으로 인식되던 예술은, 하늘이 내린 천재 예술가에 의해 만들어져 영원히 변하지 않는 걸작으로 우리 머릿속에 깊이 각인되었다. 따라서 예술은 미학이나 철학 같은 인문학적 전통하에서 그 본질적인 아름다움과 의미를 탐색하는 방식으로 다루어졌다.

대표적인 예로 미학이 있다. 미학은 철학의 하위 분야로 자연이나 인생, 예술에 담긴 아름다움의 본질과 구조를 해명하는 학문이다. 미학의 주된 관심사는 학문적인 측면에서 완성도 높은 아름다움이 무엇인지를 분별하는 것이다. 미학의 초점은 예술 그 자체에 있으며, 예술 작품artistic product의 형식적인 요소들, 사용된 기법과 매체, 예술 작품을 구성하는 이미지와 언어의 내용, 유사하거나 동일한 전통 아래에서 창조된 작품들의 미학적인 영향들을 분석한다. 인문학자들은 위대한 예술과 그것을 특징짓는 속성들이 무엇인지에 대한 안정된 합의를 이루고 있기 때문에, 그들이 다루는 미학은 이처럼 예술 자체에만 초점을 맞춤으로써 독립된 연구 대상으로서의 예술에 대한 집중적 이해를 가능하게 한다는 장점이 있다.

그러나 예술에 대한 이러한 인문학적 관점과 분석 방식은 크게 세 가지 한계점이 있다. 첫째, 예술이 관계를 맺고 있는 여러 사회적 맥락을 간과한다. 인문학은 미학적 영역에서만 독특하게 적용되는 규칙과 이에 부합하는 작품에만 관심을 기울인다. 따라서 다른 분야의 종사자들과 마찬가지로 예술가에게도 적용되는 직업적인 행위(예를 들어 일자리와 수입의 문제) 등 사회의 일반 영역들과 다르지 않은 부분들을 예술의 독특성과 조화시켜야 하는 경우 난관에 봉착하게 된다.

둘째, 엘리트주의적인 관점을 전제한다. 인문학에서는 위대한 예술이 소수의 선택받은 예술가에 의해 창조된다는 관점을 견지하기 때문에 평범한 대중의 능동성이라든가 능력을 신뢰하지 않는다. 즉, 예술의 생산과 소비에서 '예술가' 이외의 사람들이 수행하는 역할과 그 중요성을 무시한다. 셋째, 분석적인 측면에서 예술 작품의 위대함을 규정하는 데 사용되는 가치 평가적인 용어들은 객관성에 한계가 있다. 아름다움이나 완벽함 등은 예술 그 자체만큼이나 정의하기 복잡하며, 사회적이고 주관적인 가치를 포함한다. 따라서 이를 객관화해 분석하고자 할 때 큰 어려움을 겪게 된다.

맥락에 따라 달라지는 예술

예술사회학은 예술의 본질이 사회적으로 구성된다고 본다. 따라서 사회학자들은 사회제도나 직업 훈련 시스템, 창작 행위에 따른 보상, 예술가에 대한 후원이나 예술 작품의 소비 등 사회의 여러 측면들을 동시에 고려해 예술을 맥락적으로 파악해야 한다고 강조한다. 이러한 관점을 외재적 관점이라 하는데, 사회학은 예술가나 예술 작품이 정치제도와 시장경제, 사회문화 등 미학 외적인 요소들과 맺는 관계들에 직접적인 관심을 갖는다. 또한 사회학은 연구 대상이 되는 예술의 유형이나 예술계 내부의 규칙 등에도 관심을 둔다. 이러한 경향은 인문학의 내재적인 관점이 포착해내지 못하는 예술의 다양한 측면들을 살펴볼 수 있게 한다. 나아가 예술가가 아닌 일반 대중의 영향력까지 고려하며, 과학적이고 체계적인 절차에 따른 객관적 분석을 가능하게 한다.

따라서 사회학에서 예술을 연구할 때 다뤄볼 수 있는 주제는 실로 무궁무진하다. 그러나 여기서는 여러분의 이해를 돕기 위해 크게 몇 가지로 구분해 소개하고자 한다. 뒷부분에서 좀 더 자세하게 설명하겠지만, 여기에서 이야기하는 주제들은 예술 작품이나 현상을 연구할 때 아주 유용하게 활용되는 분석 틀인 '문화의 다이아몬드cultural diamond'를 이루는 부분들과 긴밀하게 연결되어 있다. 여기서 소개하는 예술사회학의 연구 주제들을 기억해 두었다가 문화의 다이아몬드 부분을 읽게 되면 예술을 사회학적으로 바라보는 데 훨씬 더 많은 도움이 될 것이다. 자, 이제 본격적인 예술사회학의 연구 주제들에 대해 살펴보도록 하자.

첫 번째 주제는 예술 작품, 예술가, 그리고 예술에 관련된 다양한 현상들, 즉 '예술' 자체에 관한 것이다. 물론 예술에 관한 연구는 인문학적 관점에서 중점적으로 수행되는 연구이기도 하지만, 사회학에서는 예술 자체를 연구하되 본질적 특성이 아닌 좀 더 외부적인 특징들에 주목한다. 앞서 설명했듯 예술이 정치와 경제, 사회구조 등과 어떻게 연결되어 있는지를 분석하는 것이다. 여기에는 특정 작품이나 사람을 예술 또는 예술가로 만들어내는 조건에 관한 연구도 포함된다. 예를 들면 오늘날과 같은 문화민주주의 시대에는 모든 사람들이 예술의 소비자인 동시에 생산자가 되는데, 이 중에서도 소위 '진정한' 예술가로 불리는 사람은 한정되어 있다. 이러한 차이는 어디에서 오는 걸까? 사회학에서는 이처럼 특정 대상을 예술 혹은 예술가로 인정하게 되는 결과가 우리 사회의 바탕에 자리한, 예술을 둘러싼 일종의 합의된 관점에서 기인한다고 보고 이를 분석한다.

두 번째 주제는 예술이라고 부르는 것들을 창조하기 위해 사람들이 함께 일하는 방식에 관한 것이다. 사회학은 예술이 천재 개인에 의해 만들어진다는 명제에 도전한다. 예술가 개인의 창조적인 능력과 별개로, 하나의 예술 작품이 탄생하는 과정에는 수많은 사람들이 참여하고 개입하는데, 사회학에서는 이 사람들에게 더욱 큰 관심을 갖는다. 이전까지는 잘 알려지지 않았던, 그러나 예술 작품이 만들어지고 관객에게 전달되는 과정에서 필수적이거나 또는 보조적인 역할을 수행했던 사람들이 누구이고 이들 사이에 어떤 역동적인 관계나 갈등이 존재하는지, 예술 세계(예술계) 내에서 이들에 대한 보상은 어떻게 이루어지고 이들에 대한 사회적 평가는 어떠한지 등을 분석하는 것이다.

세 번째 주제는 예술가나 예술가 집단에 의해 일차적으로 생산된 예술 작품이 관객들과 독자들에게 도달하는 과정을 살펴보는 것이다. 우리는 이것을 '분배'의 과정이라 부르는데, 예술 시장이 지금처럼 활성화되지 않았던 과거에 초창기 구매자가 작품을 직접 의뢰하거나, 예술가가 직접 작품을 판매하는 경우 분배에 관한 문제는 크게 대두되지 않았다. 그러나 분배의 문제는 대량생산 시스템이 발전하고 인터넷 등 정보 통신 매체가 발달한 현대사회로 오면서 중요한 연구 영역으로 떠올랐으며, 특히 최근 코로나19 바이러스 사태의 발발로 인해 미술, 음악, 공연예술계에서 디지털 매체를 적극 활용하면서 관련 연구들이 급증하고 있다.

네 번째 주제는 예술 작품의 소비자와 이들의 소비 행위에 관한 것이다. 예컨대 특정 예술 작품의 의미와 예술 관련 현상을 둘러싼 해석이 다양한 이유 등은 사회학에서 예술을 연구할 때 매우 중요한 연구 주제가 된다. 위대한 예술에는 예술가의 의도가 담겨 있다고 보는 인문학적 관점과 달리, 사회학에서는 예술을 소비하는 사람들의 인구학적·사회경제적 배경에 따라 예술 작품에 대한 해석이 달라진다고 보기 때문이다. 이 주제로 연구를 수행하는 학자들은 예술 작품이 하나의 독립적인 의미가 있다기보다는 그것이 사람들에 의해 각기 다르게 구성된다고 보고, 그 과정·결과·내용에 집중한다.

또한 앞서와 유사한 맥락에서 사회학은 사람들이 미학적인 즐거움 외에 여가 시간 또는 배움 등을 위해 예술을 활용하는 방식을 연구하기도 하고, 예술이 인종, 성별, 계급 등과 맺는 관계들에 대해서도 분석을 시도한다. 왜 특정 시대와 사회에서 특정 종류와 유형의 예술 작품들이 더 많이 탄생했는지, 왜 예술 작품이 그것을 만든 예술가나 소비자의 인종·성별·계급에 따라 각기 다르게 만들어지고 또 해석되는지, 그리고 예술이 우리 사회에 존재하는 인종 문제와 성차별, 계급갈등의 문제들을 어떻게 드러내는지 등을 살펴보는 것 모두 예술을 연구하는 사회학의 주제기 될 수 있다.

다섯 번째 주제는 앞서 살펴본 예술 작품의 생산과 분배, 소비의 모든 과정들이 발생·진행되는 사회를 연구하는 일이다. 예술사회학은 결국 예술을 통해 사회를 읽어내는 학문이라는 점에서 이 주제는 빠질 수 없는 부분이다. 사실 곰곰이 생각해보면 특정 예술 작품을 만들어내는 것은 한 사회를 살아가고 있는 (혹은 한때 살았던) 사람들이고, 그 작품을 소비하는 것도 한 사회의 구성원들이며, 분배되고 유통되는 채널 역시 한 사회 내에서 만들어지고 구축된 시스템과 기술에 바탕을 둔다. 예술가가 예술 작품을 구상하고, 관객과 독자가 예술 작품을 해석하는 방식에는 이들이 태어나 성장하며 사회화되는 과정에서 내면화한 특정 사회의 한 단면이 담길 수밖에 없는 것이다. 따라서 예술은 다분히 사회적이며, 예술사회학은 그 부분을 연구한다.

이처럼 예술을 둘러싼 많은 외적인 부분들에 관심을 갖는 외재적 관점은 예술을 단순히 '결과물'로서가 아니라 그것이 생산·분배·소비되는 일련의 사회적 과정으로 바라보고, 또 여러 사람 간의 의미 있는 상호작용을 전제로 한다. 이 때문에 외재적 관점은 예술뿐 아니라 사회에 대해서도 많은 정보를 제공해줄 수 있다는 것이 큰 장점이다. 그러나 이렇듯 예술 작품을 사회적인 과정이나 상호작용의 결과로 바라보는 경향 때문에, 소위 걸작이라고 평가받는 예술 작품들을 이해하는 데 일부 어려움이 생기기도 한다. 예술을 예술로 만들어주는, 혹은 예술을 예술이 아닌 것과 구분해주는 특별함에 대한 고려가 부족한 것이다.

결국 예술을 사회학적으로 읽어낸다는 것은, 예술을 사회 속에 위치시켜 그것을 둘러싼 맥락까지 함께 고려함으로써 예술과 사회에 대한 더욱 풍성한 이야기들을 발견해내는 것이라 할 수 있다. 이 책에서는 예술과 사회, 이 둘의 관계에 관심을 두는 모든 사람에게 예술사회학이라는 낯설지만 친숙한 학문 분야를 소개한다. 지금부터 예술사회학이라는 새로운 시선을 통해 사회는 예술에 어떻게 영향을 주는지, 예술은 사회에 대해서 어떤 것들을 말해주는지 살펴볼 것이다. 예술과 사회 각각에 대한 탐구를 통해서는 해결하지 못한 많은 부분들에 대한 궁금증을 풀어나갈 수 있을 것이다.

예술 개념의 경계 짓기

예술사회학의 세계에 본격적으로 들어가기에 앞서, 예술을 사회학적으로 읽어내기 위해 필요한 몇 가지 사항들을 소개하고자 한다. 예술사회학에서 다루는 예술의 범위가 어디까지인지, 어떠한 분석 틀로 예술과 사회의 관계를 읽어내는지 안다면 앞으로의 내용들을 훨씬 더 쉽게 이해할 수 있을 것이다. 여기서 다룬 내용들은 다음 장들에서 더욱 상세히 다룰 예정이므로, 일단은 기본적인 것들을 위주로 간략하게 짚고 넘어가도록 하자.

예술의 광범한 스펙트럼

이 책에서는 순수예술에서 대중예술에 이르기까지 예술의 포괄적인 범위를 다룬다. 그동안 사회가 예술을 대하는 방식과 관점에는 아주 오랫동안 정통 회화나 클래식 음악, 순수문학과 같은 순수예술(고급예술)과, 대중가요, 상업 영화, B급 문학 등의 대중예술(저급예술)을 구분해 차등적으로 가치를 매기는 위계질서가 존재했다. 이에 따르면 사실상 예술이라는 용어는 순수예술에만 허용되었고, 대중예술은 감히 예술이라 이름 붙일 수 없을 만큼 거칠고 세련되지 못한 것, 저급하고 무질서해 교양 없는 이들에 의해 소비되는 것으로 치부되었다.

그러나 예술을 협소하게 정의하는 관점과 방식은 현대에 오면서 여러 차례 격렬한 반대에 부딪히게 된다. 포스트모더니즘을 필두로 다양한 논쟁이 예술에 대한 견고한 위계질서에 의문을 제기하고 반기를 들면서, 예술을 정의하는 관점과 방식은 점차 포용적인 방향으로 전환되었다. 이제 공식적으로 예술의 위계는 붕괴되었고, 모든 예술은 평등한 지위를 갖게 되었다.

예술사회학의 연구 대상 역시 순수예술에 국한되지 않는다. 순수예술을 포함한 훨씬 더 다양한 장르와 유형의 예술 작품, 예술가, 이들이 활동하는 예술계를 연구 대상으로 하며, 지속적으로 그 범위를 넓혀간다. 사실상 학문적 의미의 예술은 장르적으로는 순수예술·민속예술·대중예술을 포함하며, 특징적인 측면에서는 우리가 감각할 수 있는 예술 작품뿐 아니라, 생산자와 소비자 간에 공식적으로 소통되거나, 현실을 반영한 창작 또는 해석을 담은 표현 양식expressive form으로서 즐거운 경험experienced for enjoyment과 관계된 모든 것을 포함한다.

학문적 의미에서 예술이 아닌 것

그렇다면 예술이 아닌 것은 무엇일까? 예술사회학이라는 학문으로 한정지어 생각해볼 때, 예술이 아닌 것은 크게 다음의 범주들로 나뉜다.

첫째, 넓은 의미의 대중문화popular culture다. 물론 대중문화는 예술사회학에서 매우 중요한 연구 영역 중 하나이다. 그러나 그 범위가 매우 넓은 만큼 개념을 정의하는 데 어느 정도 제약을 두는 것이다. 여기에는 범국민적으로 혹은 대규모의 사람들 사이에서 공유되는 유행이나 트렌드, 일상적인 패션, 생활방식, 소비주의 등이 포함된다.

둘째, 스포츠다. 물론 누군가는 김연아 선수의 피겨스케이팅 경기를 보며 한 편의 예술 작품이라고 평가할 수도 있을 것이다. 그러나 이때의 예술은 그의 경기 수준이 높은 경지에 이르렀음을 가리키는 비유적 표현이다. 무엇보다도 스포츠는 선수들의 신체적인 기량을 평가한다는 점에서 예술의 범주에서 제외한다.

셋째, 논픽션과 뉴스, 신문, 다큐멘터리 및 시사 프로그램, 실제로 일어난 범죄에 대한 묘사나 과학 프로그램 등이다. 이는 앞서 설명한 예술의 특징, 즉 표현 양식과 배치된다. 마지막으로, 생산자와 소비자 간의 공식적인 커뮤니케이션이 부재한 개인적인 예술 활동, 예를 들어 방에서 혼자 수채화를 그리는 것이나 예술을 통한 심리 치료 등이다.

물론 예술에 대한 개념 정의와 특징에 대한 설명은 지금 이 순간에도 변화한다는 점에서 여기서 이야기하는 기준이 절대적이라고 말할 수는 없다. 그 대표적인 사례로 일명 '회색 지대'로 분류되는 영역들을 들 수 있다. 주위를 둘러보면, 이것이 과연 예술인지 아닌지를 심각하게 고민하게 하는 아주 미묘한 것들이 있다. 예컨대 레슬링이라든가 하이패션(오뜨꾸뛰르), 파인다이닝(오뜨퀴진) 등이다. 레슬링은 스포츠인 듯 보이지만 사실상 짜인 '각본'이 있으므로 선수들은 배우가 되고, 링은 무대가 되며, 관중은 관객이 된다는 점에서 문제적이다. 하이패션이나 파인다이닝 역시 생활의 필수 영역인 옷과 음식과 관련되어 있으나, 그 미학적 아름다움을 보면 단순히 옷과 음식이라 부를 수 있을까 하는 생각을 일으키기 때문에 이것을 예술로 봐야 하는지 아닌지 의견이 분분하다. 그럼에도 이러한 방식으로 예술의 개념적 정의와 연구 범위를 규정하고자 시도하는 일은, 앞으로 우리가 예술이라는 대상을 사회학적으로 읽어내고 분석하는 데 매우 유용한 출발점이 될 수 있다.

문화의 다이아몬드

이 책에서는 예술 분석을 위한 기본적인 틀로 '문화의 다이아몬드cultural diamond'를 활용한다. 문화의 다이아몬드는 앞서 살펴본 예술에 대한 사회학의 외재적 관점을 하나의 분석 틀로 도식화한 것이다. 미국의 문화사회학자인 웬디 그리스올드Wendy Griswold[1]가 처음으로 고안하고, 이후 빅토리아 알렉산더Victoria D. Alexander[2]에 의해 보완되었다. 문화의 다이아몬드는 예술을 사회 속에 위치시켜 예술 작품뿐 아니라 그것의 생산·분배·소비 같은 과정과 사회가 맺고 있는 관계를 살펴보는 데 매우 유용해, 전 세계적으로 예술 관련 연구들에 적극 활용되고 있다.

문화의 다이아몬드는 예술 작품과 예술 관련 현상으로 요약될 수 있는 '예술' 영역, 작품의 창작과 관련된 '생산' 영역, 작품의 향유와 관련된 '소비' 영역, 이 모든 것들이 이루어지는 '사회' 영역이라는 네 개의 꼭짓점으로 이루어져 있다. 이때 '사회'에는 규범, 법, 제도, 사회조직, 가치, 사회구조 등이 모두 포함된다. 문화의 다이아몬드 중앙에 위치한 '분배' 영역은 알렉산더에 의해 추가된 것으로, 그에 따르면 예술 작품은 분배 체계 안으로 들어오면서 생산 영역과 분리되어 사람들, 조직, 혹은 각종 네트워크에 의해 유통된다.

문화의 다이아몬드의 가장 큰 의의는, 이것이 예술과 사회 사이에 존재하는 여러 관계들을 한층 확장된 시각에서 종합적으로 파악하는 데 매우 유용한 도구라는 것이다. 문화의 다이아몬드가 고안되기 이전의 연구들은 생

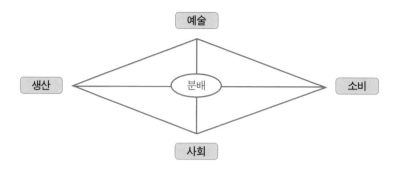

| 보완된 문화의 다이아몬드 |

예술

생산   분배   소비

사회

산이나 소비, 분배 등의 측면을 고려하지 못했다. 그래서 사회의 여러 특징들이 직접적으로 예술 작품에 반영되거나, 혹은 예술이 사회에 영향을 미치는 측면만을 부분적으로 살펴볼 수 있었다. 그러나 이제 우리는 문화의 다이아몬드라는 새로운 분석 틀에 따라 예술 작품이 예술계(또는 예술 세계) 및 우리 사회와 맺는 관계들을 시각적으로 확인할 수 있을 뿐만 아니라, 훨씬 더 다양한 영역들과 주제들에 대한 연구를 축적할 수 있다.

문화의 다이아몬드를 구성하는 각각의 꼭짓점과 이들을 잇는 선들은 모두 개별적인 연구 영역이 될 수 있으며, 현재 많은 연구자들이 이에 대한 연구 성과물을 발표하고 있다. 문화의 다이아몬드를 연구의 틀로 활용하는 연구자들은 자신의 연구가 정확히 어느 위치에 자리하는지 알 수 있으며, 후속 연구들에 대한 많은 아이디어를 얻을 수도 있다. 문화의 다이아몬드는 이처럼 예술과 사회를 둘러싼 관계들 전반을 이해하는 데 뛰어난 학문적 통찰력을 제공하지만, 이를 알고 이해하는 데 특별한 기술이 요구되지 않아 초심자도 쉽게 접근할 수 있다. 이제 막 문화의 다이아몬드를 알게 된 여러분 역시 예술이라는 흥미로운 대상을 이전보다 한층 확장된 시각에서 바라볼 수 있게 되었다. 예술사회학이라는 새로운 세계에 한 걸음 더 가까워진 것이다.

3. 역사 속의 예술

예술 개념은 오랜 시간에 걸쳐 다양한 논쟁을 야기하고, 학자들 사이에 치열한 논의를 이끌어내며 그 범위를 넓혀왔다. 따라서 현대적 의미의 예술 개념은 그 자체로 하나의 역사적 산물이자 투쟁의 결과물이라 할 수 있다. 이 장에서는 순수예술 또는 고급예술만이 유일한 예술이자 문화로 간주되었던 시기를 벗어나, 점차 현대적인 의미로 확장·통합된 예술 개념이 탄생하는 과정을 살펴본다.

예술이 문화라는 단어를 독점하는 상황에 변화가 생기기 시작한 것은 19세기에 들어오면서부터다. 여기서는 1930년대 이전까지 학계를 지배한 '문화와 문명의 전통Culture and Civilization Tradition'을 시작으로, 대량문화mass culture를 혹독하게 비판함으로써 오히려 그것을 부정할 수 없는 것으로 만들어버린 비판이론과 대량문화 논쟁Mass Culture Debate, 엘리트가 아닌 평범한 사람들의 문화와 예술을 강조한 문화 연구Culture Studies, 순수(고급)예술과 대중(저급)문화 간의 위계를 부정하며 그것이 붕괴되는 데 일조한 포스트모더니즘과 취향문화론을 차례로 다룰 것이다.

가장 '순수한' 형태의 문화

현대적 의미에서 문화에 대한 연구[*]가 시작된 서구 유럽 사회에서, 문화는
18세기까지 주로 '뛰어남'이나 '교양' 혹은 '인간 정신과 영혼의 정수'라는
의미로 이해되었다. 문화는 곧 서구 유럽의 귀족과 엘리트의 문화를 가리키
는 것이었으며, 따라서 매우 배타적이고 폐쇄적인 개념이었다. 18세기 후반
독일의 철학자이자 문학가인 요한 고트프리트 헤르더_{Johann G. Herder}가 복수
_{plurality}로서의 문화 개념을 인정하는 '문화들_{cultures}'이라는 표현을 사용하며
문화 개념의 절대성과 유일무이성에 문제를 제기했지만, 여전히 진정한 의
미의 문화는 고급문화를 지칭하는 순수예술로 한정되는 측면이 강했다.
19세기에 많은 지식인들 역시 이 같은 생각에 바탕을 두고 순수예술의 훌륭
함과 '정신적 고양 효과_{uplifting effects}'를 찬양했다.

　　이때의 정신적 고양 효과는 일종의 종교적인 체험에 가깝다고 설명할
수 있다. 한번 상상해보자. 베를린 필하모닉 오케스트라가 연주하는 모차르
트의 〈레퀴엠〉 공연을 관람한다거나, 바티칸의 성 베드로 성전에 전시된 미
켈란젤로의 작품 〈피에타〉 상을 실제로 보았을 때 어떤 기분이 들까? '내가

---

　* 이때의 문화 연구는 뒤이어 살펴볼 영국의 '문화 연구'와는 다른 의미이다.

지금 듣고 보고 있는 이 작품이 과연 인간의 능력으로 창조될 수 있는 것인가'라는 생각이 들면서 눈물이 날지도 모른다. 어쩌면 신이라는 존재가 천재 예술가를 이 세상으로 보내 저 위대한 예술 작품을 만들게 하고, 그를 통해 우리에게 무언가 계시를 내린다고 느껴질 수도 있다. 오늘날 사람들은 예술을 소비하며 훨씬 더 다양한 감정을 경험한다.

예술의 효과에 관한 학문적 논의는 매우 다양하지만, 당시 예술은 다소 정형화된 효과를 갖는 유일한 개념으로 이해되었다. 문화를 이해할 때 하나의 단일한 기준을 통해 이해해야 한다는 사상인 '문화보편주의'가 이를 가장 잘 표현해준다. 이 입장에서 순수예술을 분석한 대표적인 학자로 영국의 시인이자 평론가인 매튜 아놀드Matthew Arnold를 들 수 있다. 아놀드는 1869년 출간한 책 《문화와 무정부Culture and Anarchy》에서 예술은 도덕적이고 유익한 특성이 있어서 이를 접하는 인간의 정신을 고양시키는 효과를 제공한다고 주장했다. 1860~1950년대에 아놀드의 이 같은 주장을 중심으로 진행된 학문적 전통을 '문화와 문명의 전통' 또는 '문화 문명주의 전통'이라 부른다. 이 전통에서 문화는 서구 유럽 엘리트 문화인 순수예술만을 지칭했다는 점이 특히 중요하다.

반면 순수예술과 대조되는 것으로서 일반 대중들(노동자계급)의 문화는 매우 혹독한 비판의 대상이 되었다. 현대의 많은 학자는 당시 아놀드가 비판한 것이 대중문화였다고 해석했으나, 사실상 그는 대중문화라는 용어조차 쓴 적이 없으며, 대신 '무정부anarchy'라는 극히 부정적인 표현을 사용했다. 또한 이 무정부가 순수예술의 우수성을 파괴하고, 사회의 질서와 권위를 붕괴시켜 불안정한 상황을 야기한다는 입장을 고수했다. 아놀드가 이러한 주장을 제기하던 18세기 중반은 산업혁명의 결과로 도시화와 산업화가 빠르게 확산되면서 노동자계급이 등장하고, 이들의 문화가 생겨나기 시작하던 때다. 예술의 보편성과 절대성을 강조하던 아놀드에게 노동자계급에 의해 만들어진 거칠고 세련되지 못한 정치선동적인 문화는 기존의 사회질서를 크게 훼손하는 것이었다.

1860년대에 등장한 아놀드의 문화정치학은 1930년대의 리비스주의 Leavisism로 발전했다. 영국의 문학 비평가 프랭크 레이먼드 리비스Frank R. Leavis의 이론을 중심으로 형성된 리비스주의는 아놀드의 문화정치학과 유사하게 "문화는 항상 소수에 의해 유지되고 발전되어왔다"는 논리를 펼쳤다. 리비스는 특히 매스미디어에 의해 생산되는 대량문화에 적대적이었는데, 대중들이 주로 보는 신문과 라디오가 비교육적이라고 주장했다. 또한 예술성이 뛰어난 문학 작품이 아닌 연애소설 등의 대중소설은 사람들을 저급문화에 탐닉하게 해 중독에 빠트리고, 시민으로서의 책임감을 막는 등 실생활에 심각한 부적응을 초래한다고 보았다. 특히 할리우드 영화에 대해서는 "자위행위와 거의 동일"한 것이라고 비난했으며, 광고에 대해서도 "끈질기고도 침투성이 강한 속임수"에 지나지 않는다고 비판했다.[3]

대량문화의 거부할 수 없는 힘

순수예술에 대한 찬양과 대중·대량문화에 대한 비판은 1930년대 이후 독일 프랑크푸르트학파의 사상으로 이어졌다. 독일 프랑크푸르트대학교의 사회연구소를 무대로 활약하던 프랑크푸르트학파가 창설될 당시, 유럽 사회는 1920~1930년대에 발명된 극장과 라디오가 나치의 선전 수단으로 사용되면서 대량문화에 대한 불안감이 고조되었다. 이에 프랑크푸르트학파는 대량문화의 위험성과 해악성을 비판하며, 대량문화를 생산해내는 문화 산업이 상투적이고 거짓으로 조작된 '상품' 같은 문화를 생산함으로써 노동자계급의 정치성을 희석시킨다고 지적했다. 또한 억압적이고 착취적인 자본주의 사회 안에서 얻을 수 있는 경제적 목표로만 노동자계급의 욕구를 제한해, 좀 더 근본적인 자유, 사회변혁, 혁명 등에 관한 욕구의 형성을 막는다고 생각했다.

반면 순수예술에 대해서는 산업사회의 속박으로부터 사람들을 해방시킬 수 있는 '강한' 혁명적 힘이 있다고 보았다. 순수예술을 이상적인 것으로 생각했던 프랑크푸르트학파 학자들이 보기에 순수예술은 자본주의가 거부하는 생각들을 담고 있었다. 그들에게 순수예술이란 대량문화가 초래하는 문제들에 대해 비판을 가하며, 대안이 될 수 있는 더 나은 모습을 제시하는 이상적 존재였다. 즉, 대량문화는 자본주의 사회에서 억압받고 착취당하는 노동자계급의 계급성을 희석시키는 일종의 마취제나 감옥과 같은 존재였다. 반면 순수예술은 노동자계급이 고통스러운 현재라는 한계적 상황을 뛰어넘어 더 나은 세계를 꿈꾸도록 인간적 욕구를 갖게 하는 어떤 종교적인 힘이 있다고 간주되었다.

그런데 여기서 반드시 알고 넘어가야 할 사실이 있다. 큰 흐름으로 보자면 순수예술을 긍정적인 것으로 보고, 대중문화와 대량문화를 부정적으로

대량문화와 대중문화

순수예술과 대립되는 개념으로서 대량문화mass culture와 대중문화popular culture 개념은 초기에는 다소 상이한 의미로 사용되었다. 대량문화는 그 상업적 기원 때문에 부정적으로 인식되었으며, 대중문화의 경우 초기에는 거칠고 다듬어지지 않은 노동자계급의 문화로 일컬어지며 비판받다가 이후 일반 사람들의 문화라는 의미에서 긍정적으로 인식되었다.

구체적으로 종종 대중문화로 번역되기도 하는 대량문화 개념에는 소비층인 대중이 고립·분산되어 주체성을 갖지 못하며 비합리적으로 열등한 집단이라는 경멸적 의미가 담겨 있다. 이 개념은 문화의 생산 과정에 초점을 맞춘 개념으로, 대량문화는 대량 복제가 가능한 매스미디어가 등장한 근대 자본주의 이후의 문화적 산물로 한정된다.

이처럼 부정적 뉘앙스를 담은 대량문화와 달리, 대중문화는 평범한 일반 사람들에 의해 생성되어 다수의 사람들이 향유하는 문화라는 뜻에 가깝다. 이는 문화의 소비와 수용 과정에 초점을 맞춘 것으로, 자본주의 이전의 민중적인 문화(민중의 생활문화)까지 포괄하는 개념이라고 할 수 있다.

보았다는 점에서는 프랑크푸르트학파의 사상 역시 앞서 살펴본 '문화와 문명의 전통'이나 리비스주의의 논의와 크게 다를 것이 없어 보인다. 그렇지만 각 문화에 대한 프랑크푸르트학파의 설명을 다시 한번 잘 읽어보면 극명한 차이점을 발견할 수 있다. 바로 이들이 대량문화를 비판하고 순수예술을 찬양하는 이유에 관한 지점이다. 예컨대 '문화와 문명의 전통' 및 리비스주의가 대중문화와 대량문화를 비판한 것은 사회의 질서를 흐트러뜨리기 때문이었다. 그러나 프랑크푸르트학파는 대량문화의 위험성을 정반대의 지점에서 발견했다. 프랑크푸르트학파는 오히려 대량문화가 노동자계급의 혁명을 방해함으로써 기존의 사회질서를 유지시킨다고 보았다. 이유의 측면에서 본다면 정말 급진적인 전환이라 할 수 있다.

그러나 여전히 대량문화는 비난과 비판의 대상이었으며, 이 관점은 서구 유럽에만 국한되지 않았다. 미국에서도 제2차 세계대전 이후 약 15년간 이른바 '대량문화 논쟁'이 진행됐으며, 1950년대 말까지 진행된 이 논쟁에서 미국의 많은 지식인들 역시 서구 유럽의 지식인들과 마찬가지로 대량문화에 매우 비판적인 태도를 보였다. 이들은 대다수의 사람들이 순수예술이 아닌 이류와 삼류에 불과한 대량문화를 선택한다는 사실에 비관적이었다. 대표적으로 미국 대량문화 논쟁의 필독서인《대량문화: 미국의 대중예술 Mass Culture: The popular arts in America》의 편집자 중 한 명인 버나드 로젠버그 Bernard Rosenburg는 "최악의 경우 대량문화는 우리의 취향을 백치화할 뿐 아니라 감각까지 파괴해 전체주의라는 길로 나아가게 할 것"[4]이라며 대량문화의 확산에 우려를 표했다.

이 시기 진행된 많은 문화 예술 관련 논의들에서 분명하게 드러나는 첫 번째 특징은 순수예술과 대중·대량문화의 엄격한 구분, 그리고 각각에 대한 차등적인 평가라 할 수 있다. 오늘날처럼 대중문화가 홍수를 이루며 한 편의 드라마와 영화가 세계 경제를 좌지우지하는 시대에는 쉽게 받아들여지기 어려운 주장이지만, 당시의 시대적 배경이나 사회적 상황, 그리고 문화적 논의를 주도했던 학자들의 구성을 고려해보면 어느 정도 이해가 가기도 한다. 그렇지만 여기에 더해 우리가 주목해야 할 또 하나의 특징은, 순수예술의 대척점에서 무정부로까지 치부되며 온갖 비판과 비난을 받던 대량문화가 사실상 엄청난 사회적 영향력을 행사했다는 점이다. 그로 인해 학계에서도 무시할 수 없을 정도의 존재감을 갖게 되었다는 점이다.

길거리 예술의 도약

대량문화에 대한 비판적인 관점이 지속되는 가운데, 과거 매튜 아놀드에 의해 무정부로 명명되었던 노동자계급의 문화는 1950년대 중반 영국을 중심으로 한 문화 연구에서 다시 한번 비중 있게 다뤄지게 된다. 영국 버밍엄대학교의 현대문화연구소Center for Contemporary Cultural Studies에서 시작된 문화 연구는 사회학, 마르크스주의, 구조주의 등을 받아들여 대중문화를 연구했다. 이들은 대중문화 소비자에 대한 민족지학적인 연구를 수행하며 각기 다른 문화를 향유하는 집단들 간의 투쟁에 대해 연구했고, 특히 문화 및 문화 소비의 정치적 맥락을 강조했다. 영국의 문화주의자들은 대량문화의 확장으로 인한 사회적 악영향을 비판하는 프랑크푸르트학파와 달리, 노동자가 향유하는 대중문화와 하위문화subculture를 연구하고 이를 긍정적으로 바라보았다.

이처럼 오랫동안 예술이 순수예술로 한정되었던 학문 영역에 노동자계급의 문화가 유입된 데에는 연구자들의 생애사적 배경이 자리한다. 제2차 세계대전 이후 유럽은 전쟁으로 손상된 국가를 재건하고, 새로운 사회를 건

설하는 데 힘을 쏟았다. 이 시기 영국은 참전한 노동자계급에게 대학 교육의 기회를 제공했는데, 이때 대학교에 진학하게 된 노동자계급 출신의 학자들은 바로 그들 자신의 문화를 연구 대상으로 삼았다. 문화 연구의 창시자라 할 수 있는 리처드 호가트Richard Hoggart와 레이먼드 윌리엄스Raymond Williams 역시 노동자계급 출신으로, 문화 연구는 이들의 저작에 뿌리를 두고 있다. 대표적으로 호가트는 1957년 출간된 그의 저서《교양의 효용The Use of Literacy》에서 본인의 경험을 토대로 영국 노동자들의 일상을 연구해 특정 생활 방식이 노동자계급 구성원들 사이에 공유됨을 밝히는 한편, 이 같은 문화가 개별 행위자의 일상에 중요한 영향을 미친다고 주장했다.

노동자계급의 일상적 삶에 주목한 문화 연구의 연구 경향은 1970년대 중반 이후 하위문화에 관한 것으로 확장되었다. 대표적인 사례로 딕 헵디지Dick Hebdige와 폴 윌리스Paul Willis의 연구를 들 수 있다. 헵디지[5]는 일반적으로 예술 작품의 재료로는 활용되지 않는 제품들을 골라 기성세대들이 충격을 받을 만큼 예상치 못한 방법으로 조합해내는 브리콜라주bricolage 기법을 사용해, 자신들을 하나의 집단으로 규정하는 젊은 노동자계급 남성들의 상징적 저항 행위를 연구했다. 윌리스[6]는 폭주족과 히피족의 하위문화와 음악에 대한 연구를 통해 그들이 어떻게 음악과 삶을 연결시키는지 탐구했고, 이들의 음악 선택과 집단적 생활양식 사이에 일종의 상동 관계가 존재함을 밝혀냈다(헵디지와 윌리스의 연구 내용은 13장에서 더욱 자세하게 다뤄진다.)

사실상 1960년대 이전까지 순수예술이 추앙받고, 대중·대량문화가 비난받은 데에는 각각의 문화가 누구에 의해 만들어지고 소비되느냐의 문제가 매우 큰 비중을 차지했다. 예술이 문화라는 단어를 독점하던 시절에 예

하위문화

한 사회 안에서 일반적으로 통용되는 가치관과 행동 양식을 전체 문화total culture라 할 때, 그 문화의 내부에 존재하면서 독자적 특질과 정체성을 보여주는 소집단의 문화를 하위문화 subculture라고 한다.

하위문화라는 개념은 원래 1950년대 후반 미국 사회학계에서 비행청소년 연구의 일환으로 처음 사용되었다. '하위sub-'라는 접두사에서 이미 암시되듯이, 하위문화의 주체는 계급·인종·세대 등의 측면에서 사회적으로 소외된 계층이나 소집단이며, 사회구조 안에서 '낮은' 또는 '종속적인' 위치에 처해 있는 경우가 일반적이다. 계급적으로는 하층 프롤레타리아, 세대적으로는 청소년층, 성애적으로는 동성애자, 인종적으로는 유색인종 등이 하위문화의 대표적인 담당 주체이며, 이들에 의해 노동자 문화, 청년 문화, 소수민족 문화 등 하위문화의 구체적인 범주들이 생겨나게 된다. 이러한 발생 배경 때문에 하위문화는 대체로 헤게모니를 장악한 주류 문화·고급문화에 대비되는 비주류 문화·저급 문화의 속성을 드러내지만, 다른 한편으로는 기존 질서의 정당성과 주류 문화의 가치를 의심하는 새롭고 이질적인 문화라는 적극적 의미도 있다.

하위문화의 가장 주요한 기능은 구성원들에게 집단적 결속감과 고유한 정체성을 제공해주는 것이다. 지배문화의 주변적 위치에 자리 잡은 하위문화의 구성원들은 자연스럽게 자기들만의 새로운 아이덴티티를 추구하게 되며, 언어·복장·외모·음악·행동방식 등에서 독자적인 스타일을 만들어냄으로써 소속감과 연대감을 한층 강화하려는 경향이 있다.

술은 엘리트, 특히 서구 유럽과 같은 선진국의 귀족계급과 식자층에 의해 배타적으로 점유되던 것이었다. 따라서 상류층이 아닌 사람들과, 이 세상의 보편적 가치는 물론이고 다른 것들에 비해 빼어나고 우월한 특성을 모두 갖춘 예술 사이에 좁혀지지 않는 거리가 존재하던 것은 당연한 일이었다. 하지만 사회가 변화하고 평범한 대중들이 점차 정치적·경제적 힘을 얻으면서, 이들의 삶과 뿌리 깊게 연관된 문화가 또 하나의 예술로 인정받기 시작했다고 볼 수 있다. 이러한 경향은 점차 소비주의가 심화되는 상황 속에서 포스트모더니즘postmodernism 사조가 등장하고 취향이론taste theory이 대두되며 가속화된다.

위계에 대한 도전

1960년대 이전까지의 학문적 논의들은 순수예술에 대해서는 찬양과 칭송을 아끼지 않은 반면, 대량문화와 대중문화에 대해서는 날선 비난과 비판의 목소리를 내며 대립적인 태도를 취했다. 그러나 1960년대 중반 이후에 새로운 학문 세력으로 부상한 포스트모더니즘은 이러한 이분법적 도식, 즉 순수와 대중, 고급과 저급으로 위계화된 학문적 질서를 깨뜨리는 계기가 되었다. 무엇보다 포스트모더니즘은 순수예술 혹은 고급예술을 좀 더 높은 지위에 놓고, 대중예술 또는 저급예술을 그 아래에 위치시키는 문화적 서열화가 매우 폭력적이며 자의적인 것에 불과하다고 보았다.

I. 예술사회학으로 떠나기 전에

포스트모더니즘

포스트모더니즘postmodernism은 대중문화에 대한 연구들을 포함해 사회 전반에 걸쳐 두루 사용되는 용어이다. 문화적 위계질서의 붕괴, 탈중심화, 이미지에 대한 매혹 등으로 다양하게 표현되는 포스트모더니즘은 그동안 문화에 부여되었던 형이상학적이고 허구적인 이원적 대립에 대한 거부라 할 수 있다.[7]

몇백 년 동안 진행되어온 문화 예술에 대한 논의들과 여기에 적용되었던 대표적인 시각들이 자의적이고 심지어 폭력적이기까지 하다니, 이게 도대체 무슨 뜻일까? 포스트모더니스트들은 사회에서 말하는 '진짜' 예술이란 단지 그 시대 지배계급의 취향과 재산에 의해 정해질 따름이고, 상업 예술과 고급예술에 차이가 있다면 그 차이는 다른 사회집단이나 다른 지출의 형태에 의해 정의될 뿐이라고 주장했다. 그들은 문화를 '인간 사고의 표현의 정수'라고 표현한 매튜 아놀드의 정의를 거부했으며, 순수예술이 대중문화보다 미학적·정신적 측면에서 더욱 우월하거나 뛰어나다는 주장은 아무런 근거가 없다고 강조했다. 예술 작품의 절대적인 진리나 가치 또한 존재하지 않는다는 것이다.

포스트모더니즘의 주장은, 이전까지 대량문화와 대중문화의 존재를 인정은 하되 그 서열을 언제나 순수예술 혹은 고급예술 아래 두었던 문화적 위계에 대한 문제제기이자 커다란 도전이었다. 이러한 드라마틱한 변화의 배경에는 포스트모더니즘이 활발하게 대두되었던 1960년대 미국 사회의 특징이 자리한다. 소비사회로 본격 진입하던 당시 미국에서 대중문화의 상업성으로 대표되는 '경제'와 고급문화의 정신성으로 대표되는 '이념' 사이의 분리가 점점 불가능해졌던 것이다.

실제로 학계가 아닌 예술계에서 이런 변화는 이미 전면화되고 있었다. 1950~1960년대의 영미 팝아티스트들은 고급문화-대중문화의 구분을 거부하며 이러한 구별에 집착하는 것을 고리타분한 사고방식으로 간주했다. 대표적인 예로 팝아트에서 가장 중요한 인물로 평가받는 앤디 워홀은 "상업미술이 진짜이고 진짜 미술이 곧 상업미술"[8]이라고 말하며 상업미술과 비상업미술의 구분을 거부했다.

위계의 붕괴, 개념의 확장

문화적 위계에 관한 논쟁은 미국의 사회학자 허버트 갠스Herbert J. Gans의 취향문화론에 이르러 새로운 국면을 맞이했다. 갠스는 1974년에 출간한 《대중문화와 고급문화: 취향에 대한 분석과 평가Popular Culture and High Culture: An Analysis and Evaluation of Taste》에서 대중문화와 고급문화가 현대사회에서 차지하는 위치 등을 분석해, 심미적인 차원의 논의를 떠나 각각의 문화가 기능이나 효용의 측면에서 동등한 위치를 점한다고 주장했다. 서문에서 갠스는 오직 고급문화만을 문화로 지칭하면서 대중문화는 위험한 대중현상일 뿐이라며 비판하는 이들에 반대했다. 그는 자신의 책이 대중문화를 긍정하는 입장에서 쓴 이론서라고 선언했고, 대중문화와 고급문화는 서로 동등한 문화임에 틀림없다고 주장했다.

그전까지 대중문화 비판론자들은 대중문화가 산업적 목적과 대중의 무지함으로 만들어진, 생겨서는 안 되었던 산물이라고 지적했다. 그러나 갠스가 검토한 바에 따르면 대중문화에 대한 여러 비난들은 아무런 근거가 없었다. 대중문화는 결코 고급문화를 애용하는 사람이나 사회에 해를 가하지 않는다는 것이다. 그는 고급문화와 대중문화를 둘러싼 다양한 실증적인 자료들을 분석해 대중문화 비판론이 설득력이 없음을 밝혔다. 갠스가 보기에 비판론자들의 주장과 달리, 대중문화는 그 생산 방식에서 고급문화와 매우 많은 유사성을 띠고 있으며 고급문화에 위협적이지도 않았다.

대중문화를 고급문화와 동등한 것으로 간주한 갠스의 사상 밑바탕에는, 현대사회의 모든 사람들은 고급예술이든 대중적인 문화든 자신의 취향을 누릴 권리가 있다는 신념이 깔려 있다. 그에 따르면 각각의 문화가 일부 사람들에게 불만족스럽게 느껴진다고 하더라도, 이를 선호하고 소비하는 사람들에게는 욕구나 희망을 만족시켜주는 역할을 수행한다는 점에서 두 문화는 동등한 기능적 가치를 갖는다. 이러한 맥락에서 나름대로의 미학적 기준·가치를 표현하고 있는 고급예술이나 대중문화는 모두 취향 문화taste culture라는 상위의 개념으로 포괄된다. 이 같은 갠스의 취향문화론은 고급예술과 대중문화 간 위계 자체의 무의미성을 주장한 포스트모더니즘에서 한 단계 더 나아가, 대중문화를 적극적으로 옹호하고 긍정함으로써 문화적 위계에 대한 논의를 심화시켰다.

종합하면, 인류의 역사에서 "예술은 곧 순수예술fine arts"이라는 공식은 아주 오랫동안 절대로 무너지지 않는 견고한 아성 같은 존재였다. 선택받은 소수, 특별한 존재로 간주되었던 사회의 특권층에 의해 배타적으로 점유되던 예술은 절대적이고도 보편적인 가치와 진리를 담보하는 것이었다. 하지만 오늘날 순수예술은 예술과 문화라는 단어를 독점하지 못하고, 그 하위 영역의 하나로 자리 잡았다. 이제 예술은 특정 사람들에 의해 독점되지 않으며 모든 사람 앞에 평등하다. 이런 맥락에서 보자면 오늘날 예술의 개념은 특권층과 평범한 대중들 간 권력 투쟁의 결과라고도 할 수 있을 것이다. 그러나 여기에 어떤 의미를 부여하든 우리가 반드시 기억해야 할 사실은, 이러한 결과가 자연적으로 주어진 것이 아니고, 시대의 흐름에 따른 사회적 변화에 의해 촉발된 수많은 학문적 논의들의 결과로 이루어졌다는 점이다.

예술사회학이라는 분과 학문의 역사가 상대적으로 짧은 한국의 학계에서 예술 개념에 대한 재규정은 조금 늦게 시작되었지만, 2000년대 초반 이후 대학교에 예술사회학 교과목이 개설되면서 매우 빠른 속도로 진행되고 있다. 이러한 현상을 가장 잘 보여주는 것이 바로 예술에 대한 학생들의 생각 변화이다. 불과 10여 년 전만 하더라도 학생들에게 예술이 무엇이냐고 물으면 열에 아홉은 레오나르도 다빈치의 〈모나리자〉나 베토벤의 〈운명 교향곡〉 등 서양의 순수예술을 그 예로 들곤 했다. 마치 합의라도 한 것처럼, 일상적으로 보고 듣는 만화나 대중가요는 좋아하지만 뭔가 딱 집어 예술이라고 말하기엔 어렵다고 답했다. 그러나 현재 이와 같이 생각하는 학생들을 찾아보기란 쉽지 않다. 학생들이 생각하는 예술의 범위는 급격한 속도로 넓어져서 스마트폰을 통해 보는 웹툰은 물론, 화려한 컴퓨터 그래픽을 자랑하는 온라인 게임 역시 예술이라고 주장하는 학생들이 많아졌다. 바야흐로 모든 것이 다 예술이 될 수 있는 시대가 된 지금, 예술 개념을 한 줄로 설명하거나 그 범위를 한정하는 것은 무의미한 일이 돼버린 셈이다.

그러나 예술은 여전히 정의하기 어렵고, 무엇이 진정한 예술인가 혹은 누가 진짜 예술가인가를 둘러싼 보이지 않는 싸움은 지금도 계속되고 있다. 물론 예술의 개념과 범위, 예술가에 대한 사회적·학문적 합의의 부족은 혼란을 가중시키지만, 한편으로는 예술을 둘러싼 각종 논의를 촉발함으로써 하나의 연구 분야를 발전시킬 수 있는 좋은 기회를 제공한다. 다음 장에서는 이처럼 우리를 혼란 속으로 밀어 넣는 예술 개념과 관련된 다양한 이슈들을 살펴본다. 왜 사람들은 점점 더 다양한 것들을 예술이라고 이야기하는지, 그럼에도 불구하고 무엇이 예술인지를 결정하는 일은 왜 이토록 어려운지, 예술이라는 것이 맥락과 상황에 따라 어떻게 다르게 인식될 수 있는지 함께 확인해보자.

예술과 사회가
만나는 방식

II

4. 반영이론이란 무엇인가

예술로 사회를 들여다볼 수 있다는 믿음

한국 근대문학 속 주인공들이 왜 결핵으로 죽어갔는지 생각해본 적이 있는가? 무심코 지나쳤던 한 편의 그림에 그 시대의 특징과 사회의 모습, 화가의 삶, 대상에 대한 사회적 시선이 투영되어 있다는 것을 알고 있는가? 이 물음들에 답하기 위해 우리는 예술에 대한 반영이론적 접근을 알 필요가 있다. 반영이론은 엄밀히 말해 하나의 이론으로 보기는 어렵지만, 예술 작품을 분석하는 데 중요한 관점과 시각을 제공한다. 반영이론적 접근은 예술이 그 사회에 대해 무엇인가를 말해준다는 신념에 기초한다. 따라서 이 접근을 채택하는 학자들은 예술을 사회를 비추는 하나의 '거울'로 간주하며, 특정 예술 작품은 시대적·사회적 요소들에 따라 조건 지어지거나 결정된다고 본다.

　반영이론적 접근의 전통에서 예술사회학 연구들은 사회를 더 잘 알기 위해 예술 작품을 분석한다. 한 편의 예술 작품을 통해 우리는 특정 시대·사회의 풍습과 지배적인 사상뿐만 아니라, 당시 유행하거나 새롭게 형성된 예술 사조와 재료까지 파악할 수 있다. 이러한 예술 연구의 방향은 사회학에서 상당히 오랜 역사를 가지고 있는데, 사회학의 주목적이 사회에 관한 풍부한 지식을 얻는 것이라는 점을 고려해본다면 일견 당연한 것이라 할 수 있다. 그렇다면 많은 학자들은 왜 사회 그 자체를 연구하지 않고 미술 작품이나 무용 공연, 영화, 텔레비전 드라마 등 예술을 연구할까? 가장 큰 이유는 연구자들이 좀 더 흥미로운 자료를 찾고 싶어 하기 때문이다. 실제로 영화, 텔레비전 드라마, 그림 등의 자료를 통해 사회를 분석해내는 작업은 연구자와 독자 모두에게 많은 시각적인 정보들을 제공하며 흥미를 유발한다.

연구자들이 실제 사회가 아닌 예술을 통해 사회를 분석하려는 또 다른 이유는, 사회에 대한 직접적인 관찰만으로는 찾아낼 수 없는 것들이 있기 때문이다. 가장 대표적인 예로, 우리는 이미 지나가버린 과거 사회를 직접 관찰할 수 없다. 역사적 사실을 기록해놓은 사료들의 경우, 많은 시간이 흘

| 예술에 사회가 반영되어 있다고 보는 반영이론적 관점 |

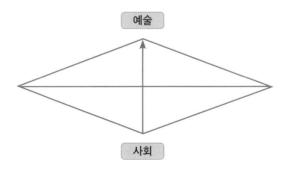

4. 반영이론이란 무엇인가

렀기 때문에 소멸되었거나 기록을 바꾸거나 새롭게 해석할 수 있는 방법이 제한적이다. 이때 과거의 예술 작품들은 당대의 사회상을 들여다볼 수 있는 아주 좋은 자료가 된다. 우리는 여러 시대에 걸쳐 만들어진 다양한 예술 작품을 통해 현재는 직접 경험할 수 없는 과거를 연구해볼 수 있다. 나아가 예술 작품을 통해 한 사회를 살펴보는 작업은 다양한 예술 장르·사조가 발현된 방식과 여러 새로운 창작 기법 등을 생생하게 제시할 수 있다는 장점도 있다.

마르크스주의, 아이디어의 시작

예술에 대한 반영이론적 접근이 무엇인지 제대로 이해하기 위해서는, 먼저 예술이 사회를 투영한다는 아이디어의 시작점이라 할 수 있는 마르크스주의Marxism에 대해 살펴보아야 한다. 오랫동안 예술과 무관한 것으로 인식되어온 마르크스주의는, 그 내용을 들여다보면 사실 예술과 매우 긴밀한 연관성이 있다. 마르크스주의는 대표적인 고전사회학자 중 한 명인 카를 마르크스Karl Marx의 사상을 토대로 만들어진 이론으로, 그중에서도 특히 '이원적 dualistic 계급 모델'과 '유물사관materialism'은 사회구조가 예술에 미치는 영향을 이해하는 데 큰 도움이 된다.

"지금까지의 모든 역사는 계급투쟁의 역사이다"라는 말로 유명한 마르크스는 계급 문제에 관심이 깊은 학자였다. 현대사회에서 계급이나 계층은 매우 여러 층위로 구분되지만, 마르크스에게 계급은 기본적으로 '생산수단을 가진 자'와 '가지지 못한 자', 즉 자본가와 프롤레타리아(노동자)로 양분된 것이었다. 여기서 자본가는 공장 등의 생산수단을 가졌으나, 그들이 모든 노동을 담당할 수 없기 때문에 임금을 주고 프롤레타리아를 고용해 일을 시

카를 마르크스

(1818~1883)

1818년 5월 5일에 독일과 프랑스 접경지대인 트리에Trier에서 태어났다. 법률가인 아버지를 둔 그의 가정은 전형적인 중산층 가정이었다. 마르크스는 1841년에 베를린대학교에서 철학박사 학위를 받았고, 자유주의적이면서 급진 노선을 표방하던 신문사의 기자가 되었으며, 열 달 만에 주필이 되었다. 이 시기에 출판된 마르크스의 초기 논문들은 일생의 지침이 될 민주적 원칙, 인도주의, 이상주의 등을 잘 드러내준다. 1863년 노동자들의 국제적인 운동인 '사회주의 인터내셔널The Socialist International'에 가담했고, 얼마 되지 않아 이 운동을 지도하게 되었으며, 여러 해 동안 이 운동에 헌신했다. 사회주의 인터내셔널의 지도자이자 《자본론》의 저자로서 유명해지기 시작했으나, 1876년에 사회주의 인터내셔널은 붕괴했으며, 여러 혁명운동도 실패에 봉착한 데다, 개인적으로는 병마에 시달리게 되었다. 1883년 3월 14일에 서거했다.

키게 된다. 농촌에서 도시로 유입되어 자신의 노동력 말고는 아무런 생산수단을 갖지 못한 프롤레타리아는 생존을 위해 자본가가 지불하는 임금에 의존하게 되고, 점점 '임금 노예'가 되어간다. 효율을 추구하는 자본가는 노동자로부터 최소한의 임금으로 최대한의 노동을 이끌어내려고 하기 때문에, 이 같은 의존 관계는 점차 프롤레타리아의 삶을 황폐화시키며 심각한 사회문제가 된다는 것이 마르크스가 문제 삼는 계급 관계의 기본 논지이다.

마르크스가 볼 때 모든 사회문제는 이 두 계급 간 투쟁의 결과물이다. 따라서 그들 사이에는 필연적으로 근본적인 긴장이 생기며, 여기서 파생된 공공연한 갈등의 산물이 항상 존재하게 된다. 그리고 이러한 갈등은 사회가 변화하고 발전하게 되는 원동력으로 기능한다. 즉, 마르크스가 '역사적 과정'이라 이름 붙인 사회변동은 필연적으로 자본가와 프롤레타리아라는 두 집단의 이해관계 갈등을 수반한다고 볼 수 있다. 마르크스의 이론 이후 사회구조와 조직, 산업 간 관계에 많은 변화가 발생했다. 그에 따라 마르크스의 이론이 과거만큼 현대사회에 잘 적용되진 않는다. 그러나 자본주의 사회에서 자본가와 노동자 사이에 내재된 많은 갈등과 모순이 현대의 수많은 문제를 양산한다는 그의 기본적인 시각까지 부정될 수는 없다. 그렇기에 여전히 많은 학자들이 마르크스의 이론을 공부하고, 그로부터 사회에 대한 통찰력을 얻고 있다.

한편 유물사관은 이원적 계급 모델과 더불어 마르크스의 사회과학적 사상 체계의 철학적인 기초가 되는 개념이다. 유물사관의 기본 내용은 사회변동의 주요 원천이 인간의 관념이나 가치, 즉 문화가 아니라 경제적 영향력에 의해 일차적으로 촉진된다는 것인데, 바로 이 점 때문에 오랫동안 마르크스의 이론은 문화나 예술과 관련 없는 것으로 여겨졌다. 마르크스에 따르면 생산관계가 경제적인 구조를 구성하며, 이것이 바로 사회를 받치는 실질적인 토대가 된다. 즉, 이 토대에서 법률과 정치의 상부구조와 사회의식이 비롯되기 때문에 경제적 토대가 바뀌면 사회 전체가 변하게 된다. 이러한 유물사관에 따르면 인간 존재는 의식이 아니라 사회에 의해 결정된다.

지금까지 설명한 마르크스주의의 내용들을 예술사회학 연구에 적용해보면 상부구조는 '예술'로, 토대(경제구조)는 '사회'로 치환해 설명할 수 있다. 사회, 그중에서도 특히 경제적인 부분이 특정 예술 작품이 만들어지는 데 영향을 미치기 때문에 예술 작품을 연구하면 당시 시대나 사회의 모습, 또 그 작품을 만들어낸 예술가의 계급적 뿌리 등을 파악할 수 있다는 것이다. 따라서 이러한 반영이론적 관점에서 본다면, 상층계급(자본가)과 하층계

| 유물사관의 내용 |

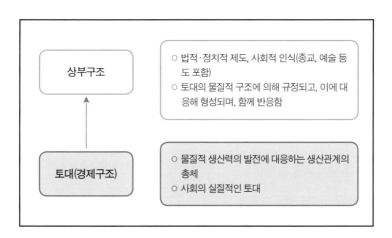

4. 반영이론이란 무엇인가

급(노동자) 출신의 예술가가 만들어내는 예술 작품은 각각 다른 경제적 토대를 반영하므로 내용이나 형식에서 차이가 있을 수밖에 없다.

예술가의 사회경제적 배경에 따라 그가 만들어내는 예술이 달라진다는 것을 가장 잘 보여주는 사례로는 시인 박노해를 들 수 있다. 그는 고등학교 졸업 이후 여러 업종에서 일하며 시를 쓰던 중 1983년 《시와 경제》에 〈시다의 꿈〉이라는 시를 발표하며 등단했고, 1984년 시집 《노동의 새벽》을 출간하면서 한국 사회에 큰 충격을 안겼다. 노동자가 그 자신의 입장에서 쓴 시집으로는 거의 최초나 마찬가지였기 때문이다. 그동안 시 문단을 장악하고 있던 지식인들은 이 일을 계기로 적지 않은 타격을 입었다. 박노해 시인의 시 〈노동의 새벽〉[1]을 살펴보면, 실제로 노동자가 아니면 표현할 수 없는 내용임을 알 수 있다.

(전략)

탈출할 수만 있다면,
진이 빠져, 허깨비 같은
스물아홉의 내 운명을 날아 빠질
수만 있다면
아, 그러나
어쩔 수 없지 어쩔 수 없지.
죽음이 아니라면 어쩔 수 없지.

이 질긴 목숨을,
가난의 멍에를,
이 운명을 어쩔 수 없지.

늘어쳐진 육신에
또다시 다가올 내일의 노동을 위해
새벽 쓰린 가슴 위로

차거운 소주를 붓는다.

소주보다 독한 깡다구를 오기를

분노와 슬픔을 붓는다.

어쩔 수 없는 이 절망의 벽을

기어코 깨뜨려 솟구칠

거치른 땀방울, 피눈물 속에

새근새근 숨쉬며 자라는

우리들의 사랑

우리들의 분노

우리들의 희망과 단결을 위해

새벽 쓰린 가슴 위로

차거운 소줏잔을

돌리며 돌리며 붓는다.

노동자의 햇새벽이

솟아오를 때까지.

이처럼 마르크스주의 이론에 뿌리를 둔 반영이론은 점차 예술 작품이 사회에 관한 많은 정보를 담고 있다는 관점으로 확대되어 시대상, 사회상, 사회의 변화 양상, 성별(여성)에 대한 지배적 관점, 예술가의 정치적 성향, 국가의 아동 교육관 등을 알 수 있는 관점으로 변화했다. 5장에서는 이와 관련된 여러 사례들을 살펴보고, 이어지는 6장에서는 반영이론적 접근을 채택한 예술사회학 연구들이 사용한 방법론과 실제 연구 내용을 다뤄볼 것이다.

마르크스주의와 관련된

예술사회학의 주제

상부구조에 해당하는 문화와 예술이, 경제구조라 할 수 있는 토대에 영향을 받아 그에 대한 반영으로 생성됨을 강조했다는 점에서 마르크스주의는 예술에 대한 반영이론적 접근의 뿌리라 할 수 있다. 그렇다면 이러한 마르크스주의와 관련된 예술사회학의 주제는 어떤 것들이 있을까?

허위의식false consciousness을 조장하는 예술

마르크스주의와 관련한 예술사회학의 첫 번째 주제는 허위의식이다. 마르크스의 이론에서 자본가는 노동자에 대한 착취를 정당화하는 이야기를 꾸며내려고 노력하며, 그 결과 노동자들은 자신이 착취당한다는 사실을 깨닫지 못한다. 마르크스에 의하면 모든 시대의 모든 지배계급은 자신의 지배를 정당화하는 허위의식들을 만들어냈으며, 이는 현대에서 '문화적 통제'라는 형태로 존재하게 된다. 이러한 맥락에서 허위의식을 연구하는 학자들은 예술 형식이 어떻게 사회적 통제로 기능하는지에 대해 연구한다. (형성이론적 접근은 프랑크푸르트학파 내용이 나오는 9장 참조)

문화 산업 비판

마르크스주의는 문화 산업을 비판하는 데에도 활용된다. 마르크스주의에 따르면, 자본주의 체계 내의 기업에 의해 생산된 예술, 즉 문화 산업이 생산한 대량문화는 가치가 없는 것으로, 진정한 의미의 문화라고 볼 수 없다. (형성이론적 접근은 프랑크푸르트학파 내용이 나오는 9장 참조)

문화의 정치적 사용

허위의식 및 문화 산업 비판과 비슷한 맥락에서, 마르크스주의는 문화의 정치적 사용 여부와 그 내용, 방식을 연구하는 데에도 활용된다. 사회의 구성원들은 그들이 속한 사회계급에 따라 예술을 다르게 사용하며, 이는 상류계급에 유리한 점으로 작용할 수 있다. 마르크스주의에 이론적 기반을 둔 학자들은 이 점에 초점을 맞추어 상류계급이 그들이 향유하는 문화를 통해 어떻게 지배적 위치를 공고하게 유지하고, 피지배계급을 통치하는지 분석한다. (예술 소비와 계급, 부르디외의 문화자본론 내용이 나오는 14장 참조)

어디까지 믿어야 할까?

예술은 사회를 반영한다. 그러나 복잡한 방식으로 반영한다. 물론 반영이론적 관점에서 예술 작품을 분석한 연구들은 날카로운 비판에 직면하기도 한다. 우선, 예술 작품을 해석하는 연구자의 편견을 어떻게 제거하느냐는 질문이 제기된다. 이는 연구자가 어떠한 사회문제나 현상을 예술에 대한 분석을 통해 확인할 때, 연구자가 보여주고자 하는 것을 뒷받침해주는 작품만을 선택할 가능성에 대한 비판이다. 반영이론 연구의 또 다른 문제는, "예술이 사회를 반영한다"는 명제가 매우 광범위하기 때문에 정확히 사회의 어떤 부분이 반영되었는지를 구체화할 수 없다는 점이다. 이 같은 입장에서 반영이론적 접근을 비판하는 학자들은 과연 예술 작품에 담긴 것이 "허구인가 아니면 진정한 사회인가"라는 의문을 제기한다.

대표적으로 영국의 역사학자 피터 라슬렛Peter Laslett[2]은 '문학'을 예시로 든다. 어떤 역사사회학자들은 문학 속 상황을 통해 그 시대의 생활상을 추론했는데, 라슬렛은 그러한 상황이 정말 광범위하게 실재했는지, 아니면 오히려 흔하지 않기 때문에 설정된 것인지 알 수 없다고 지적한다. 그는 문학이란 기본적으로 '꾸며낸 이야기'라며, 산업사회 이전의 영국 문학에서 빈번하게 등장했던 대가족을 사례로 든다. 당시 영국 문학에서 대가족이 많이 등장했다는 이유를 근거로 영국의 보편적인 가족 형태를 추론하는 반영이론의 연구 방식은 잘못되었다. 해당 작품의 배경이 되던 시대에 대가족은 영국 사회에서 흔하지 않았기 때문이다. 작가는 극적인 사건들을 많이 만들어내고자 대가족이라는 특정한 가족 형태를 의도적으로 택했을 뿐이다.

실제로 '표현 양식'으로서 예술의 특징으로 인해, 즉 그 창작성으로 인해 예술 작품이 현실과 동떨어져 있는 모습을 우리는 일상에서 쉽게 발견할 수 있다. 가장 대표적인 사례로는 우리가 매일 접하는 대중예술인 텔레비전 드라마를 들 수 있다. 각각 2009년과 2013년 우리나라에서 선풍적인 인기를 끌었으며 대표적인 한류 콘텐츠로도 손꼽히는 드라마 〈꽃보다 남자〉와 〈상속자들〉은 재벌가에서 태어난 고등학생들의 이야기를 다루고 있다. 그런데 만약 먼 미래의 연구자들이 이 드라마를 연구 자료로 삼아 '아, 이 당시 한국의 고등학생들은 이렇게 학교생활을 했구나'라고 결론을 내린다면 어떨까? 드라마를 본 사람들이라면 이 연구 결과에 전혀 공감하지 못할 것이다.

앞서의 논의늘을 종합해볼 때, 우리는 예술이 사회를 매우 복잡하게 반

드라마 〈꽃보다 남자〉와 〈상속자들〉을 통해 한국 고등학생들의 보편적인 생활모습을 추론해서는 곤란하다.

영한다고 결론내릴 수 있다. 예술이 사회를 비추는 거울인 이유는 예술 작품을 만들어낸 예술가와, 이를 받아들이고 소비하는 관객 혹은 독자 모두 예술 작품과 그 의미를 형성하는 데 일조하기 때문이다. 이 세상에 존재하는 어떤 예술도 그것이 만들어진 시기와 사회의 맥락, 생산자이자 소비자로서의 사회 구성원들과 떨어져 독립적으로 존재할 수 없다. 오늘날 우리가 최신 영화나 드라마를 보고 현대사회의 모습이 정확하고 객관적으로 반영되어 있다고 인지하지 않듯, 예술은 매우 복잡한 방식으로 사회를 반영한다. 따라서 예술을 두고 '사회를 반영하는 거울'이라고 이야기할 때, 그것은 조금은 왜곡되고 다소 복잡한 방식으로 우리 사회를 보여주는 '일그러진 거울'이라 할 수 있을 것이다.

그럼에도 불구하고 반영이론적 접근에서 예술 작품을 분석하는 작업은 사회에 대해 매우 흥미로운 사실들을 알려주며, 특정 사회현상이나 문제에 대한 직접적 연구를 통해서는 알기 어려운 것들을 더욱 선명하고 날카롭게 보여주기도 한다. 따라서 반영이론적 접근은 예술과 사회를 연구하는 데 있어 여전히 많은 연구자들에 의해 활용되며, 예술 작품과 사회를 분리시켜 보았을 때에는 미처 알아채거나 깨닫지 못했던 흥미로운 사실들을 독자들에게 전달해준다. 과연 그런 것들에는 무엇이 있는지, 이어지는 5장에서 함께 살펴보도록 하자.

5. 예술 속에서 발견한 사회

● 주인공들은 왜 결핵으로 죽어갔을까?

> 처마 끝에서 눈 녹은 물이 비 오듯 하는 날 오후인데 가엾은 아가씨가 나타났다.
> 더 창백해진 얼굴에는 상장喪章 같은 마스크를 입에 대었고 방에 들어와서는 눈꺼
> 풀이 무거운 듯 자주 눈을 감았다 뜨면서, "그간 두어 번이나 몹시 각혈을 했어요"
> 했다.[3]

　단편소설 분야에서 특히나 뛰어난 완성도를 보여 '한국의 모파상'이라
불리는 이태준은 1930년대 한국 소설계를 대표하는 작가이다. 그가 1936년
에 발표한 단편소설 〈까마귀〉는 세련된 문장 외에도, 아름다운 주인공이 결
핵에 걸려 죽어가는 과정을 기품 있게 그림으로써 '죽음의 미학화'를 지향
한 것으로도 유명하다. 백지장처럼 창백한 얼굴, 가녀린 몸매, 잠이 오는 듯

나른한 표정과 조심스러운 몸짓, 힘없는 여린 목소리까지. 그의 소설에 등장하는 결핵 걸린 여성은 이처럼 가엾고 애달프지만 무언가 낭만적인 분위기를 풍기는 존재로 묘사되었다.

그런데 신기하게도 이 시기 발표된 소설들에는 유독 결핵에 걸린 사람들이 자주 등장한다. 결핵을 두고 "한국 문학이 가장 사랑한 질병"이라 말할 정도로 말이다. 한국 문학사에서 결핵이 처음 등장한 것은 1922년 11월 21일부터 1923년 3월 21일까지 《동아일보》에 연재된 나도향의 장편소설 《환희》였는데, 주인공은 비극적인 사랑과 이별을 겪은 후 결핵에 걸려 결국 자살을 택한다. 이 작품은 번안 소설이 아닌 순수 창작 소설로서 한국 문학에서 결핵의 서사 효과를 처음으로 거두었다고 평가받는다.

김유정의 〈만무방〉에는 결핵을 앓는 아내를 둔 가난한 남자가 나오고, 이상의 〈봉별기〉는 "스물세 살이오삼월이오─각혈이다"라는 서두를 통해 결핵의 주요 증상인 '각혈'을 핵심적인 요소로 부각시킨다. 특히 이상은 〈공포의 기록〉과 〈실화〉[*]에서도 각혈을 다루어 결핵의 이미지를 가장 극적으로 표현한 작가다. 그리고 공교롭게도 김유정과 이상은 각각 29세와 27세였던 1937년, 결핵으로 사망했다. 나도향 역시 결핵을 앓다가 세상을 떠났으며, 동시대 문인들인 이광수, 채만식, 이효석 등도 모두 결핵으로 사망했다.

왜 하필 결핵이었을까? 이 질문에 대해 누군가는 작가들이 유독 결핵에 취약했기 때문이 아니었을까 생각할 수 있다. 창작을 직업으로 한다는 점에서 다른 사람들에 비해 더 예민하다거나, 혹은 위생을 담보할 수 없는 열악한

[*] 이 작품은 이상이 사망한 이후인 1939년 3월 잡지 《문장》에 유고의 형태로 소개된 것이다.

5. 예술 속에서 발견한 사회

집필 환경 때문에 병에 쉽게 걸린 것이 아닐까 추측해볼 수 있기 때문이다. 그러나 당시의 문인들이 결핵에 걸려 사망하는 비율이 높았으며, 비슷한 시기의 문학 작품들에 유독 결핵에 걸린 사람들이 많이 등장했던 좀 더 근본적인 이유는, 결핵이 오랫동안 당대의 유행병이었기 때문이다. 결핵은 1960년대까지 세계에서 가장 높은 사망률을 기록하던 치명적인 질병이었고, 일제강점기의 조선은 다른 국가들과 비교했을 때 결핵으로 인한 사망률이 특히나 높은 나라였다. 1930년대 후반 한국의 결핵 환자는 40만 명 정도였던 것으로 추산되며, 결핵으로 사망하는 사람은 해마다 4만 명에 달했다고 보고된다.[4]

결국 결핵으로 인한 사망자가 많아 '결핵은 곧 죽음'을 의미하던 시대적 분위기, 당대 문인들의 결핵으로 인한 비극적 삶이 그들의 문학 작품에 반영되어 나타난 것이다. 더욱이 결핵 환자들이 보이는 수척하고 쇠약한 모습은 많은 사람들의 동정심과 보호 본능을 자극했다. 그러므로 순종적이고 가녀린 여성의 모습을 이상적인 것으로 평가했던 이 시기 문학에서 결핵은 어쩌

1958년 결핵예방강조기간에 세워진 선전탑.
1960년대까지 결핵은 '국민병'이었다.

II. 예술과 사회가 만나는 방식

면 아름다운 여자 주인공에게 허락된 유일한 질병이었을지도 모른다. 이 시기 문학 작품에서 결핵에 걸린 여성이 남성보다 더욱 많았다는 사실은 당시 한국 사회가 이상적으로 생각했던 여성의 모습이 반영된 것이라고도 해석해 볼 수 있을 것이다.

아울러 흥미로운 사실은, 한국이 결핵의 위험으로부터 비교적 자유로워지고, '암'이라는 새로운 질병이 가장 위협적인 병으로 떠오른 이후, 문학 작품을 비롯한 텔레비전 드라마와 영화 속 주인공들이 혈액암의 일종인 백혈병에 걸려 죽기 시작했다는 것이다! 백혈병 역시 피로와 쇠약감, 체중 감소 등을 주된 증상으로 한다는 점에서, 결핵 환자와 비슷하게 보호 본능을 일으키는 측면이 있다. 여러 장르의 예술 작품 속에 등장하는 백혈병 환자의 모습 역시 창백한 얼굴에 마른 몸으로, 꺼져가는 불빛처럼 쇠잔하게 그려진다. 만약 머지않은 미래에 인류가 암을 정복하게 되는 때가 온다면, 작품 속 주인공들 역시 암에서 해방될 수 있지 않을까?

정신병동에 갇힌 지젤

"발레리나들이 입는 의상을 무엇이라 부릅니까?" 언젠가 한 텔레비전 퀴즈 프로그램에서 사회자가 이런 질문을 던지는 것을 본 적이 있다. 출연자는 물론이고, 그 방송을 보고 있던 나도 문제의 정답을 맞히지 못했지만, 사회자가 던진 질문을 듣는 순간 우리 모두는 동일한 이미지를 머릿속에 그렸을 것이다. 가냘프지만 단단한 근육으로 다져진 몸매가 돋보이는 딱 붙는 상의, 잘록한 허리에서부터 풍성하게 펼쳐지는 하얀색 치마, 발목을 천으로 감싼 토슈즈를 신고 발끝으로 무대 위를 누비는 장면. 전형적인 발레리나의 모습으로 각인된 이 이미지는 아마도 우리에게 친숙한 발레 작품인 〈백조의 호수〉와 〈지젤〉로부터 비롯된 것일 테다.

그중에서도 〈지젤〉은 낭만 발레의 진수로 꼽히는 작품으로, 사랑에 빠진 순진한 여성의 비극적이지만 숭고한 사랑을 아름답게 표현해 19세기 낭만 발레의 전성기를 열었다고 평가받는다. 1841년 파리에서 초연된 〈지젤〉의 내용은 대략 이렇다. 시골에 사는 지젤은 어느 날 귀족 신분을 속이고 사냥을 나온 알브레히트를 만나 사랑에 빠진다. 하지만 같은 시골에 살며 지젤을 짝사랑했던 힐라리온은 이를 질투한 나머지, 알브레히트가 귀족이며 심지어 같은 신분의 약혼녀까지 있다는 사실을 폭로해버린다. 지젤은 사랑에 배신당힌 충격으로 미쳐 춤추다 목숨을 잃고 만다. 그 후 지젤은 새벽이면 무덤에서 깨어나 숲을 지나가는 남자들이 죽을 때까지 춤추게 만들어 복수하는 유령 '윌리'의 일원이 된다. 그러나 무덤을 찾아온 알브레히트마저 죽이려는 다른 윌리들로부터 그를 지켜내며 지고지순한 사랑의 끝을 보여준다.

발레를 고급예술의 하나로만 알고 있던 학생들에게 〈지젤〉의 줄거리를 들려주면 반응은 크게 두 가지로 갈릴 것이다. 하나는 자신의 귀족 신분과 약혼 사실을 숨긴 채 지젤을 기만한 알브레히트에 대한 분노일 것이고, 다른 하나는 지젤의 갑작스러운 죽음에 대한 황당함일 것이다. 사람들이 느끼는 이 같은 황당함은, 지젤이 남자들을 홀려서 결국 죽이고 마는 무시무시한 유령 (물론 작품 속 윌리들은 공포 영화 속 유령들과 다르게 요정 같은 느낌을 주기는 한다)이 된다는 데서 한층 짙어진다. 누군가는 이렇게 반문할 수도 있다. "그러니까 지젤을 한국식으로 말하면 한을 품고 죽은 처녀귀신인 건가요?" 그리고 이 질문을 지금의 대학생들이 듣는다면 아마 웃음을 참지 못할 것이다. 왜일까?

요즘 청년들은 고작 사랑의 배신 때문에 죽는다는 것에 개연성을 느끼지 못하며, 여성을 순진하고 지고지순한 존재로 그려내거나, 정반대로 남자에게 복수하는 무시무시한 존재로 이분화하는 것에 대해 옳지 않다고 생각한다. 이와 같은 반응들은 결국 시대의 흐름에 따른 사회의 변화, 그로부터 비롯된 청년들의 인식 변화에서 비롯된 것이라 할 수 있다. 남성을 향한 순진하고 순결하며 아름다운 여성의 한결같은 사랑은 '숭고한' 것이 아니라 '바보짓'이라는 사고가 이들의 머릿속에 확고하게 자리 잡은 것이다. 이러한 변화를 읽어낸 것일까? 1982년, 기존의 지젤과는 사뭇 다른 또 다른 지젤이 무대에 올랐다. 일명 '정신병동의 지젤'로 불리는 안무가 마츠 에크Mats Ek의 〈지젤〉이다.

고전 발레 비틀기와 재창조로 유명한 마츠 에크의 〈지젤〉은 원작 초연 이후 140년이라는 간극을 실존주의적 관점으로 채워 넣었다. 공연에 사용된 음악과 줄거리는 기존의 고전 발레와 비슷하지만, 등장인물은 원작과 매우 다르다. 현대적으로 재해석된 지젤은 어딘가 조금 어리숙하게 등장한다. 지젤은 더 이상 순진하고 아름다운 시골 여자가 아니라 마을 사람들에게 놀림을 받으며 자신만의 세계에 갇혀 사는 엉뚱한 성격의 소유자로, 알브레히트는 쾌락을 즐기는 도시의 젊은 귀족으로 탈바꿈한다. 지젤이 알브레히트를 사랑하게 되는 과정은 사리판단에 어두운 지젤이 덫에 걸리는 듯 묘사되며, 사랑에 실패한 충격으로 미쳐버린 지젤은 원작에서처럼 죽음을 맞이하

5. 예술 속에서 발견한 사회

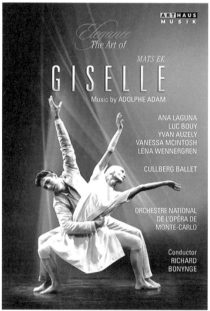

원작에 충실한 볼쇼이 발레단의 〈지젤〉 공연 장면(위)과
원작을 현대적으로 재해석한 마츠 에크의 〈지젤〉 공연 포스터.

는 대신 정신병동에 입원한다. 유령 윌리들을 이끄는 미르타는 정신병동의 수간호사로 등장한다.

　여러분들도 아마 마츠 에크에 의해 새롭게 각색된 '현대판' 〈지젤〉의 등장인물과 내용을 보고 나면, 훨씬 더 설득력이 있고 현실적이라며 공감 섞인 표정으로 고개를 끄덕일 것이다. 비단 〈지젤〉뿐 아니라 다른 고전 명작들에 대해서도 재해석 작업이 이루어지고 있다. 앞서 언급한 〈백조의 호수〉 역시 안무가 매튜 본_{Matthew Bourne}에 의해 현대적으로 재해석된 바 있는데, 남녀 간의 틀에 박힌 사랑 이야기가 아닌 동성애적 코드와 심리극에 가까운 요소들을 집어넣으며 큰 반향을 일으켰다. 누군가 "왜 이런 변화가 나타나는 거죠?"라고 질문한다면 여러 가지 답을 해볼 수 있을 것이다. 예술가의 창작 욕구 때문일 수도 있고, 과거의 시대상을 담고 있는 고전 작품들에 더 이상 공감하지 못하는 관객들의 흥미를 자극하기 위한 마케팅 전략일 수도 있다. 하지만 그 이유가 무엇이든, 우리가 여기서 기억해야 할 것은 명확하다. 한 시대에 만들어진, 혹은 재해석된 예술 작품에는 그 시대의 모습이 담겨 있다는 점이다.

'성녀'이거나 '요부'이거나

여러분 중 신실한 기독교 신자가 있다면 '유디트_{Judith}'라는 이름을 잘 알고 있을 것이다. 물론 기독교를 믿지 않더라도, 미술에 조예가 깊은 사람이라면 유디트라는 이름뿐만 아니라 이 인물이 많은 화가들에 의해 그려져왔다는 사실을 알고 있을 것이다. 유디트는 구약성서의 외전인 〈유디트서〉에 등장하는 인물로, 유대인의 도시 베툴리아에 사는 신앙심 깊고 부유한 여성이다. 이런 그가 여러 그림들 속 주인공으로 등장하게 된 사건의 전말은 다음과 같다. 어느 날 아시리아의 장군 홀로페르네스가 베툴리아에 쳐들어왔고, 도시는 함락당하기 직전 항복할 수밖에 없는 절박한 상황에 처하게 된다. 이때 유디트가 묘안을 낸다. 그는 깊은 밤 아름답게 치장한 후 홀로페르네스를 찾아가 유혹하고, 자신의 안전을 담보해주는 대가로 도시의 항복을 받아내는 데 중요한 정보를 제공하겠다며 그를 안심시킨다. 그리고 만취한 홀로페르네스의 목을 베어 도시를 구하는 데 성공한다.

　　유디트의 이야기는 실존했던 국가와 인명이 등장하기 때문에 언뜻 역사적 사실 같아 보이지만, 실제로 있었던 일은 아니다. 그럼에도 불구하고 유디트의 이야기는 전쟁과 살인, 아름다운 여성의 치명적인 유혹, 자신의 목숨을 내건 구국 영웅의 모습 등 특유의 드라마적 요소들 때문에 중세부터 현대에 이르기까지 당대 최고 화가들의 이목을 사로잡았다. 우리에게 〈비너스의 탄생〉으로 익숙한 보티첼리Sandro Botticelli를 비롯해, 조르조네Giorgione와 티치아노Tiziano Vecellio, 틴토레토Jacopo Tintoretto와 루벤스Peter Paul Rubens, 카라바조Michelangelo Merisi da Caravaggio 등 수많은 남성 화가들이 유디트라는 여성의 담대한 살인 사건을 그림으로 표현해냈다. 여기서 흥미로운 점은, 동일한 사건이 각기 화가의 개성이나 표현하고자 하는 바에 따라 다르게 그려져 있음에도 묘하게 일관적인 특징이 관찰된다는 점이다.

　　혹시 무엇인지 눈치챘는가? 사실 꽤 많은 힌트들이 주어졌기 때문에 눈

보티첼리의 〈귀환하는 유디트〉(1472, 위)와 티치아노의
〈유디트〉(1515)에서 유디트는 '성녀'의 이미지로 그려진다.

치 빠른 독자들이라면 진작에 알아차렸을 것이다. 이 글의 제목에 등장하는 '성녀'와 '요부'라는 단어, 그리고 유디트를 주로 '남성' 화가들이 그려왔다는 사실이 힌트다. 그렇다. 시대적 상황과 화가 개인의 특성을 막론하고, 그림 속 유디트는 연약한 몸으로 적장의 목을 벤 '영웅이자 성녀'로 등장하거나, 자신의 아름다움을 무기로 남자를 파멸시키는 '팜므 파탈femme fatale'로 등장한다. 대표적으로 1472년 보티첼리가 그린 〈귀환하는 유디트〉 속 유디트에게서는 구국 영웅으로서의 결연함과 거사를 끝낸 평온함, 기품 있는 여성의 우아함이 느껴진다. 티치아노의 1515년 작품인 〈유디트〉 속 유디트는 완전무결한 성녀의 분위기를 풍긴다.

　　20세기에 들어서면서 유디트는 이러한 성녀의 이미지보다는 팜므 파탈의 이미지로 더욱 많이 그려지게 되는데, 남성을 유혹해 파멸로 이끄는 치명

적 여성이라는 소재가 당시 미술과 문학 등 예술계 전반에서 큰 인기를 끌었기 때문이다. 황금빛 화가로 알려진 클림트Gustav Klimt의 〈유디트 1〉은 유디트에게 부여된 이 같은 이미지를 가장 극적으로 보여준다. 그의 그림에서 유디트는 구국의 영웅이나 성녀라기보다는, 승리에 도취해 황홀감에 빠져 있는 에로틱한 느낌으로 다뤄진다. 몽롱하게 뜬 눈과 풀어헤친 가슴, 전체적으로 활용된 황금빛 물감은 사람들로 하여금 과연 그가 그린 것이 유디트서에 등장하는 그 유디트인

유디트가 '팜므 파탈' 이미지로 그려진
구스타프 클림트의 〈유디트 1〉(1901).

　　　　　　　　　　　　　II. 예술과 사회가 만나는 방식

지도 의심하게 만든다. 성녀와 요부. 정반대의 성격을 가진 것처럼 보이는 이 두 여성상은, 그러나 전적으로 남성적인 시각에 의거한 여성의 모습이라는 점에서 공통적이다.

거의 유일하게 유디트를 그린 여성 화가 아르테미시아 젠틸레스키Artemisia Gentileschi의 〈홀로페르네스의 목을 베는 유디트〉를 다른 남성 화가들의 그림과 비교해보면 그 차이는 더욱 극명하게 드러난다. 젠틸레스키가 유디트를 성녀나 요부가 아니라 강인한 여성의 모습으로 그려낸 것은, 그가 자신의 그림 선생님이자 아버지의 친구였던 타시Tassi에게 성폭행을 당한 것이 크게 영향을 미쳤을 거라는 해석이 지배적이다. 이러한 해석을 배제하더라도 그의 그림은 확실히 남성적인 시각에서 조망되는 여성의 이미지에서 벗어나 있다.

즉, 우리는 예술 작품을 통해 한 시대와 사회의 모습을 발견하게 되는데, 이는 미술계에도 예외 없이 적용된다. 아주 오랫동안 작품 속 수많은 유디트가 연약한 여성이나 성녀 혹은 요부로 그려지게 된 것은 여성에게 남성과 동등한 권력을 허락하지 않는 시대적 배경과 사회적 분위기, 다분히 남성 화가들을 중심으로 구성·운영되어온 미술계의 상황 때문이었다고 해석해볼 수 있을 것이다. 참고로, 대다수 여성 미술가들이 그렇듯 젠틸레스키 역시 사망 후 미술사에서 완전히 사라졌다. 그의 작품들은 1900년대 초 이탈리아의 미술사가이자 카라바조 연구자인 로베르토 롱기Roberto Longhi에 의해 알려지기 시작했다고 전해지는데, 그 밖에 이름을 잃어버린 다른 여성 화가들의 작품들이 세상에 소개된다면 우리는 그 안에서 또 다른 예술계의 모습, 우리가 미처 확인하지 못한 시대와 사회의 모습들을 발견할 수 있을지도 모른다.

유디트를 성녀도 요부도 아닌 강인한 여성의 모습으로 그린
아르테미시아 젠틸레스키의 〈홀로페르네스의 목을 베는 유디트〉(1614~1620).

누가 진짜 영웅인가

우리는 예술 작품들을 통해 특정 시대와 사회의 모습을 확인할 수 있다. 동일한 역사적 사실을 상반된 시각으로 조망한 예술 작품을 통해서는 각 예술가들의 상이한 정치적 시각을 엿볼 수 있기도 하다. 여기 그 대표적 사례라 할 수 있는 두 개의 작품이 있다. 하나는 1739년 자크 루이 다비드Jacques-Louis David가 그린 〈마라의 죽음〉이고, 다른 하나는 폴 보드리Paul Jacques Aimé Baudry가 1860년에 그린 〈샤를로트 코르데〉이다. 기본적으로 두 작품은 프랑스혁명 시기 벌어진 한 살인 사건을 다루고 있다. 아주 간단히 이야기하면 다비드의 작품은 죽임을 당한 '장 폴 마라Jean-Paul Marat'라는 남성을 주인공으로, 보드리의 작품은 그를 죽인 '샤를로트 코르데Charlotte Corday'라는 여성을 주인공으로 삼는다.

두 그림을 좀 더 자세히 살펴보면, 주인공으로 삼고 있는 대상이 다르다는 것 이외에도 두 화가의 입장 차이를 보여주는 장치들이 곳곳에 녹아 있음을 알 수 있다. 가장 중요한 것은 죽어 있는 마라에 대한 묘사다. 두 그림을 비교해보면, 우선 다비드의 그림 속 마라는 마치 성모 마리아가 예수를 안고 있는 모습을 조각한 미켈란젤로Michelangelo의 〈피에타Pietà〉를 떠올리게 한다. 그림의 위쪽은 마치 하늘에서 빛이 쏟아져 마라를 비추는 것처럼 보이고, 욕조 속의 마라는 평온한 얼굴로 마치 '성자'와 같은 모습을 하고 있다. 특히 이 그림에서 마라는 죽음의 순간까지도 민중으로부터 받은 편지(이 편지는 코르데가 쓴 것이다)와 펜을 놓지 않은 것으로 묘사되어, 그가 조국과 인

다비드의 〈마라의 죽음〉(1793, 위)과 보드리의
〈샤를로트 코르데〉(1860)는 동일한 역사적
사실을 상반된 시각으로 조망했다.

민을 위해 얼마나 헌신했는지를 보여주고 있다.

반면에 보드리의 그림은 상대적으로 실제 사건 현장을 그대로 묘사한 것처럼 보인다. 앞서 언급했듯 이 그림 속 주인공은 마라가 아니라 그를 암살한 코르데다. 창가 쪽에서 들어오는 빛은 마라가 아닌 코르데의 얼굴을 비추고, 그의 표정은 비장하며 눈빛은 결연하다. 이 그림에서 마라는 괴로움에 일그러진 얼굴을 하고 있으며, 죽는 순간 발버둥을 친 것인지 욕실 안 의자는 바닥에 넘어져 있고 주변은 어지럽혀져 있다. 마라는 그저 암살당한 피해자로 그려졌다. 그런데 왜 같은 사건을 두고 다비드는 마라를 숭고한 '순교자'로, 보드리는 코르데를 '생명과 자유의 수호자'*로 그려낸 것일까? 잠시 그림의 모티브가 된 역사적 사실을 들여다보자.

1793년 7월 13일, 스위스 태생의 프랑스인 마라가 프랑스의 가난한 귀족 출신 샤를로트 코르데에 의해 암살당한다. 코르데는 마라를 암살했다는 죄목으로, 사건 당일로부터 4일이 지난 후 단두대에서 처형당했다. 코르데는 왜 자신의 목숨을 걸고 마라를 암살했을까? 마라는 프랑스혁명 이후 세워진 국민공회의 일원이자 급진파인 자코뱅당을 이끈 실질적 지도자로, 프랑스혁명에 반대하는 자들을 색출해 모두 처형하며 공포정치를 주도하고 있었다. 한편 코르데는 혁명을 과격하게 추진하는 자코뱅파에 반대하면서 이들과의 정쟁에서 패한 지롱드파를 옹호하고 있었는데, 지롱드파는 나라를 공포로 밀어 넣은 마라를 죽이는 것이 프랑스를 위한 길이라 믿었다. 사건 당일, 코르데는 마라의 집 앞에서 "마라에게 간청할 것이 있다"며 자신을 만나

---

* 코르데는 사후 그의 미모로 인해 '암살의 천사'라는 별명을 얻기도 했다.

달라 난동을 부렸고, 그가 있던 욕실 옆방으로 들어가는 데 성공한다. 당시 마라는 매우 심한 피부병을 앓고 있어 욕조에서 집무를 보았는데, 이런 상황을 알고 있던 코르데는 미리 준비한 칼로 마라의 폐를 찔러 그를 암살한다.

사건만 놓고 본다면 예고 없는 급습에 사망한 남자가 평온한 얼굴을 하고 손에 쥐고 있던 종이와 펜을 놓치지 않을 리 없으니, 실제 상황 속 마라의 모습은 보드리가 그린 것과 흡사했을 것이다. 그럼에도 불구하고 다비드가 마라를 성인처럼 그려놓은 데에는 그의 정치적 입장이 큰 영향을 미쳤다. 18세기 말과 19세기 초 프랑스 화단뿐 아니라 유럽을 대표한 화가였던 다비드는 특히 신고전주의에서 빼놓을 수 없는 가장 중요한 인물로, 언제나 권력의 중심에 있었던 그가 발표한 작품들은 시대의 변화를 극명하게 보여준다. 루이 16세의 총애를 받는 왕실 화가였던 그는 프랑스혁명이 일어나자 혁명당원이 되어 왕을 단두대로 보냈고, 그 후 나폴레옹에 충성하다가 그가 실각한 이후로는 외국에 망명해 안락한 여생을 보냈다.

서양 미술사에서 가장 정치적인 인물이었던 다비드의 그림은 정치 선전용으로 많이 활용되었는데, 이러한 맥락에서 보면 〈마라의 죽음〉은 당시 권력을 장악했던 혁명정부의 기대치에 한껏 부응하고자 했던 다비드식 '포토샵'이자, 마라에게 바치는 다비드의 조의였다고 해석할 수 있을 것이다. 그가 1800년에 발표한 또 다른 작품인 〈생베르나르 협곡을 넘는 나폴레옹〉은 그가 나폴레옹에게 헌정한 성화로 잘 알려져 있는데, 그림의 많은 부분이 역사적 사실과 다르다. 실제 상황은 나폴레옹이 사망한 지 29년이 지난 1850년, 폴 들라로슈Paul Delaroche가 그린 〈알프스를 지나는 보나파르트〉에 잘 묘사되어 있다.

다비드의 〈생베르나르 협곡을 넘는 나폴레옹〉(1800, 왼쪽)보다
들라로슈의 〈알프스를 지나는 보나파르트〉(1850)가
실제 역사적 사실에 더 부합한다.

5. 예술 속에서 발견한 사회

캔디, 인내의 아이콘이 되다

한국 드라마계와 영화계에서 '캔디형 여주(여주인공)'라는 단어는 매우 익숙하게 사용된다. 캔디는 가난한 집에서 태어나 가진 것은 없지만 항상 웃음을 잃지 않는 밝은 성격의 소유자로, 주변 사람들의 온갖 괴롭힘에도 씩씩하게 버텨내며 역경을 딛고 일어서 왕자님 같은 재벌 남자를 만나 결혼한다. 만화영화를 보지 않았어도 캔디 캐릭터를 모르는 사람을 찾아보기는 어렵다. "외로워도 슬퍼도 나는 안 울어"로 시작하는 주제가를 모르는 사람도 거의 없으니 가히 '국민 애니메이션 송'이라 부를 만하다. 그런데 혹시 우리가 "참고 또 참으며" 인고의 삶을 살아왔다고 믿어 의심치 않았던 캔디가 실제로는 인내의 아이콘이 아니라 천방지축 말괄량이 소녀였다는 사실을 알고 있는가?

드라마 속 캔디는 알지만 만화영화 속 캔디는 모르는 여러분을 위해 기본적인 줄거리를 설명하자면 이렇다. 태어나자마자 고아원에 맡겨진 캔디는 어린 시절 고아원 근처에서 첫사랑을 만난다. 그러다 열두 살이 되던 해에 라건 집안으로 들어가 이라이자와 닐 남매에게 온갖 괴롭힘을 당한다. 그때 알버트라는 조력자가 나타나 캔디에게 정신적 힘을 보태주고, 이후 캔디가 닐과 강제로 약혼하는 위기를 맞았을 때도 캔디를 구해준다. 한편 도둑 누명을 쓰고 멕시코로 쫓겨나게 된 캔디는 아드레이 가문 총수에 의해 양녀로 입양되는데, 아드레이 가문 총수가 바로 '윌리엄 알버트 아드레이', 즉 그동안 캔디를 물심양면 지원해온 알버트인 것으로 밝혀진다. 그리고 마

1983년 재방영된
〈들장미 소녀 캔디〉의 한 장면.

지막 편에서 알버트는 캔디가 어릴 적 만났던 첫사랑이 바로 자신이었다고 고백한다!*

　한국에서 1981년 최초로 방영된 〈캔디〉는 일본 원작 만화영화를 수입해온 것이기 때문에 기본적으로 줄거리가 동일하다. 그런데 원작 속 캔디는 온갖 역경을 겪으면서도 굴하지 않았다는 점에서 일견 인내의 아이콘이기도 하지만, 천방지축 말괄량이기도 하다. 그런데 왜 한국에서는 유독 캔디의 인내가 강조되었던 걸까? 그리고 사람들은 왜 캔디를 '인내의 아이콘'이라고 생각하게 됐을까? 한국에서 각색되고 편곡된 〈캔디〉의 주제가를 일본 원곡과 비교해보면 그 이유를 조금은 짐작할 수 있다.

　우선 멜로디 측면에서 한국과 일본의 노래에 미묘한 차이가 있다. 원곡의 경우 곡의 템포가 다소 빠르고 느낌도 가볍고 발랄한 데 비해, 한국의 주

---

* 1960년대 말 일본 만화영화의 수입 붐에 힘입어 1977년 처음 MBC에서 방영된 〈캔디〉는 1983년 〈들장미 소녀 캔디〉라는 제목으로 재방영될 만큼 큰 인기를 끌었다. 특히 1970년대 말에서 1980년대 초까지의 인기는 이 시기 청소년기를 보낸 세대를 '캔디 세대'로 명명할 만큼 폭발적이었다. 이후 단행본으로 출간되었으며, 1980년대 초반 한국에서 극영화로 만들어져 영화관에서 상영되기도 했다.

제가는 느리고 구성지다. 그러다 보니 통통 뛰기보다는 차분하고, 조금은 무거운 분위기를 띤다. 무엇보다 두 곡의 차이를 극명하게 보여주는 부분은 가사이다. 한국으로 수입되며 일부 수정된 가사를 한 줄씩 비교하면서 구체적으로 어떤 차이가 있는지 살펴보자.

일본: 주근깨 같은 것은 신경 쓰지 않아. 납작코이긴 하지만 마음에 들고.
한국: 외로워도 슬퍼도 나는 안 울어. 참고 참고 또 참지 울긴 왜 울어.

일본: 말괄량이에 장난치기가 너무 좋아. 달리기, 뜀뛰기가 너무 좋아.
한국: 웃으면서 달려보자 푸른 들을, 푸른 하늘 바라보며 노래하자.

일본: 나는 나는 나는 캔디.
한국: 내 이름은 내 이름은 내 이름은 캔디.

일본: 외톨이로 있으면 아주 조금 쓸쓸해. 그럴 땐 이렇게 얘기를 해봐, 거울을 보면서.
한국: 나 혼자 있으면 어쩐지 쓸쓸해지지만, 그럴 땐 얘기를 나누자 거울 속의 나하고.

일본: 웃어라 웃어라 웃어라 캔디, 울보 같은 건 안녕이야. 캔디 캔디.
한국: 웃어라 웃어라 웃어라 캔디야 울면은 바보야 캔디 캔디야.

한국의 〈캔디〉 주제가는 같은 가사를 번역해놓았지만 원곡과는 그 분위기가 매우 다르다. 원곡의 캔디는 아주 발랄하다. 주근깨가 있어도, 납작코

여도 신경 쓰지 않고 달리고 놀고 장난을 친다. 혼자일 때면 쓸쓸해지긴 하지만, 그럴 때도 거울을 보면서 '자, 웃자'라고 하는 명랑 쾌활하고 밝은 아이다. 그러나 한국으로 건너온 캔디는 너무 힘들지만 울지 않고, 참고 또 참으면서, 달려보고 노래도 해보면서 웃으려 노력하는 아이로 탈바꿈된다. 특히 마지막 부분의 번역은 직역인 것 같아도 뉘앙스가 많이 다르다. 원곡은 캔디 자신이 거울을 보면서 스스로를 격려하는 내용으로 되어 있으나, 한국의 주제가는 시청자(혹은 작가)가 캔디에게 웃으라고 하는 내용이다.

이러한 차이를 어떻게 해석해볼 수 있을까? 이와 관련해 최샛별과 최흡은 매우 흥미로운 분석을 내놓는다.[5] 이들은 한국과 일본의 캔디 캐릭터가 다르게 묘사된 이유를 1970년대 양국 여성의 위상 차이에서 찾는다. 이들에 따르면 실제로 〈캔디〉에는 밝은 부분도 있고 어두운 부분도 있지만, 캔디가 참고 또 참는 소녀는 아니었다. 그보다는 오히려 자신을 괴롭히는 이들에게 대들고 싸워가면서 자신의 인생을 개척하는 적극적이고 활달한 소녀였는데, 당시 한국 사회는 그런 여성상을 받아들일 수 있는 분위기가 아니었다.

그뿐만 아니라 원작 속 캔디의 모습은 당시 한국 사회에서 이상적으로 생각했던 어린이상像과도 부합하지 않았다. 1977년 9월 19일 자 《경향신문》은 〈캔디〉를 처음 소개하는 기사에서 "끝없는 괴로움을 맛본다. 이런 속에서도 언제나 예쁜 모습을 잃지 않고 착하게 자라나는 캔디. 어린이들에게 꿋꿋하고 아름다운 인간상을 심어줄 좋은 영화다"라고 서술하는데, 방영 전 기사이므로 기자가 전편을 보고 쓰기는 어려웠을 것이고, 아마 방송국의 보도 자료에 의존했을 가능성이 높다. 이는 한국어 가사가 단순히 작사자의 즉흥적인 개사였다기보다는 수입 의도에 충실했던 결과였음을 보여준다.

〈개구리 왕눈이〉 주제가에서도
〈캔디〉와 유사한 패턴이 반복된다.

　흥미롭게도, 〈캔디〉 이외에 1970~1980년대 텔레비전에서 인기리에 방영되었던 다른 많은 만화영화들 역시 어린이들에게 비슷한 규범을 강조하는 것을 확인할 수 있다. 일례로 1982~1983년에 방영된 〈개구리 왕눈이〉의 주제기에서도 〈캔디〉 때와 유사한 패턴이 반복된다. "비바람 몰아쳐도 이겨내고 일곱 번 넘어져도 일어나라. 울지 말고 일어나. 피리를 불어라"라고 왕눈이를 독려하는 동시에, "니가 울면 무지개 언덕에 비가 온단다"라며 '전체 사회의 안녕'을 위해 개인의 힘듦을 견디고 이겨내라는 은근하지만 분명한 메시지를 전달하기도 한다.

6. 반영이론으로 분석하기

서사를 지탱하는 단 하나의 구조

구조주의란 무엇인가

1950년대에 발흥해 대중문화 연구에 중요한 영향을 미친 구조주의 Structuralism는 스위스의 언어학자 페르디낭 드 소쉬르Ferdinand de Saussure의 이론적 연구에서 시작된 것으로, 여러 프랑스 학자들이 활용했던 분석 방법론들을 통틀어 일컫는 말이다. 소쉬르는 구조주의라는 말을 쓴 적이 없지만, 구조주의자들은 소쉬르가 사용했던 기표/기의, 랑그Langue/파롤Parole, 공시 구조/통시 구조, 계열체/통합체 같은 개념을 통해 예술 작품 등의 문화적 텍스트에 내재한 관계들의 망을 분석하고 기술해왔다.

구조주의는 하나의 이론적 방법일 뿐 그 자체로 특정한 정치적 입장을 취하지는 않는다. 구조주의는 텍스트의 '독립성', 즉 텍스트가 사회적 맥락과 무관하다는 점을 가정하고, 텍스트에 쓰인 언어가 담고 있는 의미 생성의 규칙 또는 언어가 내포한 관계들의 일반적인 문법을 밝히려고 한다. 여기서 '문법'은 언어학에서 이야기하는 구문법(어떠한 문장이 문법적으로 옳고 그른지를 판별하는 기준)이 아니며, 그보다 더 본질적인 측면에서 언어를 가능하게 하는 구조를 의미한다. 따라서 구조주의자들은 어떤 대상을 연구하더라도 그 문화적·예술적 가치에는 무관심하다. 그러나 역설적이게도 바로 이 같은 특성 때문에 정치적 입장과 색깔이 가장 강한 마르크스주의와 페미니즘에 큰 영향을 주게 되었다.

구조주의를 대표하는 학자들 중에는 프랑스 출신이 많으며, 이들의 연구는 각기 매우 다르고 어렵다. 그러나 소쉬르의 영향을 받았고, 그로부터 특정한 용어를 차용한다는 공통점이 있다. 구조주의의 대표적 학자들을 분야별로 살펴보면 클로드 레비스트로스Claude Lévi-Strauss(인류학), 롤랑 바르트Roland Barthes(문학·문화 연구), 미셸 푸코Michel Focault(철학·역사), 자크 라캉Jacques Lacan(심리 분석), 루이 알튀세르Louis Althusser(마르크스주의 이론) 등을 들 수 있는데, 이 장에서는 구조주의자들에게 공통적으로 영향을 미친 소쉬르의 주요 개념과 논의를 시작으로 레비스트로스, 움베르토 에코Umberto Eco, 윌 라이트Will Wright의 연구를 차례로 살펴볼 것이다. 이를 바탕으로 반영이론적 관점과 구조주의가 어떻게 연결되어 예술 작품 분석에 활용될 수 있는지 알아본다.

언어학과 신화 분석

반영이론과 구조주의의 관계를 이해하기 위해서는 잠시 예술과 무관해 보이는 '언어'에 대해 살펴볼 필요가 있다. 언어학에는 언어를 연구하는 두 가지 접근법이 있는데, 하나는 언어의 역사적 발전 과정을 연구하는 '통시적 접근'이고, 나머지 하나는 역사상 한 시점에 주어진 언어를 연구하는 '공시적 접근'이다. 소쉬르는 언어의 과학을 확립하기 위해서는 공시적 접근법을 취해야 한다고 주장했으며, 구조주의자들 역시 소쉬르의 생각을 차용해 문화적 텍스트를 연구할 때 공시적 접근법을 채택했다. 예컨대 텍스트나 실천 행위를 진정으로 이해하기 위해서는 그 구조적 특성에만 초점을 맞추어야 한다는 것이다.

공시적 접근법 이외에 구조주의자들이 주요하게 차용한 소쉬르의 또 다른 대표 개념 중 하나는 '랑그'와 '파롤'이다. 랑그는 언어의 문법적인 체계, 또는 언어를 조직하는 법칙과 관습을 의미하는 것으로 사회제도로서의 언어를 가리킨다. 랑그에 대해 롤랑 바르트는 "우리가 의사소통하기를 원한다면 반드시 그 전제로 받아들여야 하는 집단 계약"이라고 설명했는데, 만약 언어를 체스 게임에 비유한다면 그 규칙이 랑그가 된다. 한편 파롤은 이러한 랑그를 기반으로 이루어지는 개별적 발화, 혹은 언어의 개별적인 사용을 의미한다. 즉, 체스의 규칙을 알고 있는 플레이어들이 벌이는 무수히 많은 체스 게임들이 파롤이라 할 수 있다.

넷플릭스 드라마
〈퀸즈 갬빗〉 속 체스 게임 장면.

6. 반영이론으로 분석하기

굳이 체스가 아니더라도 누구나 한 번쯤 오목 게임이나 카드 게임, 여러 다양한 보드 게임들을 해본 적이 있을 것이다. 이때 각 게임에서 반드시 지켜야 할 규칙이 없다면 어떨까? 한자리에 모인 사람들 모두가 서로 다른 규칙을 가지고 게임을 한다면? 아마도 누군가 나서서 공통의 '룰rule'을 정하지 않는다면 게임은 이루어지지 않을 것이다. 결국 규칙이라는 공동의 체계가 없다면 게임은 진행할 수 없으며, 이러한 규칙 또한 수많은 실제 게임들이 진행되는 과정에서 명백해진다. 자, 이제 여기서 말한 게임을 '예술 작품'으로 바꿔 생각해보자. 구조주의자들은 소쉬르와 마찬가지로 예술 작품, 즉 문화적 텍스트의 의미를 만들어내는 문법에 관심을 갖는다. 의미를 존재하게 하는 구조를 밝혀내는 것, 그것이 바로 구조주의자들의 과제이다.

　대표적인 구조주의자 중 한 명인 클로드 레비스트로스는 사회와 문화를 이해하기 위한 방법으로 소쉬르의 연구를 차용해 구조주의를 개척했다고 평가받는 프랑스 인류학자이다. 레비스트로스는 소쉬르의 아이디어를 그의 '신화 연구'에 도입해, 사회 속 다양한 신화들의 광범한 이질성에 잠재한 동질적 구조를 발견할 수 있다고 주장했다. 그에 따르면 각각의 신화들은 잠재적 구조인 랑그를 명시화한 파롤의 예시다. 이 구조를 이해함으로써 우리는 특정한 신화들의 의미, 즉 그것의 수행적인 가치operational value를 진정으로 이해할 수 있다. 레비스트로스는 신화를 의미 있게 만드는 규칙, 즉 신화 속에 내재된 문법을 찾아내는 것을 인류학자가 달성해야 할 가장 중요한 과제로 보았다.

　그렇다면 이러한 신화를 이루는 '구조'는 무엇일까? 레비스트로스는 신화가 '양자 대립 혹은 이항 대립binary opposition' 구조로 이루어져 있다고 보았다. 신화의 의미는 세계를 문화/자연, 남성/여성, 흑/백, 강/약, 선/악, 우리/그들 같이 서로 배타적인 범주로 나눔으로써 만들어진다. 양자 대립은 논리적 구조를 갖기 위해 인간이 무의식적으로 선택하는 방법이자, 원시사회에서부터 인간에게 익숙한 분류 체계라 할 수 있다. 신화는 앞서 언급한 두 가지 대립된 요소들, 즉 문화와 자연, 남성과 여성, 하늘과 땅 등을 짝으로 연결 지어 그들이 보편타당하다고 믿는 논리를 구성한다. 레비스트로스에 따르면 모든 신화들은 비슷한 구조를 가지며, 이 세계를 설명하는 한편 여기에 존재하는 여러 문제들과 모순들을 마술처럼 해결하려는 사회문화적 기능이 있다.

앞서 언급했듯 구조주의자들의 연구는 분야와 연구자마다 매우 상이하며, 무엇보다 무척 어렵다. 따라서 여러 구조주의자들의 연구들을 따라가다 보면 '그래서 대체 구조주의가 반영이론적 관점에서 예술 작품을 분석하는 것과 무슨 연관이 있다는 것인가' 하는 의문이 들기도 한다. 그럴 땐 소쉬르의 '랑그와 파롤', 레비스트로스의 '양자 대립 구조'를 기억하자. 예술사회학의 영역으로 이 두 가지를 끌어오면 결국 무수히 많은 예술 작품들, 특히 소설, 영화, 드라마, 애니메이션 등 일련의 서사가 있는 작품들은 파롤이 되며, 이처럼 각기 다른 예술 작품들에 보편적으로 적용되는 서사 구조는 랑그가 된다. 이때 서사 구조는 서로 상반되는 요소들로 이루어진 하나의 양자 대립 쌍으로 구성된다. 구조주의 방법론을 활용해 예술 작품을 분석한다는 것이 무엇인지, 이어지는 사례들을 살펴보면서 한 발 더 다가가보자.

007 시리즈의 흥행 이유

우리에게 《장미의 이름》과 《푸코의 진자》 등의 소설로 잘 알려져 있는 움베르토 에코는 이탈리아 출신의 유명한 소설가이자 미학자, 언어학자, 철학자, 역사학자이자 기호학자이다. 또한 그는 지식인들이 대중문화에 관심을 두지 않았던 시기에 대중문화에 관심을 가진 첫 번째 지식인이기도 하다. 대중문화에 큰 관심이 있었던 구조주의자이자 기호학자로서 에코는, 영국의 기자이자 유명 소설가였던 이안 플레밍Ian L. Fleming의 소설 《제임스 본드James Bond》에 대한 연구를 진행했다.

1962년 〈007 살인번호Dr. No〉를 시작으로 2021년 〈노 타임 투 다이No Time to Die〉까지 총 25편의 영화로 제작된 '007 시리즈'는 현시대를 대표하는 첩보물이다. 또한 영국 영화의 자존심 중 하나이자 장수 시리즈이며, 역대 가장 성공한 시리즈 중 하나이기도 하다. 소설은 전 세계 1억 부 판매를 돌파했으며, 영화의 흥행 수익은 70억 달러를 넘었다. 오랜 역사를 가진 시리즈인 만큼 많은 소설과 영화가 나왔고, 팬층도 매우 두터우며, 시리즈가 시작하고 반세기가 지난 지금도 신작이 꾸준히 나온다. 신작 영화가 나올 때마다 쏟아지는 세간의 높은 관심은 이 시리즈의 인지도와 인기를 여실히 보여준다. 1대 제임스 본드인 숀 코너리Sean Connery를 비롯해 로저 무어Roger Moore, 피어스 브로스넌Pierce Brosnan, 다니엘 크레이그Daniel Craig 등 영화의 주연을 맡았던 배우들 역시 엄청난 인기를 얻은 것은 물론이다.

이러한 007 시리즈에 대한 에코의 연구는 구조주의의 방법론을 대중문화에 적용한 그의 여러 시도들 중 가장 잘 알려진 사례이다. 에코는 대중적인 성공과 더불어 문화적으로 좀 더 수준 있는 독자들에게도 인기를 끌 수 있고, 그럼으로써 엄청난 흥행을 보장하는 소설들의 서술 구조를 지배하는 '불변하는 규칙'을 발견하고자 했다. 에코는 007 시리즈가 대중성을 보장하는 규칙의 기본 구조에 근거한 대중문화의 형태라고 주장하며, 이러한 규칙들이 있기 때문에 다양한 독자들에게 '제임스 본드'라는 영웅의 성공을 설명할 수 있다고 생각했다. 또한 에코는 기계적인 서술 구조가 무의식적 수준에서 독자들의 욕구와 가치에 연관되어 있다고 보았다. 에코의 구조주의는 007 시리즈의 인기를 설명하는 동시에, 그 뒤에 놓여 있는 구조의 보편적 특성에 관심을 둔 것이라고 할 수 있다.

'007 시리즈'의 역대 제임스 본드.
왼쪽부터 숀 코너리, 조지 라젠비, 로저 무어, 티모시 달튼, 피어스 브로스넌, 다니엘 크레이그.

6. 반영이론으로 분석하기

자, 이제 본격적인 분석에 들어가보자. 007 시리즈를 즐겨본 사람이라면, 이 시리즈의 예고편이 갖는 특징들을 기억할 것이다. 제임스 본드와 본드 걸 등 주요 역할을 맡은 배우들이 달라지고, 배경이 되는 장소, 구체적인 스토리 라인에 차이가 있지만, 예고편에는 언제나 동일한 배경 음악이 깔린다. 또한 첨단 기술이 가미된 멋진 자동차가 나오고, 몸을 던지며 액션을 선보이는 본드가 "내 이름은 본드, 제임스 본드My name is Bond, James Bond"라는 대사를 던지며 아름다운 드레스를 입은 여자에게 말을 걸고, 마지막엔 항상 정면을 바라보며 총을 쏜다. 이와 함께 "더블 오 세븐"('007'의 영어음)이라는 내레이션도 빠지지 않고 등장한다. 본 영화가 아닌 예고편에서도 일련의 규칙이 반복되는 것이다.

그렇다면 영화의 내용은 어떨까? 에코는 레비스트로스의 양자 대립 개념을 적용헤 이 시리즈가 근거한 일련의 상반된 개념 쌍들을 구조화했다. 원작 소설에는 기본적으로 제임스 본드, 악당, 본드 걸, M이라는 네 캐릭터가 등장하며, 자유주의와 전체주의, 자유 진영과 소련 연방 같은 대립되는 정치 이념들, 탐욕과 이상, 사랑과 죽음, 충성과 배신, 기회와 계획 같은 양자 대립 구조들이 항상 등장한다. 이안 플레밍의 원작 소설은 이러한 구조를 바탕으로 어떠한 특정 인물들 또는 인물들 간의 관계들을 통해 이야기를 전개하는데, 공통적으로 제임스 본드와 악당의 관계는 자유 진영(기회) 대 구소련(계획)의 대립으로 설명된다. 전체 시리즈에 걸쳐 이러한 양자 대립 구조는 근본적으로 동일하고, 개별적이고 특수한 변형이 일어날 뿐이다. 에코의 분석에 따르면 원작 소설의 전반적인 서사에는 불변하는 연속성의 구조가 발견되며, 이러한 내용은 전체 시리즈에 걸쳐 변하지 않고 꼭 들어간다.

007 시리즈의 예고편마다 등장하는 마지막 장면.

에코는 소설과 영화에 반복적으로 등장하는 공통의 서술 구조가 결국은 '선과 악의 투쟁'이라는 보편적 테마의 현대적 변형임을 주장한다. 제임스 본드의 이야기는 "기사knight인 본드가 왕인 M의 명령을 받아 용과 같은 괴수인 악당을 물리치고 숙녀(혹은 공주)인 본드 걸을 구한다"는 신화, 전설, 동화 등과 본질적으로 동일하다는 것이다. 이러한 분석을 바탕으로 에코는 이 소설과 과거의 전설 모두 선과 악의 영원한 갈등이라는 기본적인 관계 안에서 보편적이기 때문에 성공할 수 있었다는 결론을 도출했다.

이와 관련해 2015년 영국 일간지 《데일리 메일》이 007 시리즈의 이색 기록을 조명했는데, 그 내용이 아주 흥미롭다. 24번째 영화인 〈007 스펙터〉 개봉 기념으로 시리즈 한 편당 제임스 본드가 살인·음주·성관계를 얼마만큼 했는지 평균을 낸 것이다. 이 기사에 따르면 제임스 본드는 편당 10.97명

움베르토 에코가 분석한 007 원작 소설과 영화 시리즈 속 반복되는 서술 구조

1	M이 본드에게 수행할 임무를 준다.
2	악당이 본드 앞에 나타난다.
3	본드가 악당이 누구인지 확인하거나, 악당이 본드가 누구인지를 확인한다.
4	여자(본드 걸)가 본드 앞에 나타난다.
5	본드가 여자와 사랑을 나눈다.
6	악당이 본드를 잡는다.
7	악당이 본드를 고문한다.
8	본드가 악당에게 반격을 가한다.
9	본드가 건강을 회복하고 여성과 즐긴다.

을 살해하고, 2.21명의 여성과 성관계를 가졌다. 이 기사는 마지막에 "'베드신'과 '살인 장면'이 없으면서도 손에 땀을 쥐게 하는 007 시리즈는 기대하기 어려운 걸까요?"라고 묻는데, 에코의 분석에 따르면 이 질문에 대한 답은 애석하게도 "어렵다"가 될 것이다.

〈포카혼타스〉와 〈아바타〉의 공통점

여러분들에게 문제를 하나 내겠다. 다음의 이야기를 읽고 어떤 영화의 줄거리인지 한번 맞춰보자.

> 문명국가에 속한 남자의 무리가 미개척지인 황야에 도착한다. 이들이 황야에 온 이유는 값비싼 자원을 확보하기 위해서다. 한편 황야에는 토착민 부족이 살고 있으며, 여자는 그 부족을 대표하는 남자의 딸로 매우 중요한 위치를 차지하고 있다. 어느 날 우연한 계기로 남자와 여자가 만난다. 남자는 여자를 따라 토착민 부족에게 인도되며 토착민들은 낯선 이에게 부정적인 감정을 드러내지만, 여자의 노력으로 남자는 부족 사람들과 가까워진다. 여자에게는 부족에서 정해준 정혼자가 있지만 남자와 여자는 점점 서로에게 호감을 느껴 사랑에 빠진다. 남자는 토착민들을 쫓아내고 자원을 채굴하려는 자신의 무리를 만류하고자 하지만, 무리에서 대장을 맡고 있는 악당은 남자의 말을 듣지 않고 계획을 강행한다.

6. 반영이론으로 분석하기

어떤 영화가 생각나는가? 누군가는 이 내용을 보고 곧바로 2009년 개봉한 제임스 캐머런James Cameron 감독의 영화 〈아바타〉를 떠올렸을 것이다. 또 누군가는 이 내용이 1995년 개봉한 디즈니 애니메이션 〈포카혼타스〉의 줄거리라고 확신했을 것이다. 아마 여러분들 중 영화에 특히 관심이 많은 사람이 있다면, 이 내용이 1990년에 개봉된 케빈 코스트너Kevin Costner 감독·주연의 〈늑대와 춤을〉의 줄거리라고 이야기할 것이다.

과연 정답은 무엇일까? 놀랍게도 세 편의 영화 모두 정답이라 할 수 있는데, 사실상 이 영화들이 전부 동일한 줄거리를 공유하기 때문이다. 〈아바타〉는 서기 2154년 지구로부터 멀리 떨어진 판도라 행성을, 〈포카혼타스〉는 1607년 북아메리카 대륙을, 〈늑대와 춤을〉은 1860년대 초 미국 남북전쟁 시기 네브래스카주를 시대적·공간적 배경으로 삼지만, 영화를 지탱하는 기본적인 시사에는 차이가 없다. 문명에서 황야로 온 영웅과 황야에 속한 여자의 만남과 사랑, 황야의 자원을 갈취하려는 문명국의 사람들, 그들에 대항해 황야의 이방인들을 위해 자신의 옛 동료들과 싸우는 영웅의 이야기. 이러한 서사는 왜 반복적으로 여러 영화들에서 활용되는 것일까?

이와 관련해 윌 라이트의 《권총과 사회Sixguns and Society》는 몇 가지 흥미로운 사실을 알려준다. 이 책은 소쉬르와 레비스트로스의 구조주의적 방법론을 활용해 할리우드 서부극을 신화 차원에서 분석한 내용을 담는데, 영화와 구조주의에 대해 매우 중요한 공헌을 한 출판물로 평가된다.[6] 레비스트로스의 신화에 대한 구조주의적 연구와 맥을 같이하는 라이트의 연구는 '수익성은 대중성을 나타내주는 지표'라는 관점에 근거한다. 그는 상업적으로 성공한 영화들이 사회를 반영한다고 주장하면서 1930~1972년에 약

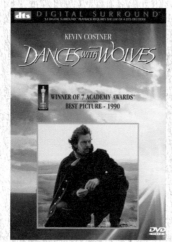

영화 〈늑대와 춤을〉(왼쪽 위), 〈포카혼타스〉 포스터와 〈아바타〉 스틸컷(아래).
세 영화 모두 비슷한 서사를 공유한다.

윌 라이트가 분석한 서부영화의 세 플롯

구분	시기	주요 내용
고전적 플롯	1930~1955년	도박꾼이나 농장 주인으로부터 농민과 마을을 구해내는 외로운 총잡이 영웅의 이야기
과도기적 플롯	1950년대 초 이후	정의를 지키기 위해 노력하다가 사회로부터 추방당하는 영웅의 이야기
전문가적 플롯	1968년 말 이후	돈을 벌기 위해 전문적인 총잡이가 되는 영웅의 이야기

40년간 경제적으로 큰 성과를 거둔 영화들 중 미국 영화의 원형적 장르라 할 수 있는 서부영화를 살펴보았다. 라이트는 특히 미국 사회가 지닌 '믿음'에 대한 개념을 서부극이 매우 상징적으로 보여준다는 사실을 증명하고자 했다.

라이트는 이 연구를 통해 특정 시대에 상응하는 서부영화의 세 가지 버전을 밝혀냈다. 구체적으로 서부영화는 '고전적 플롯'과 '과도기적 플롯', '전문가적 플롯'으로 구분되는데, 라이트는 동시대 미국 사회의 경제적 상황과 상응하는 각각의 플롯들이 아메리칸 드림을 성취할 수 있는 고유의 신화적 방법을 분명하게 보여준다고 주장했다. 예를 들어 가장 초기의 서술 구조인 고전적 플롯이 개인성 강조와 같은 시장자본주의 이데올로기를 반영한다면, 가장 마지막 구조인 '전문가적 플롯'은 집단 노동에 강조를 두는, 계획적 대기업 경제에 내재하는 기업자본주의 정신을 반영한다는 것이다.

서부극의 세 가지 플롯 중 라이트가 가장 주목한 것은 과도기적 플롯으로, 이 버전은 1930~1950년대의 고전적 서부극과 1960~1970년대 전문가

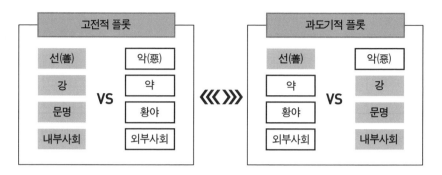

| '고전적 플롯'과 '과도기적 플롯'의 차이 |

적 플롯의 서부극 사이를 잇는 징검다리 역할을 한다. 고전적 플롯이 우정이나 존경, 위엄과 같은 인간적인 보상을 얻기 위한 방법으로 "다른 이들과 떨어져 그들을 구하기 위해 자율적 개인으로 힘쓰는" 영웅을 그려내고, 전문가적 플롯이 '숙련된 기술자가 됨으로써' 다른 이들로부터 우정과 존경을 받게 되는 영웅에 초점을 맞춘다면, 과도기적 플롯에서는 주인공인 영웅이 사회의 편협함, 무지 등에 대항해 사랑과 우정을 얻는 대신, 자신은 그 사회의 추방자가 된다는 새로운 결과를 암시한다. 라이트는 이러한 각 시기별 서부극의 서사narrative 구조를 분석하면서 양자 대립 구조를 활용하는데, 그에 따르면 고전적 플롯에서 과도기적 플롯으로 이동하면서 많은 서술 기능들이 뒤바뀌는 모습이 발견된다.

　서술 기능이 바뀌었다는 것은 양자 대립의 위치가 바뀌었다는 것을 의미한다. '고전적 플롯'과 '과도기적 플롯' 사이에 어떤 변화가 있는지를 보면, 기본적으로 선과 악이라는 양자 대립의 축이 유지된 상황에서 많은 서술 기능들이 역전되었음을 확인할 수 있다. 초기의 고전적 플롯에서 선하고 강하며 문명화된 사회로 특징되었던 내부 사회는, 과도기적 플롯으로 넘어오면서 강하지만 악한 사회로 대체된다. 선함이라는 가치는 약함과 황야를 상징하는 외부 사회에 부여된다. 라이트에 따르면 과도기적 플롯을 가진 서부 영화들에서 원래 문명사회에 속해 있던 영웅은 그 사회의 구성원들이 문명권 바깥의 황야 사람들과 대비되는 진짜 '악당'임을 확인하고, 문명권 바깥에 있는 이들을 지지·연대하기 위해 스스로 외부 사회로 넘어간다. 하지만 이들이 대항하기엔 문명사회가 너무나도 강해 결국 황야로 도피하는 선택을 하게 된다고 설명한다.

라이트는 이러한 분석 결과를 바탕으로, 1990년 개봉한 영화 〈늑대와 춤을〉이 상업적으로 성공한 것은 이 영화가 과도기적 플롯을 따르는 완벽한 사례이기 때문이라고 주장한다. 라이트의 주장을 조금 더 넓게 확장시켜 본 나민, 〈포카혼타스〉와 〈아바타〉 역시 〈늑대와 춤을〉과 동일한 서사 구조를 띠기 때문에 큰 성공을 거두었다고 해석할 수 있을 것이다. 1950년대에 처음으로 만들어진 서사 구조가 당시의 사회상을 반영하고, 또 그로부터 대략 60여 년이 지난 후에도 여전히 대중의 마음을 사로잡았다는 사실은 반영이론적 관점과 구조주의를 활용해 예술 작품을 분석하고자 하는 사람들에게 무척 매력적으로 다가올 것이다. 그런데 만약 누군가 여러분에게 "증명할 수 있어?"라고 묻는다면 어떨까?

아마 이 질문을 들은 여러분은 '아니 이렇게 설득력이 있는데 무슨 이런 질문을 하지?'라며 당황할 것이다. 그런데 곰곰이 생각해보면, 이제까지 보아왔던 반영이론적 관점에 기반해 예술 작품의 분석 내용을 과학적으로 증명할 방법은 없다. 지금까지의 분석들을 되짚어 살펴보면 분석의 내용들은 전적으로 연구자의 주관적인 해석에 의존할 뿐, 이를 뒷받침해줄 양적 자료와 같은 어떠한 객관적인 근거도 찾아볼 수 없다. 하지만 그렇다고 이제껏 고개를 끄덕이며 동의했던 연구 결과들이 다 거짓이라 할 수 있을까? 반영이론적 관점에서 예술 작품을 분석하면서도 그 결과들의 객관성을 담보할 수 있는 방법은 없을까? 객관성과 신빙성이 떨어진다고 해서, 분석 내용을 과학적으로 증명할 수 없다고 해서 외면하거나 포기하기엔 반영이론적 관점에 입각한 예술 작품 분석은 너무나 매력적이다.

예술을 체계적으로 분석하는 법

평소 예술 작품을 분석하는 일에 관심을 가졌던 사람이라면 '내용 분석content analysis'이라는 단어를 많이 들어보았을 것이다. 내용 분석은 말 그대로 연구 대상이 되는 텍스트의 내용을 분석한다는 것인데, 좀 더 학술적인 측면에서 살펴보면 "의사 전달의 명백한 내용을 객관적이고 체계적이며 계량적으로 기술하는 조사 방법"[7]을 의미한다. 내용 분석은 미국 정부가 제2차 세계대전에 참전하는 동안 많은 커뮤니케이션 전문가들이 독일 라디오 방송의 내용을 연구하면서 본격적으로 시작되었다. 당시 내용 분석을 통해 미국은 나치 방송의 암시적이고 잠재적인 의미들을 분석해 독일군의 주요 작전 상황과 개발된 신무기, 국민 사기의 변화, 나치 엘리트들의 정치적 이동 등을 예측할 수 있었다. 이는 특정 텍스트 안에 숨겨진 내용과 의미를 분석해내는 내용 분석 기법이 학문적 영역에서 하나의 방법론으로 자리 잡게 된 주요 배경이라 할 수 있다.

그 개념 정의를 통해 알 수 있듯 내용 분석의 목적은 구어적·비계량적 문서를 계량적인 자료로 전환시키는 것, 즉 '자료의 수량화'에 있으며, 이를 통해 기술 통계가 포함된 도표를 얻을 수 있다. 내용 분석은 또한 다른 연구 방법의 보완책으로도 활용된다. 내용 분석은 크게 일곱 단계에 걸쳐 진행된다. 첫 번째로 주제와 가설을 설정한 후, 두 번째로 연구 주제의 범위와 연구 기간의 두 차원을 고려해 모집단을 정의한다. 세 번째로는 표본을 선정해야 한다. 만약 소량의 자료를 분석할 경우 모집단 전체를 표본으로 삼아 분석을 진행한다. 자료의 규모가 방대할 경우에는 다단계 표집multi-stage sampling(최종 분석 단위의 표집을 위해 '학교'나 '지역' 같은 상위 단위의 표집 과정을 거치는 표집 방법) 등의 방법을 동해 실세 분석에 활용할 표본을 신징한다.

분석할 자료의 표본이 결정되고 나면, 네 번째로 분석 단위와 수량화의 원칙을 결정한다. 분석 단위는 다른 말로 기록 단위라 할 수 있는데, 자료에 포함된 내용들 중 가장 작은 실체를 지칭하는 것으로, 흔히 특정 단어나 인물 등이 등장하는 횟수를 계산해 분석 대상으로 삼는다. 이때 핵심적 기록 단위는 단어, 논제, 인물, 절, 항목 등이 될 수 있다. 다섯 번째로는 핵심적 기록 단위를 수량화하기 위해 부호화하는 코딩 작업을 수행한다. 그리고 이러한 코딩 결과를 바탕으로 '등장 여부', '등장 빈도', '공간 또는 시간', '강도' 등에 따라 분석을 수행하며, 마지막으로 이러한 분석을 해석하는 과정을 거친다.

생산의 우상에서 소비의 우상으로

20세기 초 독일 프랑크푸르트를 중심으로 활발하게 활동했던 대중문화 연구자이자 문학연구가, 철학자였던 레오 뢰벤탈Leo Lowenthal의 '일대기 분석'은 반영이론적 접근법을 활용해 시간에 따른 변화를 추적한 예로, 일정 기간 미국에서 크게 주목받은 대중적 아이콘(우상)에 대한 내용 분석을 진행한 것이다. 뢰벤탈이 일대기의 주체를 연구 대상으로 선택한 것은, 개인의 일대기나 전기가 그 사회가 이상적으로 추구하는 인간상을 찬양하는 기능을 수행하는 동시에, 각 사회의 면면을 폭로한다고 보았기 때문이다.

뢰벤탈의 연구는 앞서 설명한 내용 분석에 기반한다. 실증주의 전통을 따르는 내용 분석 연구자는 예술에 반영된 사회의 모습을 임의로 해석하기보다는, 확실한 기준에 따라 자료와 표본을 선정하고 과학적 분석 절차에 따라 자료를 코드화해, 이를 양적 차원에서 분석함으로써 연구 결과의 객관성과 신뢰성을 담보한다. 내용 분석 기법을 활용한 뢰벤탈의 연구를 순서대로 따라가보면, 우선 그는 1901~1941년을 연구 기간으로 설정했다. 이는 미국의 경제적 위치를 완전히 바꿔놓은 제1차 세계대전을 기점으로 이전 20년과 이후 20년을 포괄하는 기간으로, 전쟁을 매개로 이루어진 급격한 경제 성장이 사회에 미친 영향을 살펴보기에 적합하다.

본격적인 분석 대상으로는 해당 기간에 발간된 두 개의 대중 잡지인 《칼리어스Collier's》와 《새터데이 이브닝 포스트Saturday Evening Post》를 선정했고, 해당 잡지에 수록된 일대기의 주체를 분석했다. 구체적인 분석 단위 설정과 관련해서는 우선 일대기 주인공의 직업을 정치가, 기업가·사업가, 전문직, 연예인(배우, 가수, 스포츠 스타, 순수예술가, 신문 및 라디오 관련 방송계 인물들)과 같은 범주로 구분했다. 그리고 각각의 일대기가 주인공들의 어떤 특성들에 초점을 맞췄는지, 예를 들면 외모나 성격, 옷차림에 대해 얼마나 많이 언급했는지, 일생의 기회나 성장 과정, 이들이 이뤄낸 업적과 성과에 대해서는 얼마만큼의 지면을 할애했는지 등을 세분한 후, 이를 코드화하고 그 수를 세어 양적인 결과를 도출해냈다.[*]

이 연구를 통해 뢰벤탈이 도출한 주요 결과는 주인공이 일명 '생산의 우상idols of production'에서 '소비의 우상idols of consumption'으로 변했다는 것이다. 이때 생산의 우상이란 정치인이나 기업의 회장 같은 경제계의 거물, 또는 진지한 예술가들을 의미하는데, 뢰벤탈은 제1차 세계대전 이전에 발간된 잡지 속 일대기의 주인공들이 '진지하고 중요한 진문직'[8] 종사자들이었음을 지적한다. 이들은 피땀 어린 노력으로 자신의 인생을 헤쳐나간 개척자이자, 사회에 무언가를 제공하고 기여하는 공여자giver로 간주되었다. 또한 이들은 일반 사람들도 따라할 수 있는 성공 사례를 제시해주는 일종의 역할 모델role model로 여겨지기도 했다. 뢰벤탈은 이들의 일대기가 모든 사람들에게 "기회가 열려 있다"는 확고한 아메리칸 드림의 메시지를 전달한다고 보았다.

그러나 제1차 세계대전 이후, 잡지 속 일대기의 주인공들은 운동선수나 영화배우 같은 연예 분야 종사자들로 탈바꿈하게 된다. 뢰벤탈이 소비의 우상이라 부른 이들은 생산의 우상과는 달리 사회에 무언가를 '주기'보다는

---

[*] 일례로 뢰벤탈은 전체 일대기의 3분의 1에서 일대기 주체의 '눈'에 대해 언급되었음을 지적했다.

II. 예술과 사회가 만나는 방식

《칼리어스》의 1904년 4월 9일 자(왼쪽 위)와 1940년 12월 14일 자(오른쪽 위) 표지,
《새터데이 이브닝 포스트》의 1904년 1월 16일 자(왼쪽 아래)와 1940년 10월 5일 자(오른쪽 아래) 표지.
뢰벤탈이 1904년에 나온 표지들과 1940년에 나온 표지들을 분석한 결과에 따르면,
제1차 세계대전 전후로 잡지 속 일대기의 주인공들은 '생산의 우상'에서 '소비의 우상'으로 바뀌었다.

대중과 사회로부터 관심이나 주목, 경제적인 보상 등을 '받는' 사람들로, 이러한 "새로운 영웅들은 무언가를 갖고자 하는 열망을 가지고 있으며, 이를 당연하게 여긴다."[9] 일대기의 주인공이 변화함에 따라, 내용 또한 자연스럽게 등장인물의 공적인 측면보다는 사생활 같은 사적 측면에 초점을 맞추게 되었다는 점도 하나의 주요한 발견이다. 뢰벤탈은 일대기 속 생산의 우상들이 매우 '능동적' 존재였던 것에 비해 소비의 우상들은 다분히 '수동적'이라는 사실도 발견했다. 개개인의 노력으로 고난과 역경을 이겨내어 독자들에게 성공 사례가 되었던 생산의 우상들과 달리, 소비의 우상들은 보통의 사람들과 비슷한 모습으로 살아가다가 어떠한 우연한 기회를 통해 성공을 거머쥐는 행운을 얻었다는 것이다.

뢰벤탈의 연구는 내용적인 측면에서 20세기 초반 미국 사회의 변화를 보여줬다는 데 의의가 있다. 그러나 분석 결과가 더욱 큰 실득력을 긋는 것은 그가 양적인 자료들에 대해 내용 분석을 수행함으로써 '실제로 변화했음'을 보여주었기 때문이다. 따라서 내용 분석에 기반한 뢰벤탈의 연구는 반영이론적 관점에서 예술과 사회의 관계를 분석하려는 많은 후속 연구자들의 방법론적 고민을 덜어주었으며, 우리 역시 그의 분석을 따라 또 다른 연구를 수행해볼 가능성을 얻었다. 예를 들어 '자유와 풍요의 시기'로 언급될 만큼 우리 사회가 물질적·문화적으로 풍요로웠던 1990년대를 전후해, 위인전의 주체와 그 내용이 어떻게 변화했는지를 본다면 어떨까? 여기서는 일단 이와 관련된 흥미로운 기사 하나를 소개하는 것으로 마무리 지어볼까 한다.

지난 2017년 2월 20일, 국내 최대 서점인 교보문고의 '아동 위인전(학습

126   II. 예술과 사회가 만나는 방식

만화 포함)' 판매 순위 결과를 인용한 한 기사에 따르면,[10] 2016년 이 분야에서 가장 많이 팔린 책은 '국민 MC'로 불리는 방송인 유재석을 다룬 아동용 인물전 《Who Special 유재석》이었다. 스포츠 스타 리오넬 메시(3위)와 김연아(4위), 우사인 볼트(7위)가 그 뒤를 이었는데, '한국의 위인' 하면 자연스럽게 연상되는 이순신 장군(8위)과 세종대왕(11위)이 연예·스포츠 스타에 밀린 셈이다. 위인전 시장도 갈수록 과거 인물보다는 동시대 유명인 중심으로 바

다산어린이 출판의 'Who 한국사'와 'Who 스페셜' 위인전 시리즈. 과거의 인물보다는 동시대 유명인을 중심으로 다루는 위인전이 시장에서 점차 각광받고 있다.

꿔는 것이다. 과거 계몽사가 출간한 '그림으로 보는 세계위인전' 시리즈(전 60권)의 위인은 모두 사망한 사람이었던 반면, 현재 인기 있는 다산어린이 출판사의 'Who 세계위인전' 시리즈는 위인 100명 중 22명이 생존 인물이다. 어떤가. 뢰벤탈이 주장한 내용과 정말 비슷하지 않은가?

7. 형성이론이란 무엇인가

예술의 힘에 대한 관심

우리는 앞서 사회의 모습이 예술에 어떻게 투영되어 있는지, 예술 작품을 통해 사회와 시대에 대해, 이를 창조해낸 예술가에 대해 무엇을 알아낼 수 있는지 살펴보았다. 예술 작품 속에서 특정 시대와 사회의 모습을 확인할 수 있다는 것은, 바꿔 말하면 사회가 예술에 영향을 미친다는 것을 의미한다. 그 반대의 경우는 어떨까? 예술 작품이 개인과 사회에 영향을 주는 경우는 없을까? 7~9장에서는 바로 이 점에 주목한다. 예술의 영향력에 주목한 학자들은 예술이 갖는 힘을 어떻게 바라보고, 또 분석해냈는지 지금부터 살펴보자.

형성이론은 예술이 사회에 영향을 미친다고 생각하는 관점으로, 사회와 사회 구성원들에 미치는 예술의 영향력을 주장하는 이론들을 포함한다. 이러한 아이디어는 예술이 사회로부터 영향을 받는다는 반영이론과 완전히 상반되는 것이다. 반영이론적 관점을 나타낸 71쪽 그림 속 화살표의 방향을 비교해보면, 원인과 결과가 뒤바뀌어 있음을 확인할 수 있다. 반영이론가들이 예술과 사회 중 후자에 더 큰 힘을 부여했다면, 형성이론가들은 예술이 갖는 영향력에 중심축을 두고 연구를 진행한다. 사회를 살아가는 개인들은 생애 과정에서 마주하게 되는 일련의 크고 작은 사건들과 사람들, 환경에 영향을 받으며 사회화되는데, 여기에 영향을 미치는 것으로 예술을 빼놓을 수 없다. 너무나 일상적이어서 인식하지 못할 수 있지만, 우리는 예술이 삶에 얼마나 큰 영향을 미치는지에 대해 말할 수 있고, 예술과 관련된 경험들을 토대로 한 수많은 선택들을 발판 삼아 일상을 꾸려간다.

무슨 이야기를 하는지 잘 이해가 되지 않는가? 자, 한번 같이 생각해보자. 누구에게나 가슴속 한편에 자리한 예술 작품 하나쯤 있지 않은가? 우리가 '인생 ○○'라고 부르는 것 말이다. 저 동그라미 안에 들어가는 건 영화일 수도 있고, 소설일 수도 있다. 누군가에게는 음악이나 드라마가 그의 '인생 작품'일 수 있다. 미술관에서 본 그림 한 편이 '화가가 되고 싶다'는 꿈으로 이어지기도 하고, 고등학생 때 즐겨 보던 드라마 속 주인공의 직업이 너무도 멋지게 느껴져 해당 직업과 연관된 대학교 전공을 선택하기도 한다. 로빈 윌리엄스가 주연을 맡았던 영화 〈죽은 시

| 예술이 사회에 영향을 미친다고 보는 형성이론적 관점 |

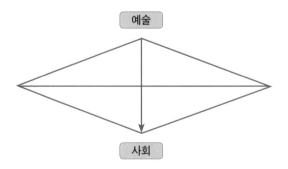

인의 사회〉 속 명대사인 '카르페 디엠Carp diem'[*]은 이 영화를 본 많은 청년들의 '인생 모토'가 되기도 했고, 성소수자의 인권 문제를 다룬 톰 행크스 주연의 영화 〈필라델피아〉는 성소수자들에 대한 사회적 인식을 바꾸는 데 영향을 미치기도 했다.

물론 예술이 개인과 사회에 미치는 영향이 이처럼 긍정적인 방향으로만 작용하는 것은 아니다. 예술의 영향력은 긍정적일 수도, 중립적일 수도, 부정적일 수도 있다. 청소년에게 금지된 텔레비전 프로그램이나 영화, 음악, 뮤직비디오 등은 '해당 작품이 청소년들에게 해로운 영향을 미친다'는 생각에 바탕을 두는데, 이것이 꼭 청소년에게만 영향을 주는 것도 아니다. 많은 예술 작품들에 포함된 폭력적이고 선정적인 내용과 장면은 모방 범죄와 같은 심각한 사회문제를 초래하고, 왜곡된 성 인식을 심어준다는 점에서 비판받는다. 어떤 사람들은 예술을 아예 '좋은 예술'과 '나쁜 예술'로 나누어, 좋은 예술이야말로 진정한 의미의 예술이며, 나쁜 예술은 개인을 호도하고 사회를 어지럽히기 때문에 없애버려야 한다고 주장하기도 한다.[**] 지금부터 우리가 배울 형성이론적 관점 역시 이러한 시각을 출발점으로 삼는다.

---

[*] 호라티우스Horatius의 라틴어 시 한 구절로부터 유래한 말로, '현재를 잡아라' 또는 '현재를 즐겨라'라는 뜻이다. 이 명언은 영화 〈죽은 시인의 사회〉에서 주인공인 키팅 선생(로빈 윌리엄스 역)이 대학 입시와 좋은 직장 등의 미래를 위해 현재의 삶을 희생하는 제자들에게 지금 사는 이 순간이 가장 확실하고 중요한 순간임을 일깨워주는 장면에 등장해 화제가 되었다.

[**] 이 같은 주장을 하는 사람들은 '나쁜 예술'에 '예술'이라는 단어를 붙이는 것에 반대한다.

예술의 영향력을 둘러싼 논쟁의 시작

형성이론적 관점의 뿌리는 예술의 영향력을 둘러싼 거대한 논쟁, 특히 예술을 고급하고 순수한 것과 저급하고 오염된 것으로 이분화해 전자는 이로운 것으로, 후자는 해로운 것으로 간주했던 논의들과 깊게 연관되어 있다. 특히 19세기의 많은 지식인들은 순수예술이 개인의 도덕성과 사회의 질서를 재고한다고 주장하며, 순수예술의 '도덕적 고양 효과uplifting effects'를 강조했다. 여기에서는 이러한 논의의 시발점이 된 일명 '문화와 문명의 전통Culture and Civilization Tradition'으로 불리는 매튜 아놀드의 문화정치학과 이를 계승한 리비스주의, 대량문화 논쟁에 대해 살펴보고, 예술이 사회에 영향을 미친다는 관점이 어떻게 형성·발전해왔는지를 알아본다.

문화와 무정부

영국의 시인이자 평론가였던 매튜 아놀드는 예술사회학을 공부할 때 우리가 반드시 알아두어야 하는 주요 학자들 중 한 명이다. 근대의 대중문화 연구가 바로 아놀드의 저서에서 시작되었기 때문이다. 아놀드의 연구는 대중문화를 매우 부정적으로 보기는 했으나, 어쨌든 대중문화를 보는 특정한 관점을 수립함으로써 일반적인 문화 영역 내에 자리매김하게 할 수 있는 방법을 만들었다는 점에서 의의가 있다. '아놀디안Arnoldian'으로 요약될 수 있는 '문화와 문명의 전통'의 주요 내용은 1866년에 발간된 그의 저서 《문화와 무정부Culture and Anarchy》에 중점적으로 나와 있다. 이는 1860~1950년대의 논쟁에서 우위를 지켜온 문화적 명제, 즉 고급문화에 대한 절대적 가치 부여와 대중문화에 대한 부정적 견해를 확립하면서 대중문화에 대한 관점에 엄청난 영향력을 미쳤다.

아놀드에게 문화는 '최선의 것이 무엇인지 알 수 있는 능력', '최선 그 자체', '최선의 것에 대한 정신적이고 영혼적인 적용', '최선을 추구하는 것'으로 이해되었다. 그는 이 세상에 실존하는 모든 것 중에서 그야말로 최상과 최선의 가치를 지닌 것만 비로소 문화로 정의될 수 있다고 보았으며, 반면 대중문화는 그가 유일하고 진정한 문화로 간주했던 순수예술과 정반대되는 것으로 인식했다. 사실 대중문화는 그의 저서나 이론에서 명확하게 정의된 바가 없다. 대신 '무정부 상태'를 지칭하는 '아나키anarchy'가 대중문

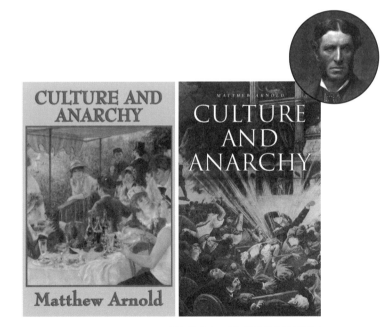

매튜 아놀드와 그가 쓴 《문화와 무정부》의 표지.
이 책은 다양한 표지 디자인으로 재출판되고 있는데, 두 표지는 각각 아놀드가 생각하는
순수예술(문화, 교양)과 대중문화(무정부, 무질서)의 이미지를 담고 있다.

7. 형성이론이란 무엇인가

화와 동의어로 쓰였는데, 이는 아놀드가 대중문화를 '노동자계급의 문화'를 일컫기 위해 사용했으며, 다분히 정치적 개념으로 생각했음을 보여주는 대목이다.

아놀드는 1867년 도시 남성 노동자계급이 정식으로 정치 영역에 진입하면서 필연적으로 생긴 정치적 위험을 그들의 문화와 연결 지어 살펴보았다. 그가 보기에 귀족계급과 달리 충분히 교육받지 못한 노동자계급의 정치 참여는 사회의 질서를 어지럽혀 혼란에 빠뜨리고, 따라서 그들이 즐기는 문화 역시 진정한 문화적 가치에 반하는 것이었다. 반면 유일한 문화라고 믿었던 순수예술은 사람들의 마음을 정화시키고, 사회가 올바르게 나아갈 수 있는 비전을 제시하며, 무엇보다 안정된 질서를 유지하는 데 매우 중요한 역할을 수행한다고 보았다. 이때의 '질서'는 교양 있는 귀족 엘리트들이 주축이 되어 정치·경제·문화 분야를 이끌어가는 것이었는데, 이러한 맥락에서 아놀드의 예술관은 오늘날 엘리트주의적이라는 비판을 받는다.

대량문화가 야기한 '문화적 위기'

1930년대를 '문화적 위기' 시대라 정의하고 20세기를 문화적 쇠퇴가 뚜렷해지는 시기로 보았던 리비스 역시, 아놀드의 문화정치학을 도입해 시민들이 평준화되거나 하향된 문화를 추방하고 저항하도록 훈련받아야 한다고 주장했다. 이러한 기본적 개념에 기반한 리비스주의는 문화가 항상 소수의 유지자들에 의해 지켜졌다는 논거에 뿌리를 둔다. 당시 유럽 사회에서는 어떤 심각한 도전도 받지 않고 취향의 기준을 정해왔던 소수 계층이 '권위의 붕괴'를 경험하고 있었다. 이와 동시에 일어난 대중민주주의의 발흥은 문화화된 소수를 압박하고 무정부가 설 수 있는 토양을 마련했는데, 리비스주의에서는 이를 끔찍한 일로 간주했다.

리비스주의에서는 문화를 19세기 이전과 이후로 구분한다. 17세기까지는 영국 내에 '일반 문화'라 할 수 있는 것이 존재했다면, 산업혁명 이후의 문화는 '소수의 문화'와 '대량문화' 두 가지로 구분된다. 이때 소수의 문화란 문화적 전통으로 축소된 '사고와 표현의 정수'의 가치와 기준으로 형성된 문화, 즉 소수의 엘리트 문화를 지칭하며, 대량문화는 교육받지 않은 다수인 일반 시민들에 의해 소비되는 대중문화와 상업문화로 구성된다.

리비스는 대량문화의 핵심적인 특징들에 대해 언급하며 그 부정적 영향을 강조했다. 각각의 예들을 살펴보면, 먼저 리비스주의 학자들은 대중소설이 '보상'과 '오락'의 중독적 형태를 제공한다고 비판했다. 그들에 따르면 대중소설을 습관적으로 읽는 사람들은 현실을 직면하는 대신 도피하게 된다. 그는 이러한 독서를 '소설 약물 중독'이라 불렀는데, 이는 진정한 예술, 즉 순수예술을 향유하며 재창조하는 것과 정반대의 의미를 갖는다. 이와 달리 리비스는 순수문학에 대해서는 "감각적이고 감정적인 삶을 새롭게 하고 새로운 깨달음을 배우는 최고의 수단"이라고 보았다. 이들은 또한 영화에 대해서도 최면술적인 수용 상태에서 가장 값싼 감정적 호소에 빠지게 만든다고 비판했다. 특히 대중영화의 대표라 할 수 있는 할리우드 영화에 대해서는 자위행위와 동일한 것이라고 목소리를 높였다. 그뿐 아니라 신문은 대중들 마음에 가장 강력하게 침투하는 비교육적 매체라 비판했으며, 라디오 역시 대중들의 비판적인 생각 자체를 말살시킨다고 주장했다.

리비스주의자들이 가장 격렬하게 비난했던 것은 광고이다. 리비스는 노동자계급을 중심 향유층으로 하는 대중/대량문화가 엘리트계급이 주로 향유하는 순수/고급문화의 질을 떨어뜨리며 사회질서를 어지럽힌다고 보았고, 이를 '문화 질병'이라고 칭한 바 있다. 이들에게 광고는 끈질기고도 침투성이 강한 자위행위와도 같은 속임수를 갖는 것으로, 문화 질병의 가장 중요한 증후라고 보았다. 그 이유는 언어에 대한 리비스주의의 태도와 연관되는데, 리비스주의자들에게 언어의 질적 저하는 곧 감정생활과 생활의 질적 저하와 직결되는 문제였다. 따라서 광고는 언어 저질화를 야기하는 직접적 요인으로 간주되었으며, 이는 언어 공동체의 감정적 생활을 저질화하고, 궁극적으로 생활의 기준까지 낮출 것으로 우려되었다.

대량문화에 대한 신랄한 비난에도 불구하고, 리비스주의는 1950년대 중반까지 유일하게 대중문화 연구가 가능한 지적 토양을 제공했다는 학문적 공헌점이 있다. 이들은 과거 '진지한' 직품들만을 위해 사용되있던 문화 분석의 기술을 대중적 형태에 처음으로 접목했고, 이는 필연적으로 대중문화를 비롯해 문화 전반에 대한 학술 연구 발전에 커다란 영향을 미쳤다. 그러나 소위 '문화적 황금기'라 일컬어지던 시기(1990년대 이전)에 사실상 경제적 어려움이 심하고 폭정이 있었으며, 유병률·사망률·문맹률 등이 높았음에도 불구하고 이에 대해서는 언급하지 않았다는 점에서 학문적으로 매우 편협했다는 비판을 받는다.

관객은 '꼭두각시'에 불과한가?

형성이론에 대한 비판 중 하나는, 반영이론적 접근을 취한 연구 사례들과 달리 엄격한 자료나 방법론이 부재하다는 것이다. 대부분의 학자들이 오늘날 사회과학 분야에서 표방하는 실증적 연구를 수행하기보다는 이론적·철학적 논의에 천착함에 따라, 형성이론은 그 과학적 타당성에 결함을 보인다. 그러나 좀 더 중요한 것은, 형성이론이 가정하는 예술 수용자에 대한 태도이다. 형성이론적 접근을 취하는 많은 논의들 속에서 예술을 소비하는 수용자들, 특히 대중문화 소비자들은 문화 산업 내에서 획일적·기계적으로 생산되어 무차별적으로 쏟아지는 콘텐츠를 아무런 의심이나 비판 없이 그저 받아들이기만 하는 수동적 존재로 간주된다. 예술 소비자를 마치 '꼭두각시'처럼 다루는 것이다.

그런데 과연 그런가 한번 생각해보자. 예를 들면 아무 카페에나 들어가 커피를 마시는 사람들에게 어떤 음악을 좋아하느냐고 물어보면 뭐라고 대답할까? 모두가 최신 유행곡을 좋아한다고 대답할까? 혹은 영화관에 방문해서 같은 영화를 관람하고 나온 관객들에게 영화가 어떤 점에서 좋았느냐고 물어보면 과연 어떤 대답을 내놓을까? 모두가 같은 이유로 마음에 들었다고, 혹은 마음에 들지 않았다고 이야기할까? 아마 그렇지 않을 것이다. 그리고 여러분들 역시 분명 같은 음악, 같은 영화를 보고 '좋다'고 느꼈는데 그 이유가 다 달랐던 경험이 있을 것이다. 바로 이 때문에 형성이론의 입장은 이후 예술의 수용 측면을 연구하는 학자들에게 강한 비판을 받는데, 이와 관련된 내용은 3부에서 더욱 자세히 다뤄질 것이다.

　물론 순수예술이 개인과 사회에 미치는 긍정적 효과, 그리고 그에 극적으로 대비되는 대중예술의 부정적 효과를 강조했던 형성이론적 관점의 논의들은 시간이 지나 좀 더 포괄적인 관점에서 예술이 사회에 미치는 영향에 관한 것으로 확장되었다. 긍정이나 부정의 측면에 국한되지 않고, 좀 더 중립적인 측면의 영향까지 다루게 된 것이다. 그 과정에서 대중예술의 부정적 효과를 지지 또는 반대하는 극렬한 학문적 논쟁들이 진행되었고, 고급문화는 단지 지배계급의 취향 문화에 불과하다는 취향문화론, 그리고 존재하는 모든 예술적 위계를 부정하는 포스트모더니즘이 발흥했다. 예술의 개념과 범위, 가치에 관한 논의들의 변화가 예술의 효과와 영향력에 대한 논의들에도 변화를 가져온 셈이다. 이러한 맥락에서 8장에서는 예술의 효과를 둘러싼 여러 사례들을 살펴보고, 이어지는 9장에서는 형성이론적 접근을 채택한 사회학자들의 연구 내용을 고찰해볼 것이다.

8. 사회에 미치는 예술의 영향

태교 음악은 모차르트?

우리는 태교 음악이라고 하면 자연스럽게 클래식 음악을 떠올린다. 그중에서도 모차르트의 음악은 대표적 사례로 언급되곤 한다. 평소 클래식 음악을 즐겨 듣지 않던 사람도, 임신을 하면 왠지 모르게 클래식 음악을 들어야 할 것 같은 기분을 느낀다. 클래식 음악이 태아와 산모에게 긍정적인 영향을 미칠 것이라는 우리의 강한 믿음 때문이다. 이러한 믿음은 비단 한국에만 국한된 것은 아니다. 대표적인 예로 프랑스의 이비인후과 의사인 알프레드 토머스Alfred Thomas가 1991년에 출간한 《왜 모차르트인가?Pourquoi Mozart?》에서 일명 '모차르트 효과Mozart Effect'를 처음 언급한 이후, 모차르트 음악의 각종 효과를 뒷받침하는 여러 연구 결과들과 언론 기사들이 쏟아져 나오며 대중의 폭발적인 관심을 받게 되었다.

모차르트 효과를 긍정했던 연구들은 모차르트 음악, 특히 피아노 소나타를 들으면 지능지수가 향상되고, 정신 기능에 여러 유익한 효과가 있음을 주장했다. 이 연구들에 따르면 모차르트의 음악은 스트레스와 우울증, 각종 근심을 줄이고, 긴장 완화와 수면을 유도하며, 신체를 활성화해 기억력과 인지력을 향상시키는 데 유의미한 영향을 미쳤다.[11] 비록 이러한 연구 결과는 이후의 연구들에 의해 뒤집혀, 모차르트의 음악은 이전에 증명되었던 것보다 효과가 훨씬 미미하거나 아예 없다고 판명 나긴 했지만 말이다. 그러나 여전히 사람들의 마음속엔 모차르트 음악, 나아가 클래식 음악이 어린아이들의 지능과 감성 발달에 도움을 준다는 믿음이 자리한다.

이와 상응해 제기되는 또 다른 주장 혹은 믿음은 대중음악, 특히 화려한 전자음을 자랑하는 댄스곡이나 헤비메탈, 하드 록 같은 장르들의 경우 태아를 불안하게 하기 때문에 임신 중 피해야 한다는 것이다. 이러한 입장을 견지하는 사람들은 우수에 가득 찬 재즈, 블루스 등 슬픔을 불러일으키는 음악들 역시 태아에게 어두운 감정을 전달시킨다는 점에서 피해야 할 음악들로 꼽는다. 물론 이러한 주장이 음악에만 적용되는 것은 아니다. 총격 신 등 폭력적 장면이 난무하는 액션 영화, 자극적인 이야기가 전개되는 일명 '막장 드라마' 또한 금기 대상이다. 반면 마음을 편안하게 하는 아름다운 자연

시중에 판매되고 있는
모차르트 태교 음반.

II. 예술과 사회가 만나는 방식

풍광을 배경으로 한 영화나 감동을 주는 문학 작품 등은 적극적으로 권장된다. 실제로는 고급예술과 대중예술의 효과가 다른지에 대해 학술적으로 엄격하게 정리된 바가 없지만, 이러한 믿음은 아직까지 확고하게 우리 사회 안에 자리 잡은 듯하다. 그러니 스스로에게 질문해보자. 예술의 영향력에 대한 여러분의 생각은 어떤가?

"아이들을 보호해야 한다"

2003년 개봉한 애니메이션 〈니모를 찾아서〉는 인간에게 납치된 물고기 니모를 구하기 위한 아빠 물고기의 좌충우돌 모험기를 그린 작품으로, 아이와 성인 모두에게 많은 사랑을 받았다. 그런데 혹시 이 애니메이션 때문에 아이들이 관상용 금붕어를 변기에 버리는 사건이 폭발적으로 증가했다는 사실을 아는가? 극 중 니모와 친구들이 어항을 탈출해 바다로 가기 위해서 변기에 뛰어드는 장면이 있는데, 이 장면을 본 많은 아이들이 자신들의 집에 '갇혀 있는' 불쌍한 금붕어들을 바다로 돌려보내주기 위해 변기에 넣고 물을 내린 것이다! 상황이 진정되지 않자, '도리' 역을 맡았던 배우가 아이들에게 "금붕어는 어항에서 살 때 행복하다"고 설득해 사건을 일단락시켰다.

갑자기 왜 〈니모를 찾아서〉에 대한 이야기를 하는지 궁금할 것이다. 본격적으로 예술 작품의 폭력성과 선정성 논란을 발고하기에 앞서, 아이들이 보는 애니메이션을 통해서도 인간의 사고와 행동에 적지 않은 변화가 일어날 수 있다는 점을 이야기하기 위해서다. 누군가는 '그건 어린 애들이니까 그렇지!'라고 생각할 수 있다. 과연 그럴까? 대부분의 사람들에게 이에 대해 물어보면 한 가지 중요한 모순점이 발견되는데, 바로 폭력적이거나 선정적인 내용을 담은 음악·드라마·영화를 보고 스스로는 영향받지 않는다고 응답하면서도, 다른 사람들에게는 악영향을 미칠 수 있다는 데에 매우 강하게 동의한다는 점이다.

실제로 우리는 폭력적인 영상물들에 대해 비판하거나 우려하는 뉴스와 기사를 심심치 않게 접하곤 한다. 대개 "어느 정도까지를 표현의 자유로 인정해야 하는가"와 같은 질문을 제기하며, 나날이 그 강도를 더해가는 영상물을 비판 어린 시각으로 바라본다. 과도한 폭력적 장면들이 관객들에게 불쾌감을 준다는 나름 가벼운 지적에서부터, 비도덕적인 내용이 사회 윤리를 훼손한다는 비판, 너무도 디테일한 장면 묘사가 범죄 교과서 같은 역할을 수행하면서 실제 모방 범죄로 이어진다는 우려까지[12] 부정적 입장의 스펙트럼은 다양하다. 일각에서는 "폭력이 영화적 메시지를 전달하는 수단 중 하나이며, 충격 요법으로 사회를 고발할 수 있다"는 주장이 제기되기도 하지만,[13] 여전히 대부분의 기사들은 악영향에 더욱 큰 무게를 두는 것이 사실이다.

악영향을 미친다는 이유로 비판받는 것은 선정적인 영상물도 마찬가지다. 영화 속에 등장하는 성범죄 장면은 모방 범죄를 부추긴다는 지적을 받으며, 주로 10대 멤버들로 구성된 아이돌 그룹의 선정적인 안무와 노출 의상은 팬덤의 주축이라 할 수 있는 청소년들에게 왜곡된 성 인식을 심어주고, 여성을 성적 대상화한다는 점에서 비판을 받는다. 최근에는 뮤직비디오에도 시청 등급을 매겨 청소년 관람이 불가한 일명 '19금' 뮤직비디오가 제

영화 〈다크나이트〉(왼쪽 위)와 영화 〈아수라〉(오른쪽 위),
스텔라의 〈떨려요〉(왼쪽 아래) 뮤직비디오와 박재범의 〈몸매〉 뮤직비디오의 한 장면.
폭력적·선정적 영상물을 둘러싼 다양한 주장들이 있지만, 여전히 대부분은 악영향에 더 큰 무게를 둔다.

8. 사회에 미치는 예술의 영향

작되지만, 사실상 인터넷을 통해 쉽게 접근과 시청이 가능하다는 점에서 문제가 된다. 일각에서는 유치원생들이 장기자랑으로 아이돌 그룹의 섹시 댄스를 추고, 초등학생들이 외모를 가꾸기 위해 화장을 하며, 아이돌 멤버가 착용한 명품을 구매하기 위해 부모에게 금전을 요구하거나 사채를 쓰는 등의 사회적 병리 현상이 나타나는 것 모두 대중문화의 부작용이라고 이야기하기도 한다.

음악과 춤을 통한 교화와 갱생

여기까지 온 여러분들은 '확실히 고급문화는 이롭고, 대중문화는 해롭다'라고 생각할지 모른다. 하지만 그 생각을 바꿔줄 좋은 사례가 있다. 대중음악과 춤이 범죄자들의 교화와 갱생에 도움을 준다는 이야기가 바로 그것이다. 물론 클래식 음악 역시 교화와 갱생에 긍정적인 영향을 미친다. 빈민가의 아이들에게 클래식 음악을 가르쳐 오케스트라 연주를 하게 함으로써 물질적·정서적 가난에서 구제한 베네수엘라의 엘 시스테마El Sistema*는 우리에

---

* 국가 지원을 받는 베네수엘라의 음악 교육 재단으로, 원래는 '음악을 위한 사회 행동'으로 불렸다. 정식 명칭은 '베네수엘라 국립 청년 및 유소년 오케스트라 시스템 육성 재단'이다. 1975년 경제학자이자 음악가였던 호세 안토니오 아브레우Jose Antonio Abreu 박사가 베네수엘라 빈민가 아이들을 위한 음악 교육을 제안하며 시작되었고, LA필하모닉의 지휘자인 구스타보 두다멜Gustavo Dudamel 등의 스타를 배출하며 더욱 유명해졌다.

게 매우 친숙한 사례 중 하나다. 하지만 여기서는 대중음악에 조금 더 집중해보기로 하자.

2021년 6월, 대중음악의 긍정적 효과와 관련해 주목해볼 만한 흥미로운 기사 하나가 소개되었다.[14] 넷플릭스에서 방영되는 미국 다큐멘터리 〈행복한 교도소〉를 다룬 기사가 그것이다. '행복한 교도소'는 유명 휴양지 중 하나인 필리핀의 세부에 위치한 CPDRC(세부 구류·갱생 센터) 교도소로, 재소자들이 춤을 추면서 공연하는 곳으로 잘 알려져 있다. 일례로 2007년 마이클 잭슨의 〈스릴러〉 노래에 맞춘 춤 공연 영상은 유튜브 조회 수 5900만 회를 넘기며 세계적으로 화제가 되었다. 케이팝 중에서는 빅뱅의 〈거짓말〉과 싸이의 〈강남스타일〉이 공연되기도 했다.

이 교도소의 재소자들은 왜 춤을 추는 것일까? "춤이 사람을 갱생시킨다"는 것이 이 교도소의 철학이기 때문이다. 춤을 추기 이전의 세부 교도소

춤추면서 갱생하는
필리핀 세부의 교도소 이야기를 다룬
다큐멘터리 〈행복한 교도소〉의 한 장면.

는 재범율과 재수감률이 높기로 악명을 떨쳤는데, 재소자들이 춤을 추기 시작한 이후 변화가 시작됐다. 교도소 내 범죄가 줄어들었음은 물론, 출소자들의 재범율도 눈에 띄게 줄었다. 재소자들 스스로 "행복하다"고 말하기도 한다. 이들은 하루에 네다섯 시간씩 춤을 배우는데, 전문 댄스 강사가 교도소에서 댄스 교습을 한다. 춤추는 모습을 유튜브에 업로드하기 시작한 건 2006년도부터였다. 원더걸스의 〈노바디〉와 슈퍼주니어의 〈쏘리쏘리〉 등 한국 대중가요를 포함한 세계의 인기 곡들을 바탕으로 한 퍼포먼스가 잇달아 폭발적인 반응을 이끌어냈다. 나중에는 아예 관광객을 대상으로 공연을 펼치는 프로그램이 만들어졌고, 이를 소재로 한 뮤지컬과 영화, 방송 등이 쏟아졌다.

물론 범죄자가 행복하다고 말하는 이 교도소에 대한 비판의 시선도 적지 않다. 사회에서 문제를 일으킨 범죄지기 죗값을 치르는 곳이 교도소이고, 그런 의미로 자유를 속박당하는 공간에서 '행복'이라는 단어가 언급되기 때문이다. 여기에 더해 춤추기를 싫어하는 재소자들에게 춤추기를 강요하는 것이 인권침해의 소지가 있다는 지적도 나온다. 여러분들의 생각은 어떤가? 만약 교도소가 처벌을 위한 공간이라고 생각한다면 세부 교도소의 정책에 반대할 수도 있을 것이다. 그러나 만약 교도소를 갱생의 공간이라고 생각한다면? 교도소의 궁극적인 목적이 이들을 교화시키고 사회로 되돌려 보내 다시는 범죄에 가담하지 않게 하는 것이라면 다른 생각이 들 것이다. 여러분들의 생각이 후자에 가깝다면, 대중음악이 사회에 긍정적 영향을 미친다는 데에도 적극 찬성할 수 있을 것이다.

II. 예술과 사회가 만나는 방식

아톰에서 아시모로

예술은 한 사회의 기술 발전, 첨단 기술과 기계에 대한 사람들의 인식에도 영향을 미칠 수 있다. 혹시 어릴 적 첨단 기술이 가미된 007 시리즈 속 자동차를 보고 저런 차를 타보고 싶다고 생각해본 적 없는가? 아니면 로봇이 등장하는 텔레비전 만화영화를 보고 미래에 인간이 할 일을 대신해줄 뿐만 아니라 친구가 되어주는 '나만의 로봇'을 꿈꿔본 적은? 방영 당시에는 다소 허무맹랑해 보였던, 그저 만화에 등장하는 상상 속 이야기인 줄만 알았던 첨단 기술은 현실화를 꿈꾼 이들에 의해 실제 현실이 되기도 한다. 공중에 떠서 이동하는 자기부상열차는 개발된 지 오래고, 스스로 움직이는 자율 주행 자동차 역시 점진적인 상용화의 절차를 밟고 있다.

그중에서도 단연 돋보이는 것은 로봇 기술의 발전과 진화다. 여기서는 첨단 기술의 발전으로 만화영화가 현실이 된 대표 사례로, 일본 로봇 산업의 아이콘이자 이정표인 〈아톰〉에 대해 이야기해보고자 한다. 일본의 로봇 산업과 로봇을 바라보는 관점, 즉 로봇관은 만화 〈아톰〉을 빼놓고 이야기할 수 없다. 1952년부터 일본의 만화 잡지 《소년》에 연재된 〈아톰〉은 일본의 전설적인 만화가 데즈카 오사무手塚治虫의 작품으로, 11년 후인 1963년부터 3년간 후지텔레비전에서 일본 최초의 텔레비전 애니메이션으로 방영되었다. 이 작품은 30퍼센트 넘는 평균 시청률을 자랑하며 큰 인기를 끌었고, 이후 일본이 애니메이션 왕국이자 로봇 산업 강국으로 자리 잡는 기반이 되었다.

1952년 첫 연재를 시작한 만화 〈아톰〉과
원작자 데즈카 오사무.

혹시 '아시모ASIMO'*라는 로봇에 대해 들어본 적이 있는가? 아시모는
일본의 혼다에서 개발한 세계 최초의 이족 보행 휴머노이드 로봇으로, 이때
'휴머노이드'는 사람을 의미하는 단어 '휴먼human'과 '~와 같은 것'이라는
의미를 담은 접미사 '오이드-oid'의 합성어로, '인간에 가까운 지능과 신체
를 가진 로봇'을 뜻한다. 새천년의 시작을 알리는 2000년, 혜성처럼 등장한

---

* 아시모라는 명칭은 'Advanced Step in Innovation Mobility'의 앞 글자를 딴 것으로, '새로운 시대로 진
  화한 혁신적인 이동'이라는 의미다.

아시모는 인간이 휴머노이드 로봇과 공존하는 시대의 서막으로 알려졌을 만큼 전 세계에 큰 파장을 일으켰고, 일본은 '아톰'이 조만간 현실화될 것으로 기대하며 축제 분위기에 휩싸였다.

흥미로운 점은 아시모가 만화영화 속 아톰과 신체 사이즈(키 130센티미터, 몸무게 48킬로그램)가 같고, 이는 우연이 아니라는 것이다. 한 기사에 따르면, 1980년대 중반 로봇 개발 책임자가 혼다에 입사해 들은 주문은 직설적으로 "아톰을 만들어달라"는 것이었다. 일본인들의 아톰 사랑과 로봇 기술에 대한 관점은 매우 독특하다. 일본인은 다른 나라에서는 찾아보기 힘들 정도로 로봇이나 로봇 기술의 사회적 부작용에 대한 경계심이 없는 것으로 유명한데, 대표적인 예로 일본인은 로봇을 개발할 때 '잘 팔기 위한', 즉 로봇의 기능성에 주목하는 대신 '어떻게 해야 사랑받을 수 있는가'에 집중한다. 일본에서 만든 로봇이 귀여운 어린아이나 동물의 모양을 띠는 것도 이 때문이다. 일본인들은 '로봇을 보호해야 한다'고 생각하며, 그래야 '로봇이 우리를 도와줄 것'이라고 믿는다.

일본에서 격년으로 열리는 로봇 전시회 로보덱스_Robodex가 2003년 유례없이 1년 일찍 개최된 것도 일본인들의 절대적인 아톰 사랑을 보여준다. 원래대로라면 2004년 개최되어야 할 전시회가 1년 앞당겨진 이유는 아톰의 50번째 생일인 2003년 4월 7일에 생일 축하 잔치를 겸해 전시회를 열어야 했기 때문이다. 이 전시회 한가운데에는 아톰의 모형이 누워 있었는데, 비록 아톰의 생일에 맞춰 실제 아톰을 만들겠다는 목표를 달성하지는 못했지만, 아톰 모형이 자신의 생일에 눈을 뜨고 일어나는 퍼포먼스를 보여 관람객들의 박수갈채를 받았다.

그런데 혹시 아는가? 〈아톰〉이 연재될 당시, 데즈카는 어린 독자들의 부모들로부터 거센 항의를 받았다. "허무맹랑한 이야기로 아이들을 오도한다"는 게 그 이유였는데, 비판 중에는 "일본이 고속열차나 고속도로를 만드는 것이 말이 되느냐"는 내용도 있었다. 그러나 "애들 따위나 보는 것"을 그린다는 멸시를 받아가며 "애들이 보는 매체"에 한 거장이 온 힘을 다해 만화를 그렸기 때문에 한 나라의 로봇 산업 전체가 발전할 수 있었다는 점에서, 우리는 대중문화의 영향력에 대해 다시금 생각해보아야 할 이유를 찾을 수 있다.

2008년 미국 디트로이트 심포니 오케스트라를 지휘하고 있는 아시모(위)와
2003년 일본 로봇 전시회 로보덱스에 등장한 아톰 모형.

II. 예술과 사회가 만나는 방식

세상을 뒤바꾼 영화들

우리는 뉴스와 기사를 통해 "세상을 뒤바꾼 영화"라는 표현을 종종 접하곤 한다. 영화는 당시의 시대정신과 사회상이 반영되어 있을 뿐만 아니라 현실 세계의 이야기들을 담아낸다고 평가받는다. 이러한 특성은 영화를 관람하는 관객들에게 커다란 공감을 이끌어내는 데 매우 중요한 역할을 수행하며, 우리가 앞서 살펴본 반영이론적 관점과 맞닿아 있다. 그러나 영화는 개인의 삶, 나아가 현실 사회에 대대적인 변화를 가져오기도 한다. 이는 형성이론적 관점의 논의들이 주장하는 바로, 우리는 어렵지 않게 그 사례들을 찾아볼 수 있다. 실제 사건을 재조명한 영화들이 여론 형성에 영향을 주어 법 개정 등을 이끌어내는 것이 대표적이다.

2011년 개봉한 영화 〈도가니〉를 예로 들어보자. 이 영화는 2000년을 전후해 10년간 광주인화학교에서 벌어진 사건을 다루는데, 교장을 비롯한 교직원들이 7~22세 장애 학생들에게 가한 비인간적 아동 학대와 아동 집단 성폭행 등을 모티브로 한다. 1960년 4월, 청각장애 학생들을 위한 사립 특수학교로 설립된 광주인화학교는 2009년 공지영 작가가 동명의 소설을 통해 학교 관계자들의 범죄 사실을 고발하면서 세간에 알려지게 되었다. 공지영 작가는 광주인화학교 성폭력 사건의 마지막 선고가 있던 2009년 9월 어느 날의 법정 풍경을 그린 스케치 기사에서 모티브를 얻었다고 한다. 당시 기사에 따르면, 2006년 7월 13일 성폭행 혐의로 기소됐던 인화학교 관계자들에게 내려진 "집행유예라는 가벼운 형량이 수화로 통역되는 순간 법정은 청각장애인들의 울부짖음으로 가득 찼다."

이 사건은 2005년 6월 일부 교직원들이 장애인 성폭력 상담소에 최초로 제보하며 세상에 드러나게 되었다. 이때 교직원들은 광주광역시 교육청과 교육부에 탄원서를 보내는 등 사건을 알리려고 했으나, 관계 기관의 반응은 냉담했다고 알려져 있다. 당시 광주인화학교 대책위원회 역시 2006~2007년에 242일간 천막 농성을 벌였지만, 오히려 업무방해와 집단행동 등의 이유로 파면, 해임 등 대량 징계를 당한 것으로 드러났다. 이렇듯 행정적 무관심 속에서 소리 소문 없이 사라진 사건은 공지영 작가의 소설 《도가니》로 인해 첫 사회적 반향을 일으키게 된다. 그러나 소설은 독자들로 하여금 해당 사건에 관심을 갖게 했지만 전체적인 여론을 움직이기는 힘들었는데, 영화가 제작되자 상황은 달라졌다.

영화 〈도가니〉는 개봉 후 약 460만 명의 관객을 모았고, 진 국민적 공분을 일으키며 대대적인 여론을 형성했고, 경찰은 광주인화학교 사건을 전면 재수사하기에 이르렀다. 하지만 영화가 개봉되기 10여 년 전 발생한 사건이었던 만큼 눈에 띄는 성과는 없었다. 당시 사건의 가해자들은 나이가 들어 이미 사망했거나, 재판까지 간 경우에도 또다시 집행유예를 선고받았고, 성폭행 혐의가 있는 행정실장 김 씨만 징역 8년형을 선고받았다. 하지만 큰 성과도 있었다. 바로 '도가니법'(성폭력범죄의처벌특례법 개정안)의 발의와 시행이 이루어진 것이다. 이 법은 장애인 여성과 13살 미만 아동을 성폭행했을 경우 각각 7년, 10년 이상의 유기징역 외에 무기징역까지 처할 수 있게 하고, 장애인 보호시설 종사자가 장애인을 대상으로 성범죄를 저지른 경우 법정형의 2분의 1까지 가중처벌할 수 있게 했다. 아울러 13세 미만 아동과 장애인 여성에 대한 성범죄의 공소시효도 폐지되었다.

일반적으로 하나의 법안이 발의되고 제정·시행되기까지는 상당히 긴 시간이 필요하다. 하지만 도가니법의 경우, 일사천리로 국회를 통과해 곧바로 시행됐다. 또 국회는 '장애인에 대한 성폭력 등 인권침해 방지대책특별위원회 구성결의안'을 가결시켰다. 만약 광주인화학교 사건이 소설로, 영화로 만들어지지 않았다면 어땠을까? 아마도 법안 발의는 물론이고, 법 제정과 시행 역시 요원했을 것이다. 이처럼 영화 〈도가니〉는 예술 작품이 사회에 얼마나 긍정적이고 강력한 영향을 미치는지 보여주는 좋은 사례다. 주위를 둘러보면 이 같은 사례들을 더욱 많이 발견할 수 있을 것이다. 그리고 이제 여러분은 자연스럽게 대중문화의 영향력과 형성이론적 관점에 대해 떠올릴 것이다.

영화 〈도가니〉의 포스터. 광주인화학교 사건이 소설에 이어 영화로도 다뤄지면서 전 국민적 공분을 일으킨 결과, '도가니법'으로 불리는 성폭력범죄의처벌특례법 개정안이 통과되었다.

　　　　　　　　　　　　　8. 사회에 미치는 예술의 영향

9. 형성이론으로 분석하기

프랑크푸르트학파의 문화 산업 비판

프랑크푸르트학파의 기원과 특징

프랑크푸르트학파는 마르크스의 '자본주의 사회에 대한 비판'이라는 개념을 철학, 문학, 예술, 대중문화 등에 적용해 그 속에 감추어진 '현상 유지의 이데올로기'를 비판하고, 그것의 극복을 통해 사회변혁의 가능성을 제시하고자 했다. 프랑크푸르트학파의 이론은 엘리트주의적 발상으로 인해 매우 편협하고 시대에 뒤떨어졌다는 비판을 받기도 했으나, 근래에 들어 문화의 중요성이 강조되면서 다시 새롭게 조명되고 있다. 특히 대중음악에 대한 현대적인 분석은 아직까지도 테오도르 아도르노Theodor Adorno가 남긴 이론의 영향이 커서, 아도르노라는 이름이 이 학파의 사고방식의 상징으로 생각되기도 한다.

1923년 창설된 프랑크푸르트학파는 독일 '프랑크푸르트대학교 사회연구소'와 관련된 일련의 지식인 집단을 일컫는 말로, 독일 중·상류계급 출신의 좌익 독일인들과 유태인 지식인들이 중심이었다. 중요 이론가로는 테오도르 아도르노, 막스 호르크하이머Max Horkheimer, 헤르베르트 마르쿠제Herbert Marcuse, 발터 벤야민Walter Benjamin* 등이 있다. 프랑크푸르트학파는 창설 후 10년이 지난 1933년, 히틀러 정권 수립 이후 유태인과 좌익 지식인에 대한 억압을 피해 미국 뉴욕 컬럼비아대학교로 그 본거지를 옮겼다. 제2차 세계대전이 끝난 후 1949년 아도르노와 호르크하이머는 독일로 다시 돌아간 반면, 미국에 남은 멤버들 중 일부는 학파의 이론적·정치적 관점을 포기하고 자유주의적·경험적 사회과학으로 전환했다. 마르쿠제와 같은 또 다른 학자들은 전후 미국 자본주의와 현대사회에 대해 프랑크푸르트학파의 분석을 확대 적용시키는 분석을 이어나갔다. 이 같은 연혁 아래 프랑크푸르트학파는 대중문화와 대중매체에 대한 분석을 생성·발달시켰으며, 나치 독일의 전체주의적 국가와 미국 독점하의 소비자본주의consumer capitalism는 이러한 맥락을 형성한 주요 특성이라고 할 수 있다.

프랑크푸르트학파의 이론은 다른 말로 '비판이론critical theory'이라고도 하는데, 이들의 이론은 계몽enlightenment과 마르크스주의를 비판적으로 계승하며 발전했다. 먼저 계몽에 대한 비판과 관련해, 프랑크푸르트학파는 계몽이 약속하는 과학적·이성적 진보와 인간 자유의 확장에 대한 믿음은 악몽이 되고, 과학과 이성의 사용은 인간의 자유를 말살할 것이라고 보았다. 아

---

* 벤야민은 프랑크푸르트학파 초기에는 주변적인 인물이었으나 후대에 주요 인물이 되었다.

도르노를 중심으로 제기된 이 같은 주장은 과학기술을 활용한 독일 나치들의 유태인 학살과 무관하지 않다. 대량 살상이 이루어진 두 차례의 전쟁과 무자비한 동족 학살은, 이를 목격한 유태계 출신 프랑크푸르트학파 지식인들로 하여금 인간에게 더 큰 자유를 가져다줄 것이라 여겨졌던 과학과 이성에 대한 믿음에 강하게 반발하도록 만들었다.

이들은 또한 경제적인 것에 우위를 두는 교조주의적 마르크스주의자 orthodox marxist들을 비판하고, 이를 차별적으로 계승했다. 자본주의가 내재된 모순으로 인해 필연적으로 몰락하고 사회주의로 이동할 것이라는 마르크스의 예언이 실패로 돌아감에 따라, 프랑크푸르트학파는 노동자계급과 사회주의 혁명에 대해 덜 낙관적인 입장을 갖게 되었다. 이에 분석의 주제를 '왜 이러한 혁명이 일어나지 않고, 미래에도 일어나기가 쉽지 않은가'에 주로 초점을 맞추고, 기존의 마르크스주의에서 비어 있던 문화의 자리에 '이데올로기'라는 개념을 채워 넣었다.

대량문화에 대한 경멸

프랑크푸르트학파의 연구에서 중심이 된 것은 문화 산업에 대한 비판이다. 오늘날 문화 산업은 사회 전반에 걸쳐 문화가 중요해지고, 문화의 부가가치 창출 효과가 대두됨에 따라 매우 긍정적인 이미지로 인식된다. 그러나 프랑크푸르트학파에서 고안해낸 '문화 산업'이라는 용어는 오늘날과는 상당히 상반된 의미를 지닌 개념으로, 아도르노와 호르크하이머가 1944년 공동 집필한 《계몽의 변증법Dialektik der Aufklärung》에서 처음 등장했다. '문화 산업'은 '대중문화'라는 용어가 대중이 자발적으로 만들어낸 문화라는 의미로 받아들여질 위험이 있다는 점에서 부적절하다고 판단해, 대량문화의 생산물과 생산 과정의 측면을 부각시켜 고안해낸 용어로 매우 부정적인 의미를 지닌다. 또한 모든 문화 산업은 대중들의 소비를 위해 재단되고, 많은 분야에서 그러한 소비의 본성을 반영하는 상품들이 계획적으로 생산된다. 따라서 문화 산업의 각 분야들은 그 구조들이 유사하거나 적어도 서로 어울린다는 특징을 지니며, 현대적인 기술적 능력, 경제적·경영적 집중에 의해 생산이 가능하다.

프랑크푸르트학파의 논의에 따르면 문화 산업은 사람들의 비판 의식을 마비시키고, 현실에 순응하게끔 만드는 기능이 있다. 프랑크푸르트학파의 관점에서 대중문화는 순응적인 특징이 있기 때문에 사회의 권위를 유지시키는 역할을 하는데, 이는 마찬가지로 대중문화에 부정적이었던 매튜 아놀드나 리비스주의자들과는 매우 큰 차이가 있다. 아놀드와 리비스주의자들은 대중문화가 문화적·사회적 권위에 위험을 가해 사회를 무정부 상태로

막스 호르크하이머(왼쪽)와 테오도르 아노르노의 모습.
그리고 그들이 쓴 책 《계몽의 변증법》의 표지.

9. 형성이론으로 분석하기

프랑크푸르트학파가 생각하는 문화 산업의 대량문화 생산.

빠뜨린다는 점에서 부정적이었으나, 프랑크푸르트학파는 오히려 대중문화가 문화적·사회적 권위를 유지시킨다는 점에서 부정적이었기 때문이다.

프랑크프루트학파는 문화 산업이 "상투적·보수적·허위적이며 규격화되고 조작된 소비 상품"이라는 특징을 지닌 문화를 생산해 노동자계급의 정치성을 희석시키고, 억압적이고 착취적인 자본주의 사회의 틀 안에서 얻을 수 있는 정치적·경제적 목표만을 추구하게 한다고 보았다. 나아가 특정한 욕구에 대한 수단을 제공함으로써 자유, 사회변혁, 혁명 등 좀 더 근본적인 욕구의 형성을 막는다고 보았다.

프랑크푸르트학파가 대중문화에 매우 비판적이었던 것과 달리, 고급문화에 대한 그들의 생각은 매우 이상적이었다. 그들이 보기에 고급문화에는 자본주의가 거부하는 생각이 담겨 있기 때문에, 고급문화가 자본주의에 대한 내재적 비판을 가하며 대안이 될 수 있는 이상적인 모습을 보여준다고 생각했다. 예를 들어 호르크하이머는 고급문화를 '정통 문화'로 묘사하며, 종교의 이상적 기능을 이어받아 현재의 한계를 뛰어넘는 더 나은 세계에 대한 인간의 욕구를 되살리고, 대량문화의 감옥에서 나올 수 있게 하는 열쇠라고 보았다. 마르쿠제 역시 고급문화를 '긍정적 문화affirmative culture'라 보고 무조건 긍정할 수밖에 없는, 누구에게나 필수적이며 좀 더 낫고 가치 있는 세계가 존재해야 한다는 주장의 근거가 될 수 있는 특징을 지녔다고 설명했다.

문화 산업은 이처럼 이상적인 고급문화에 어떤 영향을 미치는가? 프랑크푸르트학파에 따르면, 문화 산업은 현실의 또 다른 차원을 구성했던 고급문화의 대립적이며 낯설고 초월적인 요소들을 묵살해버림으로써 문화와 사회 사이의 적대성을 누그러뜨린다. 이러한 적대성의 완화는 '문화적 가치'에 대한 거부를 통해서가 아니라 대량 재생산과 전시를 통해 이루어진다는 점에서 특히 주목할 만하다. 이로써 문화가 기존 질서에 전적으로 통합될 수 있기 때문이다. 문화 산업은 노동자들에게 현재가 더 나은 유일한 미래라고 우김으로써, 진정한 의미의 욕망을 증진하기보다 찰나의 충족감을 제공해 이들의 일상을 지속시키고, 궁극적으로는 불평등한 자본주의 체제가 영위되도록 한다.

'진정한 음악'을 찾아서

음악의 '진리 내용'

아도르노는 막스 베버Max Weber와 함께 음악사회학 분야에서 매우 중요한 인물로, 일찍이 음악에 관심을 가져 피아노와 작곡을 배웠으며, 철학, 사회학, 음악학 등 다양한 분야의 저서를 남겼다. 1941년에 출간된《대중음악에 대하여On popular music》역시 그중 하나이다. 이 책에서 아도르노는 그가 '진리 내용'이라고 부르는 것의 유무에 따라 음악을 '진지한 음악'과 '가벼운 음악'으로 구분했다. '진리 내용'은 현실을 비판하고 허위의식으로부터 진리를 찾는 부정의 변증법적 사고로부터 비롯되었다고 할 수 있는데, 아도르노는 오스트리아 출신 현대음악가인 쇤베르크Arnold Schönberg의 음악이 이 같은 진리 내용을 담는다고 보고 매우 높이 평가했다. 반면에 러시아 작곡가인 스트라

II. 예술과 사회가 만나는 방식

빈스키Igor Stravinsky의 음악에 대해서는 매우 부정적으로 평가했다.

이 내용을 글로 접한 여러분들은 아마 처음에는 이해가 쉽지 않을 것이다. 쇤베르크의 음악이나 스트라빈스키의 음악에 친숙하지 않을뿐더러, '진리 내용'이라는 것이 직관적으로 와닿지 않기 때문이다. 그래서 이 부분을 설명할 땐 늘 두 작곡가의 대표적인 음악 한 곡씩을 듣도록 권하는데, 쇤베르크의 음악으로는 〈달에 홀린 피에로Pierrot Lunaire〉를, 스트라빈스키의 음악 중에서는 〈불새The Firebird〉를 추천한다. 클래식 음악을 잘 모르는 사람에게 두 음악은 모두 클래식에 해당하지만, 음악학적으로 두 곡을 비교해서 들으면 그 확연한 차이를 단번에 깨달을 수 있다. 쇤베르크의 〈달에 홀린 피에로〉는 우리에게 익숙한 기존의 조성 음악, 즉 장조와 단조에 기반한 음악이 아니기 때문이다.

이 부분을 좀 더 자세하게 살펴보기 위해서는 쇤베르크의 음악적 기여에 대해 알아볼 필요가 있다. 20세기 전반기를 통틀어 가장 영향력 있는 작곡가 중 한 사람으로 꼽히는 쇤베르크는 조성 음악의 해체에 기여한 중심인물이다. 소위 '무조 음악'이라 불리는 '12음 기법'을 확립한 쇤베르크는 무조인 음악을 다수 작곡했는데, 이러한 그의 작곡 스타일은 현대음악에서 많은 작곡가들에게 계승되었다. 이처럼 현대의 클래식 음악가들이 쇤베르크의 영향을 받아 '화음이 없는' 음악들을 만들다 보니 "현대음악은 듣기 힘들다"는 말이 나오기도 했다. 간단하게 말하면 쇤베르크는 기존에 당연하게 여겨지던 것을 파괴하고 완전히 새로운 것을 창조한 셈인데, 아도르노는 바로 이 점을 매우 높게 평가했다. 프랑크푸르트학파인 아도르노의 입장에서 볼 때, 자본가계급으로부터 착취당하는 노동자계급에게 무엇보다 필요한 것은 현실에 순응하도록 만드는 익숙한 음악이 아니라 '계급의식'을 일깨우는 음악이었기 때문이다.

쇤베르크의 음악이 아니더라도 무조 음악을 들어본 사람이라면, 그 음악이 얼마나 듣기 힘든지를 잘 알 것이다. 아도르노는 쇤베르크의 무조 음악을 "우리를 늘 깨어 있게 하는 음악"이라고 지칭하기도 했는데, 이보다 더 적절한 표현은 없다고 생각될 정도이다. 만약 여러분이 식사를 하거나 차를 마시기 위해, 혹은 간단한 공부나 업무를 위해 방문한 레스토랑이나 카페에서 쇤베르크의 무조 음악이 흘러나온다면 아마 무엇에도 집중하지 못하고 오직 그 음악에만 사로잡혀 괴로움에 몸부림치거나, 당장 그곳을 뛰쳐나올 것이다. 음악을 글로 설명하고 이해하는 것만큼 어려운 것이 없으니 여기서 소개할 〈달에 홀린 피에로〉도 꼭 직접 들어보길 권한다. 아마 쇤베르크의 〈달에 홀린 피에로〉를 처음 접하고 나면 그 '기괴함'에 소스리치게 놀랄 것이다.

그리고 나서 스트라빈스키의 〈불새〉를 들으면 한결 편안한 표정으로 음

아널드 쇤베르크(오른쪽)와 그의 음악 〈달에 홀린 피에로〉의 공연 장면.

II. 예술과 사회가 만나는 방식

악을 즐길 수 있을 것이다. 아름답고도 친숙한 멜로디와 화음이 우리가 알고 있던 '클래식 음악'에 부합하기 때문이다. 불새는 무명 작곡가였던 스트라빈스키를 일약 스타덤에 올려놓은 발레 음악으로, 그가 28세였던 1910년 작곡되었다. 그의 경력 초기에 발표된 최고 걸작으로 평가받는 이 작품은 러시아 발레단의 파리 공연을 위해 작곡되었으며, 20세기 발레의 흐름을 바꾸었다고 평가받는 러시아 출신의 안무가이자 무용가인 미하일 포킨Mikhail Fokine이 안무를 맡았다. 〈불새〉는 러시아의 유명한 전설에 기초하고 있기 때문에 러시아 민요의 선율들을 풍부하게 들을 수 있고, 현란한 색채, 약동하는 리듬, 격정적인 감정 분출이 가득하다.

그러나 아도르노는 《신음악의 철학Philosophie der neuen Musik》에서 스트라빈스키를 신랄하게 비판한다. 그 내용은 쇤베르크를 옹호하는 근거와 같은 맥락에 놓여 있지만, 방향성은 상반된다. 아도르노는 스트라빈스키의 음악에서 그가 늘 비판해온 '대중음악의 퇴행적인 작곡 방식' 또는 '재즈의 사이

이고르 스트라빈스키(오른쪽)와 그의 음악 〈불새〉의 공연 장면.

비 개성화와 비슷한 요소'가 발견된다고 보았다. 아울러 리듬이 지배적이 되도록 함으로써 집단을 주체보다 드높였다고 보았다. 참고로 말하자면 아도르노는 재즈를 굉장히 폄하했던 인물이다. 그에 따르면 쇤베르크의 음악을 듣기 위해서는 '비판적 이성'이 반드시 필요한 반면, 러시아의 전통 민요적 선율과 색채를 띤 스트라빈스키의 음악은 그저 관습적이고 뻔한, 그래서 특별한 비판 의식을 필요로 하지 않는 음악에 불과했다.

대중음악이 정말 다 똑같을까?

지금의 청년세대에게 "대중음악은 다 똑같다"는 명제를 제시하고, 이것이 맞느냐고 물으면 약 99.9퍼센트의 확률로 "아니오"라는 대답이 돌아올 것이다. 태어나 지금까지 한국 대중음악의 세례를 받으며 가히 홍수라 할 수 있는 대중문화이 범람 속에서 자라온 이들의 세대적 특성을 생각해보면 매우 당연한 결과라 할 수 있다. 기성세대의 시각에서 비슷해 보이는 가수들과 가요들을 10~20대 어린 학생들은 기가 막히게 구별해낸다. "그 가수가 그 가수이고, 그 음악이 그 음악이다"라는 말은 이제 통하지 않는다. 그러나 앞서 쇤베르크와 스트라빈스키의 음악(많은 사람들의 입장에서는 모두 클래식 음악으로 인식되는)을 구분했던 아도르노는 대중음악을 분석하며 사실상 모든 곡들이 매우 유사함을 지적했다.

구체적으로 아도르노는 대중음악의 특징을 다음의 세 가지로 요약한다. 그 첫 번째 특징은 바로 '규격화'이다. 그에 따르면 대중음악은 가장 일반적인 특징부터 가장 구체적인 것까지 모두 규격화되고, 어떤 음악적·시적 패턴이 시장에서 성공적이라고 판명되면 상업적으로 고갈될 때까지 사용된다. 즉, 일련의 규격들이 결정화結晶化에 이른다고 할 수 있다. 아도르노는 우리가 소위 히트곡이라 부르는 곡들은 대중들의 귀를 사로잡기 위해 철저한 사전 기획에 의해 규격화되었다는 점을 지적한다. 이는 소비자들 대신 그들의 선호곡을 결정해주는 기능을 수행함으로써 그들을 현실에 붙잡아둔다. 즉, 쇤베르크의 음악을 듣기 위해 요구되는 비판 의식이 대중음악을 들을 때는 필요치 않다는 것이다.

그의 설명을 현대적인 대중음악 사례에 적용해보자. 걸그룹 소녀시대의 〈런 데빌 런〉과 카라의 〈루팡〉 콘셉트 사진은 전반적으로 블랙의 강렬한 바탕에 '멋지고 강한 여성'임을 강조하는 의상과 표정을 드러낸다. 두 걸그룹의 음악 또한 곡 전체에 깔리는 비트나 멜로디에 이런 분위기가 적극 반영되어 있어 유사한 느낌을 준다. 물론 비슷한 부분은 이뿐만이 아니다. 통상

소녀시대 〈런 데빌 런〉(위)과
카라 〈루팡〉의 콘셉트 사진.
둘 다 블랙의 강렬한 바탕에 '멋지고 강한
여성'임을 강조하는 의상과 표정이 드러난다.

9. 형성이론으로 분석하기

한국에서 활동하는 많은 걸그룹들은 데뷔 초기엔 '상큼하고 발랄한 소녀들'이라는 콘셉트로 등장한다. 그리고 인기를 얻게 되면 세 번째 앨범쯤에서 앞서와 같은 강렬한 '전사' 콘셉트를 활용하고, 그 이후에는 '섹시한' 콘셉트의 곡들을 발표한다. 아도르노의 관점에서 보자면 걸그룹들이 보이는 단계별 콘셉트의 유사성은 한국의 걸그룹에게 적용된 하나의 성공 도식, 즉 규격화의 한 양상이라 할 수 있다.

아도르노가 지적하는 대중음악의 두 번째 특징은 '부분 상호 교환성'이다. 쉽게 말하면 여러 대중음악 곡들의 일부를 짜깁기하듯 붙여놓아도 전체로서의 곡 자체에 전혀 영향을 주지 않는다는 것이다. 달리 말해 대중문화의 세부 표현들은 전체 구조에 아무런 영향을 주지 않고도 이곳에서 저곳으로 옮겨질 수 있다는 점에서 기계적이며, 그런 의미에서 부분적인 상호 교환성을 갖는다는 뜻이다. 현대의 대중음악이 모두 똑같다는 데 반대하는 입장이 우세한 상황에서 이와 같은 아도르노의 주장을 이해하기란 무척 어려울 수 있다. 하지만 최대한 '사회학적 상상력'을 발휘해서 아도르노의 입장에서 그의 주장을 이해하기 위해 최근 유튜브에서 자주 볼 수 있는, 여러 가수들의 곡을 교차 편집한 '매쉬업mash-up' 영상들을 예로 살펴보자.

소녀시대의 〈지〉와 아이오아이의 〈너무 너무 너무〉는 모두 상큼 발랄한 곡으로 대중들에게 큰 사랑을 받았다. 뮤직비디오의 화면을 지배하는 색상과 멤버들이 입고 있는 의상 역시 알록달록하고 톡톡 튀는 색감으로 이루어져 있다. 두 그룹에 대해 모르는 사람들이라면 멤버들을 섞어 놓아도 이상한 점을 발견하지 못할 것이다. 음악의 경우도 마찬가지이다. 두 곡을 아주 절묘하게 교차 편집해둔 영상을 살펴보면 전혀 이질감이 느껴지지 않고, 원래부터 그렇게 작곡되고 불려진 노래처럼 자연스럽고 친숙하다. 어떤 이들은 원래의 곡보다 이렇게 편집해놓은 곡이 더 좋다고 평가할 정도이다. 이외에도 서로 다른 그룹의 곡들을 교차 편집해놓은 영상은 무궁무진하다. 그 곡들을 찾아 들어보면서 아도르노가 이야기한 '부분 상호 교환성'이 무엇인지 꼭 확인해보자.

문화 산업은 이러한 규격화와 부분 상호 교환성을 감추기 위해, 즉 사실상 모든 대중음악이 동일하다는 사실을 감추기 위해 '유사개별화pseudo-individualization'라 부르는 작업에 몰두하는데, 이것이 바로 아도르노가 이야기한 대중음악의 세 번째 특징이다. 유사개별화는 말 그대로 동일한 것을 각각 오리지널하게 보이도록 만든다는 것인데, 이때 대중들은 자본가 지배계급이 장악한 문화 산업에 의해 제공된, 사실상 모두 유사한 대중음악을 '다양하고 새로운' 것이라 믿으며 현실에 안주하게 된다. 아도르노의 관점에서 이 같은 대중음악을 청취하는 행위는 매우 '수동적'이며 '비의식적'이다.

결국 대중음악은 대중의 수동적 청취를 조장하고 사회적 접착제로서의 기능을 수행한다. 지루한 자본주의 노동은 노동자로 하여금 탈출을 시도하게 만들지만, 그 지루함 때문에 진짜 탈출, 즉 정통 문화를 요구할 에너지는 남아 있지 않게 된다. 즉, 노동 시간 중에는 '새로움'을 거부당하지만, 여가 시간에 새것을 찾기에는 너무 지쳐서 '자극'을 갈망한다. 이때 대중음악은 그러한 갈망을 채워준다. 아도르노에 따르면 이러한 대중음악은 모호한 방언같이 작용하기 때문에 이를 소비하려면 무관심과 산만함이 요구되며, 이와 같은 소비로 인해 소비자는 다시 무관심하고 산만해진다. 다시 말해 대중음악은 소비자들로 하여금 기존의 질서에 대해 심리적 적응을 하도록 만들어, 궁극적으로는 '사회적 접착제'로 작용하는 모종의 '사회심리학적 기능'을 수행한다는 것이다.

'새로운 장르'의 탄생

대중음악에 대해 신랄한 비판을 가한 아도르노의 분석은 1941년에 이루어진 만큼, 지금의 현실에 적합하지 않다는 점에서 비판을 받는다. 새로운 장르들의 끝없는 탄생은 아도르노가 말한 유사개별화의 논리로 어떻게 설명될 수 있을까? 과연 대중음악의 소비가 아도르노가 주장한 만큼 수동적인가?

이와 관련해 실제로 사이먼 프리스Simon Frith는 대중음악 앨범 판매 통계를 분석해 레코드 음반사의 10퍼센트 정도만이 돈을 벌거나 제작 비용을 건지며, 나머지 80퍼센트는 최소한의 수익도 얻지 못한다는 점을 지적했다. 또한 폴 허쉬Paul Hirsh는 발매된 싱글 앨범의 60퍼센트는 아무도 틀지 않는다는 점을 지적하며, 이러한 현상은 문화 산업이 소비자를 쉽게 조절할 수 있는 능력을 가졌다는 분석과 거리가 멀다고 주장했다. 문화 산업은 오히려 비판적이고 식별력 있는 공중에게 필사적으로 음반을 판매하려는 산업체로 보인다는 것이다. 그에 따르면 소비란 아도르노의 주장보다 훨씬 더 적극적인 행위다. 무엇보다 아도르노의 주장은 프랑크푸르트학파에 대한 비판과 마찬가지로, 반대중주의적인 엘리트주의적 시각에 기반했다는 점에서 비판을 받는다.

예술의 신비감, 권력의 수단이 되다

독재자의 통치 전략

예술과 정치의 관계를 이야기할 때 빠지지 않고 등장하는 것이 바로 히틀러 Adolf Hitler와 바그너Wilhelm Richard Wagner, 레니 리펜슈탈Leni Riefenstahl이다. 예술과 정치, 언뜻 보기에 서로 너무나 다른 속성을 가진 두 영역은 사실상 인류 역사에서 아주 긴밀하고도 질긴 인연을 맺어왔다. 일찍이 '태양왕'이라 불렸던 프랑스의 루이 14세*는 스스로 태양과 같은 범접할 수 없는 존재가 되기 위한 정치적 계산 아래 발레를 진흥시켰다. 발레라는 예술의 아우라와 극 중 주인공에게 부여된 상징을 자신과 동일시함으로써 절대왕정을 유지한 것이다. 이는 조선 제23대 국왕 순조의 아들 효명세자가 세도정치로부터 왕실의 권위를 회복하기 위해 궁중 무용인 정재무呈才舞를 다수 창작한 사실과도 일맥상통한다.

그러나 현대사회에서 일명 '정치의 예술화'를 십분 활용해 전 세계적 파장을 불러일으킨 장본인은 누가 뭐라 해도 히틀러라 할 수 있다. 예술, 그 중에서도 바그너의 음악을 특히 사랑했던** 그는 하나의 언어와 문화를 사

---

* 프랑스 절대왕정의 상징인 루이 14세는 27편의 발레에서 주역을 맡은 발레리노로, 15세에 출연한 〈밤의 발레Ballet de la Nuit〉라는 작품에서 '태양왕' 역을 맡았는데, 여기서 그의 태양왕이라는 별명이 유래했다고 알려져 있다.
** 이 때문인지 1945년 4월 30일 아내와 함께 스스로 목숨을 끊은 히틀러가 화장될 때 국가 공식 추모곡인 베토벤의 〈7번 교향곡〉 대신 바그너의 〈지그프리트 장송곡〉이 울려 퍼졌다.

용하는 민족주의 국가를 꿈꾸며, 이를 달성하기 위한 수단으로 음악을 적극 활용했다. 그가 보기에 바그너의 음악은 독일인의 위대함을 드러내 민족의 결속력을 다질 수 있는 가장 독일적인 음악이었다. 실제로 바그너의 음악에는 독일적인 정서를 강하게 드러내는 게르만 민족의 신화와 전설 등의 소재가 다수 활용되었고, 바그너 자신도 반유대주의적 성향이 짙었다. 히틀러는 정치적 의도를 띠고 배급한 라디오를 통해 자신과 당 지도자들의 연설을 방송했는데, 연설 전에는 항상 바그너를 비롯한 독일 작곡가의 음악이 흘러나왔다.

정치적인 모든 행사를 한 편의 드라마로 연출하고자 했던 히틀러에게 바그너의 웅장하고 장엄한 음악은 정치 선전의 수단으로 안성맞춤이었다. 대표적인 예로 1934년 독일 뉘른베르크에서 열린 나치 전당대회를 기록한 1935년 다큐멘터리 영화 〈의지의 승리Triumph des Willens〉에서 히틀러기 치음 등장해 단상으로 향하는 장면에는 어김없이 바그너의 음악이 사용되었다.[*] 바로 그다음 해인 1936년 8월 1일, 베를린에서 개최된 제11회 하계 올림픽 개막식에서도 바그너 음악극에서 영감을 받은 아이디어가 적용된 한 편의 오페라 같은 장면이 연출되었다. 누구도 함부로 범접하거나 대항할 수 없는 광기와 열정, 해방과 구원, 신성함과 아우라가 어우러진 이 장면은 전 세계에 최초로 텔레비전을 통해 생중계되며 대대적인 파장을 불러일으켰다.

---

[*] 이 장면은 조지 루카스George W. Lucas 감독이 연출한 〈스타워즈 에피소드 4: 새로운 희망〉의 한 장면(솔로와 루크 스카이워커가 레아 공주로부터 훈장을 받는 장면)으로 오마주되기도 했다. 두 영화는 이 장면에서 시각적으로 동일한 배경을 연출할 뿐 아니라 같은 음악을 사용한다.

II. 예술과 사회가 만나는 방식

발레리노이기도 했던 프랑스의 왕 루이 14세의
이야기를 다룬 영화 〈왕의 춤〉의
한 장면(왼쪽)과 포스터.

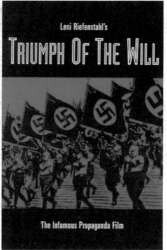

1934년 뉘른베르크에서 열린 나치 전당대회를 기록한
다큐멘터리 영화 〈의지의 승리〉의
한 장면(왼쪽)과 영문 포스터.

프로파간다가 된 영상 미학

히틀러는 뉘른베르크에서 열린 나치 전당대회를 기록한 다큐멘터리 〈의지의 승리〉에 이어, 베를린 올림픽도 〈올림피아Olympia〉라는 제목의 스포츠 다큐멘터리로 제작했다. 여기까지 보면 단순히 어떤 역사적인 사실을 기록한 평범한 영상물처럼 느껴진다. 다큐멘터리는 말 그대로 '기록 영화'이기 때문이다. 그러나 이건 우리가 아는 단순한 기록물이 아니다. 두 문제작을 연출한 레니 리펜슈탈은 그가 동원할 수 있는 모든 영화적인 기술들을 활용해 히틀러를 신성한 존재로 그려냈다. 예컨대 〈의지의 승리〉에서 그의 카메라는 히틀러를 정면이 아닌 아래에서부터 위로 잡아내며, 그 아래에는 수많은 젊은 나치 당원들의 열광하는 모습들이 담겨 있다.

독일이 제2차 세계대전에서 패전한 후, 레니 리펜슈탈은 전범으로 기소되어 재판을 받았다. 그는 자신을 변호하면서 "정치에는 관심이 없다. 지시에 따라 만든 것뿐이다. 오직 영화 미학만을 생각했다"며 무죄를 주장했다. 실제로 그는 무용가로 활동하던 시절부터 영상의 아름다움, 특히나 인간 육체가 갖는 아름다움에 매료되어 있었다. 히틀러의 아낌없는 지원으로 당시 최고의 장비를 모두 사용해 찍어낸 〈올림피아〉에는 '육체'가 지닌 강인한 힘이 담겨 있다.* 그는 결국 법정에서 무죄를 선고받았지만, 사회는 그를 용서하지 않았다. 그가 원했든 원치 않았든 〈의지의 승리〉와 〈올림피아〉는 독일 아리안족의 '우수성'을 최첨단 매체로 구현함으로써 나치 프로파간다로

---

* 영상 속에서 남성과 여성의 육체는 마치 아름다운 기계장치처럼 움직인다. 뛰는 선수들 옆에 카메라를 설치하는 등의 기법은 현재 사용되는 올림픽 중계 촬영의 기본적인 원칙을 고안해낸 것이나 마찬가지이다.

뉘른베르크 나치 전당대회와 베를린 올림픽을 다큐멘터리로 기록한
레니 리펜슈탈(위)과 그가 연출했던 〈올림피아〉의 1부(아래 왼쪽)와 2부의 포스터.

사용됐기 때문이다.[*]

바그너의 음악은 여전히 (유태인을 제외하고) 세계적으로 그 위대함을 인정받는다.[**] 리펜슈탈의 문제작들은 비록 공개적으로 언급되지는 못하지만 그 빼어난 영상미로 인해 삭제되지 않았으며, 검색만 하면 언제든 유튜브로 시청할 수 있도록 공개되어 있다. 어쩌면 이러한 예술가들의 위대하고도 빼어난 창작물들은 바로 그 탁월함 때문에 더욱더 극적으로 정치에 활용되었고, 그 효과 역시 엄청났다고 할 수 있다. 이처럼 예술이 지닌 아우라는 정치권력과 동일시되었을 때 다수의 생각과 믿음을 뒤흔들기도 한다. 예술의 엄청난 힘을 이용해 수백만의 무고한 이들을 희생시키고도 이를 정당화하고 합리화하는 것을 가리켜 예술사회학에서는 '정치의 예술화'라고 부른다.

아우라 상실의 효과

누구나 가질 수 있는 〈모나리자〉

기계와 공장의 발달로 동일한 상품을 대량 복제할 수 있게 된 기술 복제 시대에서 가능해진 문화의 대량생산에 대해, 발터 벤야민은 여느 프랑크푸르

---

[*] 흥미롭게도 인터넷에서 리펜슈탈의 〈올림피아〉를 검색하면, '다큐멘터리'가 아닌 '다큐멘터리로 포장한 선전 영화'라고 소개되기도 한다.

[**] 유태인들에게 바그너의 음악은 '죽음의 음악'으로 알려져 있다. 히틀러가 600만 유태인을 가스실에서 학살할 때 바그너의 음악을 틀었기 때문이다.

II. 예술과 사회가 만나는 방식

트학파의 학자들과는 조금 다른 견해를 보였다. 기술 복제의 긍정적 잠재성을 받아들인 그는 자본주의의 혁명적 변모에 대해 낙관적이었다. 그의 주장은 문화 이론과 대중문화 이론에 심오한 영향을 미쳤는데, 그는 자본주의가 궁극적으로 자본주의 자체를 철폐시킬 상황을 만들 수 있을 것이라고 주장했다.

벤야민의 논의에서 핵심 개념은 '아우라'라 할 수 있다. 정확하지 않지만 '분위기'와 비슷한 의미로, 전통적 예술 작품의 본질적 성격을 나타낸다. 모방할 수 없는 특유의 조건, 창조성이 증명되는 시·공간상의 독자성을 의미하는 아우라는 고급예술을 규정하는 매우 중요한 요소이다. 그에 따라 전통적 예술은 주술적이고 신비로운 성격을 띠며, 유일무이하다는 원작의 현재성과 일회성 때문에 예술 작품을 대하는 수용자의 태도는 기본적으로 작품에 대한 신비감을 내포할 수밖에 없다.

벤야민에 따르면 이러한 진품의 아우라는 기술 복제 시대가 도래함에 따라 쇠퇴하는 과정을 거치게 된다. 복사본은 원작을 따라갈 수 없기 때문이다. 그리고 '아우라'의 쇠퇴는 문화 텍스트나 생산물을 전통의 권위와 의식에서 멀어지게 한다. 기술 복제 시대에 대량으로 재생산이 가능해진 예술 작품들은 관객의 다양한 해석을 허용하며, 다른 목적으로도 사용할 수 있게 해준다. 이는 문화가 더 이상 유일하지 않을 뿐만 아니라, 이에 대한 논의가 허용되고 변화에 얼마든지 열려 있다는 것을 의미한다.

정치의 예술화에서 예술의 정치화로

기술 복제 시대에 나타나게 되는 '아우라의 쇠퇴'는 곧 벤야민이 이야기한, 정치의 예술화로부터 예술의 정치화로의 이동을 설명해준다. '정치의 예술화'란 예술지상주의를 내세우며 예술과 현대적 미디어 기술을 정치적 목적에 이용했던 파시즘의 성향을 지칭한다. 벤야민은 예술이 정치나 사회와 무관한 것이라는 일체의 예술지상주의, 달리 말해 예술의 정신화 또는 예술의 미학화에 반대하며, 이는 결국 파시즘의 이데올로기에 불과하다고 주장했다. 파시즘은 예술과 현대적 기술을 미화하고 신비화해 정치적 목적에 이용했는데, 다양한 예술적 수단과 기술을 동원해 히틀러를 신비화하고 전체주의 이데올로기를 미화했던 나치즘의 예술 정책이 그 대표적 사례라 할 수 있다.

빈면에 '예술의 정치화'는 예술의 정신화 또는 예술의 미학화와 반대되는 개념으로, 예술의 정신화·미학화에 대한 일종의 대응 전략이라 할 수 있다. 벤야민에 따르면 과거의 예술은 주술적·신비적 기능이 있어서, 대중들

요하네스 페르메이르Johannes Vermeer의 〈진주귀걸이를 한 소녀〉를 여러 방식으로 패러디한 작품들.

프랑스 루브르 미술관에 전시된 진품 〈모나리자〉를 보기 위해 모여 있는 사람들(왼쪽 첫 번째)과
복제품 〈모나리자〉를 들고 있는 사람들.

은 이를 수용할 때 작품 속에 자신을 동화시키고 등장인물과 동일시함으로써 신비적 일체감을 체험했다. 히틀러는 정치를 종교적 속성의 아우라를 가진 예술과 동일시하면서 자신의 정치에 대한 일체의 비판을 방지하고자 했다. 이러한 상황에서 벤야민은 진품이 가진 아우라를 걷어내는 복제 기술의 또 다른 기능에 주목하며, 정치의 예술화에 대항하기 위해 예술의 정치화가 필요함을 주장했다. 과거의 예술과 달리 기술 복제 시대의 예술은 진품의 역사성과 일회성을 벗어나 있으며, 주술적·제의적 기능이 아닌 단순히 그 외형적 아름다움만을 표방하는 상품적 가치와 전시적 가치를 지니는데, 이로써 대중들은 예술 작품에 일정한 거리를 두고 비판적으로 수용하는 태도를 가질 수 있게 된다는 것이 벤야민의 주장이다.

생산되고
소비되는
예술

III

반영이론과 형성이론적 접근이 갖는 설명력의 한계를 보완하기 위해 지금부터 예술 세계와 예술의 생산에 대해 살펴볼 것이다. 그전에 먼저, 지금까지 살펴본 반영이론적 접근과 형성이론적 접근이 공통적으로 지닌 한계점을 살펴본 뒤 넘어가보도록 하자. 반영이론과 형성이론 각각에 대해 설명했던 그림을 혹시 기억하는가? 예술과 사회를 이어주는 화살표가 있던 그림들 말이다. 각각 반영이론과 형성이론의 내용을 도식화해놓은 두 그림은 화살표의 방향만 다를 뿐 예술(작품)과 사회(구조)의 관계를 살펴본다는 공통점이 있다. 두 이론은 우리가 그동안 분리시켜 생각했던 예술과 사회가 어떻게 서로 영향을 주고받는지에 대해 생각해볼 수 있는 기회를 제공한다는 점에서 의의가 있다.

그러나 반영이론과 형성이론은 사회와 긴밀한 연관을 맺은 예술(작품)이 누구에 의해 어떤 과정들을 거쳐 만들어지는지는 설명하지 못한다. 우리가 보고, 듣고, 읽고, 느끼는 예술 작품은 그저 한 명의 예술가에 의해 만들어져 우리에게 전달되는 것이 아니다. 예술은 우리가 생각하는 것 이상으로 거대한 '세계' 속에서 수많은 사람들의 손길을 거쳐 탄생하며, 또 매우 복잡한 과정을 거쳐 독자·청취자·관객에게 도달한다. 우리가 살아가는 이 사회와 마찬가지로 예술 세계 안에는 나름의 규율과 관습이 존재한다. 예술 세계는 이러한 명시적·암묵적 룰에 따라 움직이며, 자신들의 역할을 수행하는 사람들이 거대하고도 촘촘한 네트워크를 형성한다. 달리 말하면 예술 세계란 우리가 직접적으로 마주하게 되는 걸작들의 보이지 않는 뒷모습이라 할 수 있다. 어떤가? 그 이면이 궁금하지 않은가? 지금부터 예술 세계라는 흥미로운 미지의 세계로 함께 들어가보자.

10. 예술 세계는 어떻게 움직이는가

고독한 예술가? 함께 만드는 예술!

'예술가'라고 하면 어떤 이미지가 떠오르는가? 아마도 대부분의 사람들은 평범하지 않은 느낌을 풍기는 천재나, 외롭고 고독한 은둔자의 모습을 떠올릴 것이다. 예술 작품은 이러한 고독한 천재 예술가 개인에 의해 만들어진다고 생각할 것이다. 우리가 보는 영화나 텔레비전 프로그램에 등장하는 화가나 작곡가, 연주자, 시인은 대개 골방이나 좁은 작업실에 홀로 지내며, 밤낮 없이 작품을 만들어내기 때문이다. 마치 영화 〈아마데우스〉 속 모차르트가 한밤중에 불현듯 떠오른 악상에 따라 종이 위에 악보를 쉼 없이 그려내는 것처럼 말이다. 그러나 정말 예술이 고독한 천재 예술가 한 명에 의해 만들어질까? 자칫 도발적으로 들릴 수 있는 이 질문은 역사 속 천재적인 예술가들의 존재를 부정하려는 것이 아니다. 그보다는 오히려, 우리 눈에 띄지 않지만 예술 작품이 만들어지고 소비되는 과정에 참여하는 더욱 많은 사람들에게 관심을 돌리기 위한 것이다.

클래식 음악을 예로 들어보자. 모차르트의 교향곡은 우리가 듣기까지 어떤 과정들을 거쳐 왔을까? 우선 모차르트가 작곡을 해야 한다. 그리고 그가 작곡한 음악을 지휘자의 지휘 아래 교향악단 연주자들이 연주해야 한다. 연주된 음악은 음반 녹음을 담당하는 기술자들에 의해 음원 형태로 전환되며, 이렇게 녹음이 완료된 CD나 MP3 파일은 음반 판매점이나 온라인 음악 서비스 사이트(앱)를 통해 소비자들에게 전달된다. 이외에도 연주에 필요한 악기들이 제작되는 과정이나, 음반 녹음을 위한 각종 기기들의 개발과 관리까지 포함하면 한 곡이 탄생하는 데는 실로 엄청나게 많은 작업이 요구된다.

이러한 맥락에서 예술은 하나의 '집합행동'이라고 할 수 있다. 예술사회학 분야의 발전에 매우 중요한 공헌을 한 하워드 베커Howard S. Becker는《예술 세계Art World》에서 이 점을 분명하게 강조한다. 베커는 예술을 "만들어지고 감상되는 작품"으로 정의하고, 예술의 창작과 그 과정에 영향을 미치는 사회적 요소들에 주목한다. 베커에 따르면 예술 세계란 예술 작품을 만들어

하나의 예술 작품 뒤에는 '고독한 천재 예술가' 외에도 수많은 참여자들이 있다. 그런 점에서 예술은 '집합행동'으로도 볼 수 있다.

III. 생산되고 소비되는 예술

낼 때 그와 관련해 전통적으로 내려오는 지식과 수단을 토대로 협력해 활동·조직화하는 사람들의 네트워크로 정의된다. 예술 세계의 각 측면은 예술을 창조하는 데 필요한 자원과 제약의 틀을 제공하며, 예술 작품은 '예술가'라 불리는 개인의 창작물이 아닌 예술 세계 전체 체계의 산물로 이해된다. 즉, 베커는 예술을 사회학적으로 이해하기 위해서는 일종의 집합행동으로 봐야 한다고 주장했다.

하워드 베커

(1928~)

미국의 사회학자이자 피아니스트, 재즈 뮤지션, 사진작가이자, 예술의 자율성을 연구 대상으로 삼은 대표 학자이다. 그의 주요 연구 성과물 중 하나인 《예술 세계》에 따르면 예술은 천재의 산물이 아니라 예술 세계라 불리는 사회 공간에 참여하는 사람들의 협업에서 비롯된 산물이다. 예술계에 대한 기존의 통념을 뒤집은 이 같은 새로운 관점을 제시한 베커는 예술사회학 분야의 발전에 주요한 영향을 미친 핵심 인물로 부상했다. 그러나 정작 베커 자신은 예술계로부터 쏟아진 비판을 의식했는지 스스로를 예술사회학자가 아닌 '직업사회학자'로 규정했다.

베커의 또 다른 대표 저작으로는 《이방인Outsiders》, 《학계의 술책》, 《사회에 대해 말하기》 등이 있다.

10. 예술 세계는 어떻게 움직이는가

예술을 여러 사람들에 의한 집합적인 행동으로 간주한다는 것은, 예술(작품)을 연구할 때 '결과'가 아닌 그것이 만들어지는 '과정'에 초점을 맞춘다는 의미다. 이는 예술이 본질적으로 갖는다고 여겨지는 내재적 속성이 아니라 그 외부에 존재하는 것들에 집중한다는 점에서 다시 한번 인문학자들의 관점과 대조된다. 예술이 독립된 예술가에 의해 만들어지는 것이 아니라 사회 속 여러 행위자들에 의해 만들어지고 분배되며 소비되는 '사회적 구성물'이라는 점을 전제하기 때문이다. 자, 이제 이러한 예술 세계라는 사회 속에서 어떤 사람들이 무슨 역할들을 담당하며 예술의 생산에 일조하는지, 예술 세계를 움직이는 자원들은 예술 작품의 생산에 어떤 가능성과 제약을 제공하는지, 그 과정에서 예술을 진정한 '예술'로 만드는 것들은 무엇인지 함께 살펴보자.

〈아가씨〉는 누구의 작품인가

예술 세계에서는 그 누구도 모든 작업을 혼자 수행하지 않으며, 모든 종류의 예술은 노동의 분업에 의존한다. 베커는 이러한 예술 세계의 분업 체계에 대해 설명하면서 작품 생산에 참여하는 인력을 핵심 인력core personnel과 보조 인력support personnel으로 구분한다.

핵심 인력은 예술 작품과 직접적 관계가 있는 창조적인 작업을 수행하는 사람들로, 예술가에게 요구되는 특별한 기술이 있으며 예술 세계의 중심부에 위치한다. 이들은 예술 작품이 만들어지는 데 가장 중요한 역할을 담당한다고 평가된다. 반면 보조 인력은 포스터를 디자인하고 음반의 녹음을 돕는 등 부수적인 역할을 담당하는 사람들로, 예술 세계의 주변부에 위치한다. 보조 인력에 해당하는 사람들은 특정 기술이나 사업적 수단 등이 덜 희귀하고, 예술적 능력이 덜하다고 여겨지며, 그에 따라 예술 세계 내에서 이들의 능력과 수단은 상대적으로 낮게 평가된다.

현대의 종합예술이라 불리는 영화를 예로 들어보자. 우리는 특정 영화에 대해 생각할 때 주로 어떤 인물들을 떠올리는가? 영화배우들의 축제라 할 수 있는 영화제 장면도 한번 생각해보자. 화려한 조명 아래 기자들의 플래시 세례를 받으며 레드카펫에서 포즈를 취하는 이들은 누구인가? 영화 포스터에 이름이 적힌 사람들은 누구였는지 기억하는가? 아주 특별한 경우가 아니라면, 이 질문들에 대한 답으로 감독과 주연 배우들을 어렵지 않게 떠올릴 것이다. 이처럼 우리가 어떤 예술 작품에 대해 생각할 때 가장 먼저 이름을 떠올리는 사람들, 인터넷에 검색할 때 가장 먼저 등장하는 사람들이 바로 그 분야의 핵심 인력이라 할 수 있다.

그러나 한 편의 영화가 제작되기 위해서는 감독과 주연 배우들 같은 핵심 인력의 역할과 노력만으로는 부족하다. 훨씬 더 많은 보조 인력이 필요한데, 조연 배우들을 포함해 촬영과 섭외, 분장과 의상, 특수효과, 포스터 제작과 홍보 등 수많은 업무들을 담당하는 사람들이 여기에 해당한다. 이들 없이는 완결된 한 편의 영화가 관람객들에게 선보여지는 일은 사실상 불가능하며, 때에 따라 보조 인력의 업무가 해당 영화를 더욱 돋보이게 만들거나 흥행 성공에 크게 기여하기도 한다. 예를 들어 영화 〈아가씨〉의 경우 영화 자체에 대한 호불호를 떠나 미술이 매우 아름답다는 것에 대해서는 이견이 없었으며, 류성희 미술감독이 칸 영화제에서 기술상에 해당하는 벌칸상을 받기도 했다.

　이런 사례들을 염두에 둔다면 누군가는 핵심 인력과 보조 인력의 구분에 대해 이의를 제기할지도 모른다. 우리가 보조 인력이라고 여기는 사람들이 사실은 작품 생산에 더 핵심적인 역할을 수행하는 것 아니냐는 반론이다. 실제로 이는 많은 논쟁들을 불러일으키며, 베커 역시 예술의 창조에 예술가뿐 아니라 다양한 재능을 가진 사람들이 공헌하지만 그들의 공헌은 대부분 인정받지 못한다고 지적한다. 베커에 따르면 이는 "무엇이 예술 활동이고 무엇이 그렇지 않은가"에 대해 사회적으로 구성된 관점에 의해 결정되

영화 〈아가씨〉 제작의 핵심 인력이라 할 수 있는 박찬욱 감독과
주연 배우들의 모습(위)과 수많은 보조 인력들의 모습.

III. 생산되고 소비되는 예술

우리는 이 영화들을 누구의 작품이라고 이야기하는가?

10. 예술 세계는 어떻게 움직이는가

는 것으로, 사회 구성원들에게 매우 당연하게 받아들여지는 일종의 이데올로기다. 앞서와 같은 반론을 제기하기 전에 우리 스스로 한번 자문해보자. 포스터들을 보고, 우리는 그 영화들을 누구의 작품이라고 이야기하는가?

핵심 인력과 보조 인력의 구분에 따른 예술 세계 내의 노동 분업은 분야에 따라 매우 다양하게 나타난다. 영화나 클래식 음악 분야와 관계된 예술 세계에서는 이러한 분업 과정이 상당히 뚜렷하게 구분되는 반면, 다른 분야에서는 분업의 경계가 상대적으로 모호할 수 있다. 예를 들어 클래식 음악 분야에서는 작곡과 연주가 분리되어 있지만, 재즈 분야에서는 특유의 즉흥 연주 사례에서 볼 수 있듯 그렇지 않다.

무엇이 예술 작품의 변화를 가져올까?

여러분이 기억하는 생애 첫 예술 작품과 가장 최근에 접한 예술 작품을 한번 떠올려보자. 순수예술이어도 좋고 대중예술이어도 좋다. 두 작품 사이에 어떤 차이점이 느껴지는가? 아니면 다른 나라를 방문해서 경험했던 예술과 한국의 예술을 비교해보자. 두 나라의 예술 작품에 차이는 없었는가? 여러 행위자들이 촘촘하게 연결되어 있는 예술 세계라는 네트워크는 여러 시대적·사회적 맥락에 따라 역동적으로 움직이며 끊임없는 변화를 거듭한다. 베커는 이러한 변화가 크게 '핵심 인력과 보조 인력의 목적 차이', '예술 작품 창작에 사용하는 재료나 악기', '이용 가능한 기술', '예술 세계 내의 전통과 관행_{convention}'이라는 네 가지 요소들에 의해 야기된다고 보았다. 이렇듯 예술 세계 안에서 생산되고 분배되는 예술 작품은 다양한 제약과 가능성에 영향을 받는다.

첫째, 핵심 인력과 보조 인력의 목적 차이는 최종 예술 작품의 생산에 영향을 미칠 수 있다. 예를 들어 클래식 음악의 경우 새로운 음악을 창조하려는 도전적인 작곡가는 가능한 한 복잡한 음계와 다채로운 편곡이 어우러진 곡을 만들고자 하는 반면, 하나의 곡을 완벽하게 숙지하고 연주해 훌륭한 연주를 해내야 하는 연주자의 경우 작곡가의 이러한 실험적인 도전에 반기를 들 수 있다. 대중가요 역시 마찬가지이다. 자신의 작곡 실력을 뽐내 최대한 고난이도의 곡을 쓰려는 작곡가와, 이를 멋진 라이브로 소화해 가창력을 선보여야 하는 가수 사이에는 이견이 발생할 수 있다. 최대한 인지도가 높고 연기력이 출중한 배우를 섭외하려는 영화감독과 제작비를 줄이고자 하는 제작자 사이에서도 의견 충돌이 생겨날 수 있으며, 논의가 어떤 결론을 맞이하느냐에 따라 최종 결과물로서의 예술 작품에는 커다란 변화가 생겨날 수 있다. 이 밖에도 사례는 무궁무진하다.

둘째, 창작에 사용되는 재료나 악기 역시 최종 예술 작품을 결정하는 중요한 요소가 된다. 튜브에 담긴 유화 물감의 발명과 88개 건반을 가진 현대식 피아노의 발명이 미술과 음악 분야에 엄청난 변화와 발전을 가져왔다는 것은 익히 알려진 사실이다. 과거 화가들은 물감을 만들기 위해 직접 안료를 만들었으며, 굳고 마르는 것을 방지하기 위해 주로 실내에서 작업을 했다. 그런데 튜브에 담긴 유화 물감과 휴대 가능한 소형 캔버스 및 이젤이 발명됨에 따라 야외에서 그림을 그릴 수 있게 되었고, 이는 '인상주의'와 같은 새로운 화풍으로 이어졌다.

우리에게 익숙한 현대식 피아노의 발명 역시 이전과 완전히 다른 새로운 음악이 탄생하는 데 일조했다. 1710년대에 만들어진 피아노는 그 시초라 할 수 있는 하프시코드harpsichord에서 발전된 형태라 할 수 있다. 두 악기 모두 현(줄)을 이용하지만 하프시코드는 줄을 뜯어서 소리를 내는 방식으로 소리가 맑고 청량한 반면, 피아노는 해머로 현을 때려 소리를 내는 방식으로 연주자가 더욱 섬세한 음량조절을 할 수 있으며, 큰 울림으로 인해 음의 크기가 커졌다. 또한 건반 수의 증가 덕분에 한정된 음역대에서만 작곡이 가능했던 제약을 벗어나 점차 더 넓은 범위의 음역대를 아우르는 곡을 만들 수 있는 가능성이 열렸다. 만약 현대식 피아노가 발명되지 않았다면, 우리는 수려하고 웅장한 베토벤의 음악을 들을 수 없었을지도 모른다.

셋째, 이외 비슷한 맥락에서 예술 작품의 창조에 이용할 수 있는 기술의 발전 역시 예술 작품의 생산에 커다란 영향을 미친다. 대표적인 사례로 SF 영화에서 자주 활용되는 컴퓨터 그래픽CG 기술을 들 수 있는데, 2009년 12월 개봉한 제임스 캐머런 감독의 영화 〈아바타〉가 아주 좋은 예가 될 수

하프시코드(왼쪽)는 현대식 피아노의 시초라 할 수 있다.

III. 생산되고 소비되는 예술

있다. 〈아바타〉는 무려 〈타이타닉〉이 개봉되기 3년 전인 1994년, 캐머런 감독이 소년 시절에 즐겨 읽었던 SF소설에서 영감을 받아 100여 쪽 분량의 영화 대본을 완성하며 시작되었다. 그는 〈타이타닉〉의 대성공 이후 자신이 소유했던 특수효과 회사를 주축으로 〈아바타〉를 제작하려 했지만, 당시의 CG 기술로는 그가 구상하는 수준의 외계 캐릭터나 배경을 만들 수 없었고, 이에 기술 발전을 기다리며 영화 제작을 무기한 연기했다. 그러다 2005년 초에 이제 〈아바타〉를 만들 수 있을 정도의 CG 기술이 완성되었다고 판단한 그가 영화 제작을 시작하면서 우리가 아는 SF 대작이 탄생하게 되었다.

넷째, 예술 세계 내에서 전해져 내려오는 전통과 관행 역시 예술 작품의 생산에 영향을 줄 수 있다. 여기서 전통과 관행이란 예술 작품의 생산 과정에서 통상적으로 적용되는 기준 또는 표준 방식이라 할 수 있는데, 우리가 일반적으로 생각하는 영화의 상영시간이나 곡의 길이, 드라마 시리즈의 편

컴퓨터 그래픽 기술로 완성된 영화 〈아바타〉 속 한 장면.

10. 예술 세계는 어떻게 움직이는가

수, 핵심 인력과 보조 인력 간 업무 분담과 소득 분배, 제작 과정 등이 그 구체적 사례가 될 수 있다. 예술 세계 내에 존재하며 명시적 또는 암묵적으로 체계화되어 있는 이러한 전통과 관행은 예술의 생산 과정이 매끄럽게 진행되도록 돕는다.

물론 모든 전통과 관행이 긍정적 영향을 미치는 것은 아니다. 오랫동안 예술계 내부의 병폐로 알려져온, 스태프 등 보조 인력들에 대한 불공정 계약이 대표적이다. 이 때문에 봉준호 감독이 영화 〈기생충〉 제작 당시 스태프 전원과 일일이 표준근로계약서를 작성하면서 근로기준법을 준수한 것이 화제가 되기도 했다. 이처럼 전통과 관행 역시 고정 불변하는 것은 아니며, 수정 또는 보완되거나 폐지되기도 하며 변화의 과정을 거친다.

'진짜' 예술로 만드는 것

우리는 앞서 예술이 천재 예술가 개인에 의해 만들어지는 것은 아니며, 사회적인 맥락에 따라 예술로 규정될 수도, 그렇지 않을 수도 있다는 사실을 배웠다. 물론 이 같은 외재적 관점에서 예술을 분석하는 것이 예술 그 자체가 지닌 힘, 우리 마음속 무언가를 건드리는 예술 고유의 특징을 설명해내지 못한다는 한계가 있다는 것도 다뤘다.

여기 하나의 사례를 통해 다시 한번 예술을 진짜 예술로 만드는 것이 무엇인지, 그 한계가 있다면 무엇인지 생각해보도록 하자. '미국이 낳은 최고의 클래식 스타'라고 하면 떠오르는 사람이 있는가? 그렇다면 당신은 클래식 음악을 좀 아는 사람일 것이다. '세상에서 가장 아름다운 50인'에 뽑히기도 했던 이 꽃미남 연주자의 이름은 바로 세계에서 가장 높은 몸값*을 자랑하는 바이올리니스트 중 하나인 조슈아 벨Joshua Bell이다.

1967년 미국 인디애나주에서 태어난 조슈아 벨은 4세라는 어린 나이에 바이올린을 시작했으며, 14세 때 이탈리아 출신의 세계적인 지휘자 리카르도 무티Riccardo Muti가 이끌던 필라델피아 오케스트라의 협연 연주자로 데뷔했고, 같은 해 '에버리 피셔 커리어 그랜트 상'**을 수상하며 클래식 음악계에 화려하게 등장했다. 데뷔 4년 만인 18세에 발매한 첫 음반으로 그래미와 그라모폰 등을 휩쓸며 곧 세계적인 스타로 부상했고, 그 후로도 섬세하고 유려하며 사려 깊기까지 한 연주자로 명성을 얻었다. 외모만큼이나 아름답고 유려한 연주 실력을 자랑하는 조슈아 벨은 정통 클래식 외 다양한 장르로 영역을 확대하는 데도 열심이어서, 1999년 개봉한 영화 〈레드 바이올린 The Red Violin〉의 음악고문이자 보이지 않는 연주자로 활약하기도 했다.

어느 면모로 보나 그는 뛰어난 예술성을 가진 예술가가 틀림없다. 그런데 이런 그가 약 한 시간가량의 연주로 고작 32달러를 벌었던 적이 있다는 사실을 아는가? 심지어 당시 그는 이미 세계적인 스타였다. 때는 2007년 1월 12일 아침, 미국에서 가장 많은 유동 인구를 자랑한다는 워싱턴의 랑팡

---

* 그의 개런티는 1분에 약 1000달러로 알려져 있는데, 한창 전성기일 때 형성된 금액임을 고려해도 당시 기준으로 엄청난 금액이었음을 알 수 있다.
** 미국의 권위 있는 클래식 음악상 중 하나로, 매해 뛰어난 기량과 장래성을 보인 클래식 연주자 다섯 명 내외를 링컨센터가 선정해 수여한다.

플라자 지하철역에 조슈아 벨이 나타났다. 그는 여느 연주회 때와는 달리, 수수한 청바지와 긴소매 티셔츠 차림으로 야구 모자를 눌러쓰고 출근길 시민들 앞에서 연주를 시작했다. 그가 연주한 곡들은 단순히 거리의 악사가 연주하기엔 의외라 할 만한 것들로, 슈베르트의 〈아베마리아〉를 시작으로 쥘 마스네Jules Massenet의 〈타이스의 명상곡〉, 마누엘 퐁세Manuel Ponce의 〈에스트렐리타〉에 이어 바흐의 〈샤콘느〉까지 총 여섯 곡이었다.

정식 연주회라면 1분에 약 1000달러를 벌 수 있는 조슈아 벨이 왜 굳이 출근길 지하철역에서 연주를 했을까? 사실 이 공연은 《워싱턴 포스트 선데이 매거진》의 기획으로, 몰래카메라까지 동원된 하나의 '실험 무대'였다. 취재팀은 시민들이 벨의 연주에 어떤 반응을 보였는지 집중적으로 조명했다. 결과는 참담했다. 벨의 바이올린 선율이 울려 퍼지던 그 시각 그곳을 지난 사람은 총 1097명. 이 중 잠시라도 음악을 들은 사람은 일곱 명으로, 그의 음악을 가장 오래 감명 깊게 들었던 이는 세 살짜리 남자아이였다. 이날 벨이 번 돈은 32달러가 전부였다. 아이러니하게도 그가 이날 연주한 바이올린은 한화 약 40억 원에 달하는 스트라디바리우스였고, 불과 이틀 전 보스

세계적인 바이올리니스트 조슈아 벨이 지하철역(왼쪽)과 공연장에서 연주하는 모습.
높은 개런티로 유명한 그가 지하철역에서 연주로 번 돈은 32달러였다.

턴에서 열린 그의 콘서트는 최하 13만 원부터 시작하는 티켓이 모두 매진될 정도로 성황리에 마무리되었다.

이 '사건'을 여러분은 어떻게 해석하겠는가? 어떤 이들은 일반 시민들이 그의 천재적인 재능을 알아보지 못했다며 우이독경이라 칭하기도 하고, 어떤 이들은 '웃지 못할 해프닝'으로 다루기도 했다. 하지만 다른 한편에서는 모두가 출근하기 바쁜 아침 지하철역에서 연주를 했기 때문에 많은 사람들이 음악에 집중하지 못한 건 당연한 결과라며, 실험 설계 자체가 잘못되었다는 비판을 내놓기도 했다. 하지만 우리는 여기서 한 걸음 더 나아가 이를 조금 더 예술사회학적으로 바라볼 필요가 있다. 조슈아 벨의 공연을 예술로 만드는 것들에는 구체적으로 어떤 것들이 있을까? 예술이라는 것은 어떠한 과정을 통해 생산되며 분배될까? 한 번 예술은 영원한 예술인 걸까? 우리는 예술에 대해 더 많은 질문들을 던지고 답을 찾으려 애써야 한다. 이어지는 11장에서 이 질문들에 대한 답을 함께 찾아보도록 하자.

11. 예술은 하늘에서 뚝 떨어지지 않는다

1970년대는 매우 다양하게 퍼져 있던 문화 생산에 대한 관점이 하나로 모아진 시기다. 당시 형성된 문화생산학파는 그 무렵 지배적이었던, 문화와 사회구조가 서로를 반영한다는 주장에 도전했다. 문화생산학파는 형성·발전 초기에 조직사회학, 직업사회학, 네트워크나 커뮤니티 연구 등으로부터 분석 도구를 비롯한 많은 부분에서 통찰력을 얻었다. 이들은 문화의 내적인 가치보다는 미술 작품이나 과학적 연구 보고서, 대중문화, 종교적 실천, 법적 판단, 저널리즘과 같이 명시적으로 나타나는 측면과, 우리가 현재 문화 산업 혹은 창조 산업이라 부르는 영역에 집중했다. 이전에는 진지한 분석의 대상으로 고려되지 않았던 이 같은 영역(명시적으로 나타나는 측면과 문화 산업 및 창조 산업)에 대한 분석을 통해, 일반적으로 문화가 전 사회적이고 불변하는 것이 아니라 상황적이고 급격한 변화의 가능성을 지닌 것임을 밝혀냈다.

문화생산학파가 연구하고 주장했던 주요 내용들 중 우리가 중점적으로 살펴보아야 할 것은, 문화의 상징적 요소들이 창조·분배·평가·학습·유지되는 체계 내에서 형성되는 방식이다. 문화생산학파는 문화와 사회구조가 지속적으로 상호작용하는 하나의 역동적 과정이라고 인식했고, 문화가 생산되는 사회적 과정에 초점을 맞추었다. 이 장에서는 문화생산학파의 관점을 견지했던 여러 학자들의 연구 사례를 살펴보고, 이를 통해 예술 작품이 시장구조와 시대적 흐름, 나아가 예술 세계를 움직이는 주요 행위자들의 의사결정에 의해 어떻게 조정·변화되어 최종적으로 수용자에게 전달되는지를 확인하고자 한다. 늘 소비자의 입장에 서 있었기에 잘 알지 못했던 부분들을 함께 알아가보자.

사진이라고 다 같은 사진이 아니다

시장구조를 비교하는 것은 문화적 요소의 구성에 시장구조가 미치는 영향을 보여주기 위한 것으로, 비슷하지만 다른 시장구조 시스템을 분석하는 연구들이 이러한 연구 경향에 해당한다. 이와 관련된 사례로는 두 가지를 들수 있는데, 하나는 서로 다른 세 성격의 시장구조에서 일하는 사진가들을 분석한 바버라 로젠블룸Barbara Rosenblum[1]의 연구이고, 다른 하나는 미국 맨해튼의 클래식 음악 시장을 분석한 새뮤얼 길모어Samuel Gilmore[2]의 연구이다.

여러분은 '사진가'라는 직업을 떠올렸을 때 구체적으로 누가 떠오르는가? 로젠블룸은 사진 찍는 일을 하는 사람들이 각기 몸담는 시장구조에 따라 요구받는 태도와 자질이 다르다는 것에 주목했다. 그의 분석에 따르면 일간지 사진기자의 경우, 뉴스의 내용을 얻기 위해 필요한 끈기와 용기 등이 무엇보다 중요한 태도와 자질로 여겨진다. 반면 패션 잡지 사진가의 경우, 스스로 표현해낸다고 믿는 일련의 틀을 형성해내는 작업을 중시하는데, 국내에서도 패션 잡지 사진가라는 직업에 대해 '광고 사진 분야는 단순히 사실을 표현하는 것이 아니라 특정한 이미지를 전달해야 하는 전문적인 분야'라고 설명한다. 한편 예술 사진 작가는 '작가'라는 용어에서 알 수 있듯 앞서의 두 경우와 전혀 다른 맥락을 갖는데, 이들은 다른 사진가로부터 자신의 작품이 예술적이라고 여겨지는 정도, 비평가로부터 받는 평가, 작품의 수준에 관심을 둔다.

각각 뉴스·패션·예술 사진의 촬영 현장. 바버라 로젠블룸에 따르면 사진가가 요구받는 태도와 자질은 그 사진가가 몸담는 시장구조에 따라 달라진다.

III. 생산되고 소비되는 예술

길모어는 뉴욕 맨해튼에 있는 독립적인 클래식 음악 시장 세 곳을 분석해, 각각의 시장에서 중요하게 여겨지는 가치, 중심이 되는 장르 등이 어떻게 다르게 나타나는지 살펴보았다. 맨해튼은 크게 업타운uptown과 미드타운midtown, 다운타운downtown의 세 지역으로 구분된다. 업타운 중 특히 센트럴파크의 서쪽에는 컬럼비아대학교가 위치하고 있고, 주로 젊은 층이 많이 살며 활기찬 분위기를 띤다. 미드타운은 맨해튼의 중심 상업지구로, 엠파이어스테이트빌딩, 타임스퀘어, 브로드웨이 등 뉴욕에서 가장 잘 알려진 명소들이 모여 있으며, 상업과 뉴욕 생활문화의 중심이자 세계의 유행이 만들어지는 곳이다. '뉴욕의 심장'이라 할 수 있는 다운타운은 시청을 비롯해 UN 본부 등 다수의 연방정부 건물과 관공서, 각종 금융기관 등 세계 경제를 움직이는 월스트리트가 위치하고 있는데, 특히 서쪽의 소호 지역은 예술가들의 지역으로 유명하다.

길모어의 분석에 따르면 업타운의 '아카데믹' 시장은 컬럼비아대학교 주변에 형성되어 있으며, 학생들을 관객으로 두는 작곡과 교수들로 이루어져 있다. 따라서 이 시장은 학계에서 인정받는 다양한 음악적 혁신을 꾀하는 것에 관심을 두며, 최근 유행하는 정전 내에서 혁신적인 변주에 초점을 맞춘다. 반면 미드타운의 링컨센터 주변에 형성된 클래식 음악 시장은 이미 사망한 유명 작곡가의 음악을 연주하는 대규모 오케스트라와 유명 연구자들로 구성되어 있으며, 이 시장에서는 높은 수준의 연주와 곡에 대한 해석을 중요하게 생각한다. 다운타운의 그리니치 마을에 위치한 소호에는 아방가르드 작곡가들이 주로 거주하는데, 이들은 업타운과 미드타운의 시장을 거부하며 새로운 것으로 인식되는 음악을 강조한다.

뉴욕 미술계의 변화, 1940~1985

문화생산학파의 두 번째 연구 경향은 시간의 흐름에 따른 시장구조의 변화를 살펴보는 것이다. 이러한 연구를 수행한 학자들은, 예컨대 미술 시장과 같은 단일한 시장구조 안에서 시간의 흐름에 따라 큰 변화가 있는 예술 작품의 생산을 연구했다. 이를 가장 잘 보여주는 책으로 다이애나 크레인Diana Crane의 《아방가르드와 미술시장The Transformation of the Avant-Garde》을 들 수 있다. 크레인은 이 책에서 약 45년 동안 일어난 일곱 가지 대표적인 예술 스타일 (1940년대 추상표현주의, 1960년대 초기의 팝아트와 미니멀리즘, 1960년대 말의 구상회화, 1970년대 초기의 극사실주의와 패턴 페인팅, 1980년대 초기의 신표현주의)에 초점을 맞춰 뉴욕 미술계 내부에 대한 설명뿐 아니라 직업사회학과 문화경제학, 문화사회학 측면에서 풍부하고 흥미로운 설명을 제공한다.

크레인에 따르면 제2차 세계대전 이후 약 40년은 미국 미술사에서 매우 독특한 시기로 평가된다. 이 시기 뉴욕은 추상표현주의를 시작으로 아방가르드 예술의 세계적 중심지가 되었고, 해외 예술가들이 널리 모방하는 스타일은 물론 수많은 해외 컬렉터와 미술관이 실제로 구매하는 작품들을 생산하게 되었는데, 이러한 급속한 성장은 이 시기 이루어졌던 미국 미술계의 대대적인 팽창과 관련된다. 가령 1940년대에는 미국 현대미술을 전문적으로 거래하는 갤러리가 대략 스무 곳 정도였고, 그 당시 아방가르드 미술을 수집하는 컬렉터들은 12명을 넘지 못했다. 추상표현주의 작품을 최초로 전시한 갤러리들 중 하나였던, 페기 구겐하임Peggy Guggenheim이 운영한 '금세기 미술

화랑The Art of this Century Gallery'을 찾는 사람은 소수에 불과했다.

그러나 1977년, 20세기 미국 미술을 취급하는 갤러리의 수는 1949년에 비해 세 배 이상 성장했다. 1970년대에는 전문 컬렉터의 수가 대략 1000명을 넘어섰고,[3] 이 기간 뉴욕에서 해마다 전시회를 개최한 아티스트의 수 역시 두 배 이상 증가했는데,* 이와 관련해 베티 체임벌린Betty Chamberlain[5]은 해를 거듭할수록 심해지는 전시 공간 부족 현상을 지적하기도 했다. 또한 1940~1980년 미국에서는 미술관 수가 실질적으로 증가했으며, 추상표현주의자들(화가들)의 26퍼센트는 통화량이 수축했던 20년 동안(1960~1982) 작품의 경매가 500퍼센트 이상 상승하는 경험을 했다. 1940년대까지 여러 지역의 미국인들이 아방가르드 미술의 존재 자체를 알지 못했던 것과 비교하면, 이러한 변화는 엄청난 차이라고 할 수 있다.

그렇다면 이 기간에 발생한 미술 시장의 팽창을 어떻게 설명할 수 있을까? 크레인은 그 원인을 미술 시장 '외부의' 몇 가지 요인들에서 찾는다. 첫 번째 요인은 전후 기간에 이뤄진 교육기관의 성장과 대학 교육 기회의 확대이다. 대학(원) 수준에서 행해진 예술 프로그램은 해당 교육을 받은 사람들의 문화 활동 참여도와 미술관 방문 빈도를 늘렸다.[6]

두 번째 요인은 예술이 정치적 기반을 획득한 것과 연관된다. 이 시기 연방과 주 정부의 고위 관료들은 예술을 종교나 교육처럼 유권자의 이익을 증대시키는 사회적 필수품으로 인식했으며,[7] 이는 막대한 예술기금의 조성

---

* 당시 인구 통계청의 자료에 따르면, 1970년 미국에서 60만 명이 스스로가 예술가로 활동한다고 응답했고, 1980년에는 그보다 약 67퍼센트 증가한 100만 명이 예술가로 활동한다고 응답했다.[4]

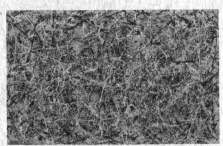

잭슨 폴록, 〈넘버31〉(1950).
1940년대 추상표현주의는 미국 회화사상 가장
중요하고 영향력 있는 회화의 한 형식으로,
일반적으로 1940~1950년대 미국 화단을
지배했다.

로이 리히텐슈타인, 〈쾅!〉(1962).
1960년대 초기 팝아트는 미국 화단을 지배했던
구상회화의 한 경향이다. '팝Pop'이라는 명칭은
'파퓰러Popular'에서 유래했으며, 일상생활에
범람하는 대중적인 기성 이미지에서
제재(예술 작품의 주제가 되는 재료)를 취했던
미술의 경향을 일컫는다.

프랭크 스텔라, 〈이성과 치사함의 결합 II〉(1959).
1960년대 초기 미니멀리즘은 1950년대 후반부터
미국에서 나타난 미술 경향이다. 작가의 감정과 주관이
지배적인 추상표현주의와는 반대로, 최소한의 조형
수단을 사용하며 극도의 몰개성을 지향한다.

알렉스 카츠, 〈붉은 미소〉(1963).
1960년대 말의 구상회화는 구상적·재현적·사실주의적
경향의 구상 미술 중 회화만을 가리킨다.
현실 세계의 대상 혹은 실재할 법한 대상을 창의적으로
표현하며, 추상회화와 대립하는 개념이다.

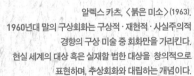

척 클로스, 〈자화상〉(1968).
1970년대 초기 극사실주의는 1960년대 후반
미국에서 일어난 새로운 미술 경향으로, 주로
일상적인 현실을 지극히 생생하고 완벽하게
묘사하는 것을 특징으로 한다.
포토리얼리즘, 슈퍼리얼리즘, 래디컬 리얼리즘 등
여러 명칭으로 불리기도 한다.
주관을 적극 배격하고, 어디까지나 중립적인
입장에서 극명한 화면을 구성하는데, 주로 의미
없는 장소, 친구, 가족 등이 대상으로 선택된다.

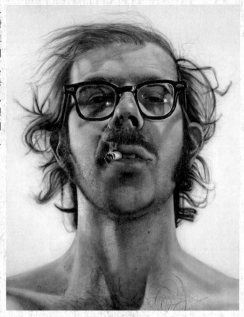

미리엄 샤피로, 〈부채〉(1979).
1970년대 초기 패턴 페인팅은
하나의 익숙한 형태를 화면 전체에
반복해 그리는 회화를 일컫는다.
1970년대 중반부터 1980년대 초에 중요한
경향을 이루었던 미술 운동인
'패턴과 장식(P&D)'과 관련된다.

장미셸 바스키아, 〈할리우드 아프리카인〉(1983).
1980년대 초기 신표현주의는 모더니즘과
개념 미술에 반발해 나타난 미술이다. 전통적이며 쉽게
이해할 수 있는 형식과 격렬하고 감정적인 내용으로,
1980년대의 미술 시장이 폭발적인 호황을 누리는 데
일조했다.

으로 이어졌다. 세 번째는 매스미디어가 예술에 대해 집중 조명하면서 여가 시간에 예술 기관(미술관 등)을 방문하는 사람들이 증가함에 따라 자연스레 예술 기구들이 늘어났기 때문이다. 결국 이는 연방정부와 주 정부, 기업으로부터 기금을 끌어왔으며, 나아가 경매 시장의 탄생까지 포함하는 더 큰 확장으로 이어졌다는 것이 크레인의 분석이다.

이처럼 크레인은 시간의 흐름에 따른 미술 시장 팽창의 원인을 찾기 위해 미술 시장 내부뿐 아니라 외부에까지 주목했으며, 예술가 이외의 다양한 조직들과 행위자들, 예컨대 갤러리, 경매 회사, 미술관, 딜러, 큐레이터, 컬렉터, 비평가 등으로 촘촘하고 긴밀하게 형성된 네트워크가 어떻게 확장을 거듭하며 뉴욕 미술계의 성장에 기여했는지 보여준다.

게이트키핑을 통과하라!

예술은 집합적인 행위이다. 따라서 아무리 실력이 뛰어난 화가나 시인, 작가나 영화감독이라 하더라도 그가 속한 예술 세계 안에서 중요한 위치를 차지하는 사람들이나 조직에 의해 인정받지 못하면 꾸준히 작업을 이어나가거나 작품을 내놓기 어렵다. 실제로 예술가의 창조 활동이 최종적인 예술 작품의 형태로 미술관, 공연장, 영화관 스크린, 텔레비전 화면에 비춰지기 위해서는 수많은 의사결정의 과정을 거치는데, 그러한 과정에서 예술 작품은 애초에 예술가가 기획했던 방향과 다른 모습을 띠게 되거나, 때에 따라서는 세상의 빛을 보지 못하고 사장되기도 한다. 예술의 생산을 연구하는 학자들은 이처럼 예술 세계 안에서 벌어지는 인정과 거부, 재해석 작업에 주목하는데, 여기서는 가장 대표적인 두 가지 주제라 할 수 있는 '게이트키핑gatekeeping'과 '결정의 연쇄decision chains'를 함께 살펴보도록 하자.

"저는 그냥 '시팔이'예요"

여기, 두 시인이 쓴 시들이 있다. 이 중 누구의 시가 여러분의 마음을 울리는지 한번 같이 음미해보자. 먼저 첫 번째 시인의 시를 보자.

> 울지 마라 / 외로우니까 사람이다 / 살아간다는 것은 외로움을 견디는 일이다 / 공연히 오지 않는 전화를 기다리지 마라 / 눈이 오면 눈길을 걷고 / 비가 오면 빗길을 걸어가라 / 갈대숲에서 가슴 검은 도요새도 너를 보고 있다 / 가끔은 하느님도 외로워서 눈물을 흘리신다 / 새들이 나뭇가지에 앉아 있는 것도 외로움 때문이고 / 네가 물가에 앉아 있는 것도 외로움 때문이다 / 산 그림자도 외로워서 하루에 한 번씩 마을로 내려온다 / 종소리도 외로워서 울려퍼진다[8]

어떤가. 잠시 사색에 잠겨 과연 삶과 외로움이 무엇인지 생각해보게 되지 않는가? 평소 시와는 거리가 멀었던 사람도, 왠지 이 시를 읽고 나면 공연히 마음 한구석이 아릿해지거나 따뜻하게 위로받는 듯한 느낌이 들 것이다. 설령 이 시 전체를 알지 못하더라도 "외로우니까 사람이다"라는 문구는 누구나 한 번쯤 들어보았을 것이다. 그렇다. 너무도 유명한 이 시는 자타공인

11. 예술은 하늘에서 뚝 떨어지지 않는다

한국을 대표하는 시인인 정호승의 〈수선화에게〉이다. 1972년 등단한 정호승 시인은 그의 명성만큼이나 화려한 이력을 자랑한다.

1976년 경희대학교 문리대학 국문학과를 졸업하고, 1985년 동대학교 대학원에서 국문학과 석사를 받은 정호승 시인은 대학생이던 1972년 《한국일보》 신춘문예에 동시 〈석굴암을 오르는 영희〉가, 1973년에 《대한일보》 신춘문예에 시 〈첨성대〉가, 1982년 《조선일보》 신춘문예에 단편소설 〈위령제〉가 당선되며 화려하게 문단에 등장했다. 시집 《슬픔이 기쁨에게》, 《서울의 예수》, 《새벽편지》, 《별들은 따뜻하다》, 《외로우니까 사람이다》, 시선집 《흔들리지 않는 갈대》, 《내가 사랑하는 사람》 등이 있으며, 어른을 위한 동화집 《연인》, 《항아리》, 어른을 위한 동시집 《풀잎에도 상처가 있다》, 산문집 《정호승의 위안》 등 많은 작품을 발표했다. 또한 1989년 소월시문학상과 1997년 동서문학상, 2000년 정지용문학상을 포함해 총 여섯 번에 이르는 수상 경력도 있다.

정호승 시인의 이처럼 엄청난 이력을 알게 되면, 누구나 다시금 그의 시를 되짚어 살펴보게 된다. 누군가는 당장 서점으로 가 그의 시집을 구매할 수도 있고, 누군가는 맘에 드는 시구를 적어 지갑이나 다이어리 속에 넣어 둘지도 모른다. 이 대단한 시인이 써내려간 문구들로부터 어떤 중요한 의미나 인생의 진리를 발견하려고 애쓸지도 모른다. 무엇이 그를 많은 사람들에게 사랑받는 예술가로 만들었을까? 우선 우리는 정호승 시인의 타고난 감성과 뛰어난 시심, 그것을 아름다운 글로 담아내는 집필 능력을 핵심 요소로 꼽을 수 있을 것이다. 또 다른 이유는 없을까? 잘 생각나지 않는다면 그가 언제 시인이라는 이름을 부여받았는지, 즉 그가 시인이 된 시작점으로 돌아가보자.

눈치 빠른 독자라면 바로 '신춘문예'와 '등단'이라는 단어를 떠올렸을 것이다. 매해 초 신문사에서 주로 신인 작가 발굴을 목적으로 벌이는 문예 경연 대회를 일컫는 신춘문예는 오랫동안 한국 사회에서 '정식' 혹은 '진정한' 작가가 되는 등용문으로 기능해왔다. 신춘문예에 당선된다는 것은 곧 그가 '공식적인' 작가로 인정받는다는 것을 의미했고, 신춘문예에 당선된 사람들에게 우리는 '작가', '시인'이라는 이름을 부여해왔다. 바꿔 말하면 신춘문예에 당선되지 않는 한 인정받는 작가가 될 수도, 소설이나 시가 예술 작품으로 인정받을 수도 없다는 의미인데, 이처럼 특정 문화의 영역으로 개인이나 그 작품을 받아들일지 판단하는 작업을 게이트키핑이라 부른다.

물론 오늘날 점점 이러한 등단 시스템을 거치지 않고 자신만의 시집이나 에세이집, 소설 등을 출간하는 사람들이 독자와 대중들로부터 사랑을 받고 인기를 얻어 베스트셀러 작가가 되는 경우를 쉽게 찾아볼 수 있다. 때로는 SNS에 올린 글들이 이슈가 되어 책으로 엮여 출간되는 경우도 있는데, 우리가 살펴볼 두 번째 시인의 작품들이 그 대표적 사례다.

벌써?[9]

"잠깐, 이게 다라고?" 누군가는 이 시를 보고 이렇게 이야기할 수 있다. '벌써?'라는 한 단어가 시라니! 앞서 정호승 시인의 시 〈수선화에게〉를 본 독자들은 더욱 당황할 것이다. 누군가 장난을 친 것이라고 생각할 수도 있다. 그러나 이 시의 제목이 〈월요일〉인 것을 알면, 박장대소와 함께 이를 시라고 인정할 수 있을 것이다.

물론 어떤 독자들은 절대 인정할 수 없다고 이야기할지도 모른다. "짧게 쓰면 다 시인가?"라고 냉소할 수도 있고, 그저 청년세대 사이에서 유행하는 하나의 유머로 받아들일 수도 있다. 실제로 이러한 '뜨거운 반응'을 의식했는지, 아니면 한국 사회에서 여전히 공고하게 작용하는 등단 시스템을 인지해서인지, 〈월요일〉을 쓴 SNS 시인 하상욱은 스스로 절대 시인이라 칭하지 않는다. 대신 그는 SNS에서 자신을 이렇게 소개했다.

저는 고매한 시를 쓰는 시인이 아니에요. 저는 그냥 '시팔이'예요.[10]

그가 시인을 자처하지 않는 이유는, 자신의 시가 기존 한국 시 문학의 범주에 포함되지 않는다고 여기기 때문이다. 그에 관한 정보를 인터넷에서 찾아보면, 그의 이러한 자평에 대해 "애초에 실제로 등단이 되지 않았기 때문에 시인이 아니기도 하다"는 부연 설명이 제시되어 있다. 혹자는 그가 한국 시 문학을 존중한다는 점에서, 주류 문학계의 비판에 시달리는 다른 대중 시 작가들과 달리 독립된 새로운 영역을 개척했다고 호평한다. 그러나 누군가는 시인으로서 문학적 비판을 받는 것은 회피하면서 시인으로서의 행보를 걷고 시집을 내는 것이 모순이라고 지적하기도 한다.

현재 그의 시 〈애니팡〉(서로가 소홀했는데/덕분에 소식듣게 돼)은 2011년 개정 교육과정 고등학교 교과서 《독서와 문법》에 실려 있다. 여러분은 그와 그의 시에 대해 어떻게 생각하는가? 오늘날의 예술계를 살펴보면 점차 생산자와 소비자, 즉 예술가와 독자 사이의 경계가 허물어지고 있음을 알 수 있다. 그

III. 생산되고 소비되는 예술

동안 독자와 관객의 위치에 머물러 있던 많은 일반 대중들이 블로그와 트위터, 인스타그램 등의 SNS를 통해 자신만의 작품을 업로드하며 프로슈머 prosumer [*] 로서의 역할, 나아가 전문 작가로의 전업을 감행하기도 한다. 카카오가 제공하는 서비스 '브런치brunch'에는 예비 작가를 꿈꾸는 일반 대중들이 자신들의 이야기를 담은 글들을 꾸준히 올리며 나름의 작품 활동을 이어가기도 한다. 작가의 정체성과 예술 작품의 지위를 둘러싼 논쟁은 여전히 진행 중이며, 앞으로 이 논쟁의 결말이 어떻게 날지 귀추가 주목된다.

시작과 끝이 다른 예술

앞서 살펴본 '게이트키핑'이 특정 개인과 작품의 예술 영역 진입을 허용할지 여부에 대해 결정하는 일종의 '문지기' 역할과 관련된다면, '결정의 연쇄'는 예술이 생산되는 과정에 관여하는 의사결정자의 영향력에 의해 음악이나 영화, 텔레비전 프로그램 등 예술 작품이 처음 기획과 다르게 변하는 현상을 지칭한다. 이 현상은 특히 많은 사람들의 협업으로 생산되고, 수많은 단계와 과정을 거치는 대중문화 산업에서 빈번하게 나타나는데, 대표적인 분야로 드라마와 영화를 들 수 있다.

여기서는 2014년 9월 13일에 방영된 tvN 〈SNL 코리아〉 홍진경 편에 등장한 '건축학개론'을 사례로 들어 설명해보고자 한다. 개그 프로그램답게 이 방송에서는 2012년에 개봉해 큰 인기를 끈 동명의 영화 〈건축학개론〉을

---

[*] 'producer'(생산자)와 'consumer'(소비자)를 합친 말로, 기업의 제품 개발에 직간접적으로 참여하는 '생산적 소비자'를 뜻한다.

패러디했는데, 애초에 기획된 영화의 줄거리, 출연하기로 했던 주연 배우, 영화에 사용된 배경 음악 등이 '투자자'라는 영향력 있는 존재의 개입과 압력에 의해 어떻게 드라마틱하게 변화될 수 있는지를 코믹하지만 날카롭게 그려낸다. 배우 홍진경은 여기서 '투자자' 역과, 원작에서 배우 수지가 열연했던 주인공 '수연' 역을 맡았다.

방송은 극 중 영화감독이 투자자에게 인사를 건네는 것으로 시작한다. 무려 50만 원이라는 거금을 자신의 영화에 투자해주어 감사하다는 것이다. 이때 투자자가 "근데 주인공은 누구"냐고 묻는다. 감독이 자신 있게, "요즘 최고로 핫한 걸그룹 미스에이의 수지"가 주인공이라고 하자, 투자자는 난색을 표한다. 그리고는 "50에 50 더 얹어 100만 원을 맞춰줄 테니" 주인공을 바꿔달라고 한다. 감독은 어쩔 수 없이 주인공을 바꾸게 되고, 그렇게 완성된 영화를 투자자에게 선보인다. 그러자 극 중 김치 사업을 하는 '투지지'는

〈SNL 코리아〉 홍진경 편에 등장하는 에피소드
'건축학개론'은 동명의 영화를 패러디한 것으로,
예술작품의 생산 과정에 무수한 행위자들이 개입한다는
사실을 풍자적으로 보여준다.

III. 생산되고 소비되는 예술

(홍진경은 실제로도 김치 사업을 하는 것으로 알려져 있다) 자신이 투자한 흔적이 보이지 않는다며, 영화에 김치를 살짝 넣자고 주장한다. 이에 감독은 울며 겨자먹기로 주인공들이 함께 사용하는 CD 플레이어와 이어폰, 남자 주인공의 넥타이에 무와 무청, 총각김치를 배치한다.

이때부터 영화는 본격 코미디가 되어간다. 이제 영화가 마음에 드냐고 묻는 감독에게, 투자자는 이번엔 음악(전람회의 〈기억의 습작〉)이 좀 처지는 것 같다며 교체를 요구한다. 자신이 투자한 100만 원의 흔적이 전혀 보이지 않는다는 말과 함께. 이에 감독은 또다시 영화를 수정해 해당 장면의 음악을 남성 듀오 노라조의 〈김치〉로 바꾼다. 이를 본 투자자는 "이제 좀 영화가 괜찮을 것 같다"고 말하고 감독은 얼굴에 화색이 돈다. 그러나 투자자는 이내 영화의 배경이 조금 밋밋하다며 추가 수정을 요청하고, 감독은 또다시 영화를 수정해 두 주인공 뒤로 김장 김치를 담그는 여성 세 명이 등장하게 된다. 그 이후에도 투자자는 계속해서 김치에 대한 더 많은 정보를 넣도록 요구하고, 최종적으로 완성된 영화는 처음 기획했던 〈건축학개론〉에서 김치를 판매하는 홈쇼핑 광고 영상으로 바뀌고 만다.

예시로 든 사례는 코미디적 요소를 극대화하기 위해 다소 터무니없어 보이는 설정을 집어넣었지만, 현실에서도 영화 제작에 중요한 역할을 담당하는 행위자들에 의해 배우나 배역, 영화의 줄거리, 배경 음악을 비롯한 기타 다양한 요소들이 변화하는 사건이 수시로 발생한다. 그 결과는 애초에 기획했던 것보다 훨씬 더 뛰어난 작품성과 대중적 성공으로 이어지기도 하고, 반대로 기대에 훨씬 못 미치는 실패작이 되기도 한다. 여기서 무엇보다 중요하게 기억해야 할 사실은, 오늘날 예술 작품이 창조되고 생산될 때 예술가 혼자서 처음 생각했던 대로 작품을 만들어내는 것이 아니라는 점이다. 그 과정에는 무수한 행위자들이 개입하고 영향을 미치며, 이를 거쳐 최종적인 결과물로서의 작품이 만들어진다.

어떤 예술가가 이름을 남길까?

오늘날 예술을 직업으로 삼는 많은 이들이 진정한 예술가로 인정받기 위해, 혹은 스타 예술가로 성공하기 위해 치열한 싸움을 벌인다. 예술 세계는 사회의 다른 영역들에 비해 유난히 '승자 독식'의 성격이 강한 곳이다 보니, 이 전쟁터에서 누가 살아남을지 예측하고, 스타가 된 예술가들의 성공 요인을 분석하는 일은 언제나 초미의 관심사이자 주된 연구 주제였다. 과연 예술 세계 내에서 한 명의 예술가가 성공하려면 무엇이 필요할까? 기본적으로 타고난 재능과 쉼 없는 노력이 필요할 것이다. 어떤 사람들은 운 역시 중요한 요소라고 생각할 수 있다. 또 무엇이 있을까? 예술의 생산 분야와 관련해 연구를 수행하는 학자들은 타인과의 관계, 지속적인 경력 관리가 예술가의 성공은 물론 사후 명성에까지 핵심적인 영향을 미친다는 점을 지적한다.

실제로 오늘날 우리가 아는 유명한 남성 화가들의 뒤에는 그들을 조용히 내조한 아내들이 있었다. 책《화가의 아내》와《화가의 빛이 된 아내》에는 렘브란트와 밀레, 마네, 세잔, 르누아르, 모네, 고갱, 피카소 등 19명의 서양 화가들, 김환기, 이응노, 문신, 박수근, 이중섭 등 10명의 국내 화가들과 함께했던 아내들에 관한 이야기가 실려 있다. 두 책의 저자들은 남성 화가들의 화려한 명성 뒤에 가려져 있던 아내들의 삶을 세세하게 밝혀내어, 이 시대 거장들을 탄생시킨 숨은 공로자들의 역할이 얼마나 중요했는지 보여준다. 이들이 아니었다면 그들의 이름과 작품은 역사의 뒤안길로 사라졌을지도 모른다.

예술가의 경력 관리, 특히 예술가 사후의 경력 관리가 그의 지속적인 명성에 얼마만큼 큰 영향을 미치는지는, 상대적으로 이름을 남기지 못한 화가의 사례를 통해 더욱 극명하게 드러난다. 여러분은 에두아르 마네_{Édouard Manet}에 대해 잘 알 것이다. 인상주의의 선구자였던 그의 명성과 작품들, 사적인 이야기들까지 그에 대한 정보들은 차고 넘친다. 그렇다면 혹시 베르트 모리조_{Berthe Morisot}라는 화가에 대해서는 아는가? 상대적으로 생소한 이름의 이 화가는 마네의 '뮤즈'이자 제자, 연인으로 더욱 잘 알려져 있다. 마네와 서로 사랑하는 사이였지만 기혼인 마네 때문에 가슴앓이를 하다가 엉뚱하게도 그의 동생과 결혼한 사연까지 더해지면서, 모리조에 대한 이야기는 '인상파 유일의 여성 화가'가 아닌 '막장 러브 스토리'에 관한 것으로 소비되고 말았다.

국내외 유명 남성 화가들과
함께했던 아내들의 이야기를
담은 두 책.

11. 예술은 하늘에서 뚝 떨어지지 않는다

유복한 가정에서 태어나 훌륭한 가정교육과 미술교육까지 받으며 화가가 되었고, 사람들의 시선을 한 몸에 받을 정도로 뛰어난 외모와 지적 능력, 예술성까지 모두 지녔던 모리조는 남성 화가들만 즐비했던 시절, 유일하게 인상파 전시에 작품을 낸 여성 화가다. 그는 총 8회에 걸쳐 개최되었던 인상파 전시 중 일곱 번을 참가했는데, 그중 단 한 차례 불참했던 이유도 출산으로 알려져 있어, 그림에 대한 그의 열정이 얼마나 대단했는지 보여준다. 그의 증조부는 로코코 미술의 대가였던 프라고나르Jean-Honoré Fragonard로, 어려서부터 그림 가까운 곳에서 삶을 보냈던 모리조는 20대 초반부터 성공적인 경력을 쌓아 공식 살롱에 여섯 번이나 입선하기도 했다.

　　인상파의 일원이 된 이후로 모리조는 인상파의 주축이었던 모네, 르누아르, 드가 등과 함께 동료로서 가깝게 지내며 그림 활동에 전념했다. 이후 다른 인상파 화가들이 새로운 화풍을 추구하며 떠날 때도 자신만의 화풍을 유지하면서 인상파 화가로서의 입지를 공고히 했다. 화가로서 누구보다 치열한 삶을 살았으며, 여느 남성 화가들에 못지않은 화려한 경력과 뛰어난 실력을 겸비했던 모리조는, 그러나 우리의 기억 속에 선명하게 남아 있지 않다. 아마 마네와의 러브 스토리가 아니었다면, 그가 다른 인상파 남성 화가들과 절친하게 지내지 않았다면, 그가 화가였다는 사실조차 알려지지 않았을 수도 있다. 당시 여성이라는 이유로 평론가들 사이에서 과소평가되고, 때로는 마네의 '창녀'라고 불리는 치욕을 당했다고 하니, 사후 그의 경력 관리에 힘을 쏟아줄 누군가가 없었다는 것도 어찌 보면 당연한 일인지도 모른다.

　　그러나 아이러니하게도, 모리조는 마네가 1883년 세상을 떠난 뒤 여느 사람들처럼 그저 추억하고 슬퍼하기보다는 그의 명성을 지켜주기 위해 온

에두아르 마네의 〈제비꽃 다발을 든 베르트 모리조〉(1872, 왼쪽)와 베르트 모리조의 〈접시꽃과 어린아이〉(1881).
마네의 사망 후에도 아내와 동료들, 그리고 모리조는 마네의 작품들이 빛을 발하도록 힘써주었다.
그러나 모리조에게는 누가 있었는가?

갖 노력을 기울였다. 또 다른 인상파 화가였던 클로드 모네 등과 함께 1884
년 마네의 전시회를 기획하는 것은 물론이고, 경매에서 팔리지 못한 마네의
작품을 사들였다. 마네의 문제작 〈올랭피아〉를 판매할 때 도움을 준 것도
모리조였다. 나아가 모리조는 드가가 개인 소장품으로 미술관을 세우려 할
때 마네의 작품을 포함시키도록 만드는 등 그가 할 수 있는 한 마네의 이름
과 작품들이 끝까지 남아 세상의 빛을 보도록 하는 데 힘썼다. 마네에겐 그
의 아내와 동료들, 모리조가 있었다. 그러나 모리조에겐 누가 있었는가? 모
리조에게도 경력을 관리해줄 누군가가 있었더라면 오늘날 상황이 조금은
달라지지 않았을까?

예술가는 무엇으로 보상받는가?

예술 세계 내에서 이루어지는 보상 체계에 관한 연구도 문화생산학파 학자
들이 수행했던 대표 연구들 중 하나이다. 다이애나 크레인[11]은 전문가들이
창조적이 되도록 동기를 부여하는 보상 체계는 예술·과학·종교 영역에서
모두 비슷하다고 이야기하며, 역사적으로 구성된 네 개의 보상 체계를 독자
적 보상 체계independent reward system, 반자율적 보상 체계semi-autonomous reward
system, 하위문화적 보상 체계subcultural reward system, 이질문화적 보상 체계hetero-
cultural reward system로 구분해 제시했다.
　'독자적 보상 체계'는 문화 생산자가 그들의 행위 기준과 상징적·물질

적 보상 배분 구조의 기준을 모두 세운 형태를 지칭한다. 이러한 보상 체계 내에서 문화 생산자들의 집합적 목표는 구원, 지식, 진리, 아름다움 등 명백히 범우주적인 것이다. 이러한 목표가 추구되는 방식 역시 기존의 법적 정당성이나 질서를 유지할 것으로 기대된다. 이러한 체계의 산물은 보통 높은 평가를 받으며, 기초과학이나 법적 시스템이 여기에 포함된다. 대표적인 사례로는 18세기 프랑스 로열 아카데미와 20세기 스탈린 체제하의 소비에트 연방을 들 수 있다.

프랑스 로열 아카데미

1648년 파리에 설립된 프랑스 로열 아카데미(회화 및 조각 아카데미)Académie des Peinture et Sculpture는 젊은 화가와 조각가를 교육하고, 최고의 고급예술을 진흥하려는 두 가지 목적을 추구했다. 아카데미는 그 자체로 미술에서 가치 있는 것good이 무엇인가를 결정하는 유능하고 실력 있는 미술가들의 집합체였다. 아카데미가 미술학도들의 도제 수련 및 훈련, 전시 공간 제공, 가장 우수한 작품에 주어지는 포상, 그리고 최종적으로는 아카데미 회원 선출까지 거의 모든 형태의 보상을 통제했기 때문에 이를 이용해 그들은 자신의 사고를 강요할 수 있었다. 아카데미에는 약 마흔 명의 회원이 있었고, 회원으로 선출된다는 것은 성공한 예술가의 경력에서 최고의 영예였다. 따라서 젊은 미술가들은 아카데미 회원들에게 매우 종속적이었다.

11. 예술은 하늘에서 뚝 떨어지지 않는다

피에트로 안토니오 마르티니와 요한 하인리히 람베르크가 그린 프랑스 로열 아카데미 소속 화가들의
1787년 루브르 살롱 전시회의 모습. 18세기 프랑스 로열 아카데미는 '독자적 보상 체계'를 갖추었다고 볼 수 있다.

다음으로 '반자율적 보상 체계'의 경우, 상징적 보상은 창조적 생산자에 의해 배분되는 반면, 물질적 보상은 소비자들에 의해 분배가 이루어지는 형태를 지칭한다. 예술적 가치는 동료 예술가나 비평가 등으로부터 인정받고 유지되는 반면, 경제적 수지타산은 티켓 혹은 작품을 판매함으로써 유지되는 것이다. 이러한 유형의 보상 체계가 있는 영역은 최근의 시각예술 영역이나 오페라 시장, 미국의 건축 시장 등을 들 수 있다. 반자율적 보상 체계의 또 다른 사례로 고급예술 시장과 대중예술 시장도 꼽을 수 있는데, 고급예술 시장 내에 위치한 아방가르드 예술가들은 그들이 꾀한 예술적 혁신으로부터 위신을 얻지만, 수집가들이 작품을 구입해야만 재정적인 성공을 보장받을 수 있다. 반면 대중예술의 경우 일반적으로 재정적 성공을 통해 그 가치를 인정받으며, 종종 오스카상이나 에미상과 같이 해당 산업 내에서 가장 뛰어난 예술가에게 수여하는 상을 통해 예술 자체로 인정받기도 한다. 이처럼 상징적 보상과 물질적 보상을 제공하는 주체가 서로 다르다는 것이 반자율적 보상 체계의 특징이라 할 수 있다.

'하위문화적 보상 체계'는 생산자나 소비자, 보상에 대한 명확한 구분이 없으며, 세 요소 모두 상징적이라는 특징을 갖는다. 이와 관련해서는 경험적 사례 연구들이 많이 이루어졌는데, 특정 인종이나 민족의 고유한 문화나 법을 지키는 하위공동체들 또는 젊은이들의 하위문화에 대한 연구, 이 밖에 반문화적 집단에 대한 인류학적 연구 등이 포함된다. 대표적인 예시로 '저항과 반항의 예술' 혹은 '도심 속의 낙서'라 불리는 그라피티graffiti를 들 수 있다. 낙서처럼 긁거나 스프레이 페인트를 이용해 벽이나 바닥 등에 그리는 그림을 뜻하는 그라피티는 지금은 현대미술의 한 영역으로 자리 잡았으나, 오랫동안 비주류 하위문화로 취급되었다. 초기의 그라피티 작업은 제도적인 허가 없이 무작위로 행해졌고, 따라서 태생적으로 불법적인 이 예술 행위는 공식적인 예술 세계 내에서 평가와 보상을 받을 수 없었다.

애초에 그라피티 작업을 하는 아티스트들은 어두운 밤 남몰래 작업을 했기 때문에 정확히 누가 그렸는지 생산자가 불분명했고, 누가 소비하는지도 불분명했다. 다만 우리가 알 수 있는 것은 창작자가 벽과 바닥을 캔버스 삼아 자신의 개성과 존재, 자유를 표현하고자 했다는 점이며, 감상하는 사람들은 작품에서 드러나는 반항적 메시지, 저항적 이미지, 독창적인 시각과 언어를 포착함으로써 또 다른 자유로움을 만끽할 수 있었다는 점이다. 모든

영화 〈미나리〉로 한국 배우 중 최초로
오스카상을 수상한 배우 윤여정.
대중예술은 일반적으로 재정적 성공을 통해
그 가치를 인정받지만, 해당 산업 내에서
수여하는 상을 통해 예술 자체로 인정받기도 한다.

것이 상징적임에도 '보상 체계'의 하나로 구분하는 이유가 여기에 있다.

한편 '이질문화적 보상 체계'에서는 예술가가 아닌, 문화 산업에 종사하는 사람들이 창조적 과정의 재정 측면을 통제하고 기준을 설정하며, 다양한 관객의 승인과 함께 재정적 보상을 제공한다. 영화, 텔레비전 프로그램, 음악 등 대부분의 대중문화가 이러한 보상 체계가 있는 문화 영역이라 할수 있다. 현대 예술계에서 예술성과 대중성을 대척점에 위치시키는 것에 대해 논쟁이 있기는 하지만, 이질문화적 보상 체계를 설명하기 위해 굳이 구분을 해 설명하자면 예술성보다는 대중성과 흥행성에 좀 더 무게를 두어 보상을 제공하는 체계를 뜻한다고 하겠다. 쉽게 이야기해 음원 차트에서 1위를 하거나 가장 높은 시청률을 기록한 드라마, 가장 많은 관객을 동원한 영화 등의 경우 다른 작품들에 비해 수적으로 인정을 받았다는 점, 그리고 수익률 측면에서도 더 많은 금전적 이윤을 창출했다는 점에서 두 마리 토끼를 다 잡았다고 할 수 있는 것이다.

'하위문화적 보상 체계'의 대표적 예시인 그라피티. 오랫동안 비주류 하위문화로 취급되면서 공식적인 예술 세계 내에서 평가와 보상을 받을 수 없었다.

생산 관점 연구의 딜레마와 과제

생산 관점의 예술 연구들은, 예술 작품과 사회의 관계를 단순히 일직선적인 관계로 파악했던 반영이론 또는 형성이론적 관점의 연구들에서는 볼 수 없었던 새로운 측면들을 볼 수 있게 해준다는 강점을 갖는다. 이는 예술을 단지 고독한 천재 예술가와 걸작으로서의 예술 작품으로만 구분·분리해 살펴보지 않는다. 그 대신 여러 사람들의 협업을 통해 수많은 절차를 거쳐 완성되는 일련의 과정에 주목함으로써 예술 연구의 새로운 지평을 열었다. 걸작의 뒤편에 가려져 쉽게 눈에 띄지 않았던 부분들을 연구 전면에 드러내고, 이 부분들을 분석하는 데 다른 생산 영역이나 직업사회학 분야의 관점들을 적용한 것은, 기존의 연구들로부터 생산 관점의 연구들을 구분 짓는 큰 차별점이 되었다.

그러나 이 같은 강점에도 불구하고 생산 관점의 연구들은 몇 가지 커다란 비판점에 직면했다. 첫 번째 비판은 생산 관점의 가장 큰 강점과 직접적으로 연관된다. 바로 예술 영역을 자동차나 신발 등 예술과 전혀 무관한 제품들이 생산되는 영역들과 동일한 영역으로 취급함으로써 예술의 독특한 특성을 설명하지 못한다는 점이다. 그러나 생산 관점을 바탕으로 연구를 수행하는 학자들은 기본적으로, 고급예술이나 헌법, 신학 등 일반적으로 사회 내에서 특수한 지위를 차지하면서 독특한 상징적 가치가 있다고 여겨지는 것들이 독특한 어떤 성질을 지닌다는 가정을 거부한다.

두 번째 비판은 생산 관점의 연구들이 소비자와 팬의 역할을 과소평가

한다는 사실이다. 이 비판은 특히 '의미의 생산' 측면과 관계되는데(이 부분은 다음 장에서 더욱 상세하게 살펴볼 것이다), 수용자가 예술 작품을 보고 읽고 듣고 해석하는 과정이 예술 작품에 대한 의미의 생산이라는 점에서, 예술 작품의 소비자와 수용자를 다루지 않는 생산 관점의 연구들은 이 비판을 피할 수 없다. 뒤에서 살펴보겠지만, 예술가의 창작 의도와, 예술 작품을 소비하는 독자나 관객의 해석이 일치하지 않는 경우는 매우 빈번하다. 독자들 혹은 관객들마다 예술 작품에 대한 의미나 해석, 감상과 느낌이 다양한 경우도 매우 흔하다. 물론 현대의 대중예술과 관련해서는 소비자들이 강력한 '팬덤'을 구성해 단순한 컨슈머(소비자)가 아닌 '프로슈머'로서 직접 생산자의 역할을 수행하기도 한다.

세 번째 비판은 생산 관점의 연구들이 권력과 착취, 불평등의 문제를 간과하고 있다는 점이다. 좁은 의미에서 본다면 이러한 비판은 타당한 측면이 있다. 대다수의 생산학파 연구자들은 비판적인 관점에서 예술의 생산 측면을 연구하기보다는, 자료를 바탕으로 가설을 검증하는 데 초점을 맞추어 연구를 진행해왔다. 그러나 조금 더 넓은 의미에서 본다면, 생산 관점의 연구들 역시 예술 생산이 이루어지는 예술 세계 내의 권력·착취·불평등의 문제를 어느 정도 드러냈다. 핵심 인력과 보조 인력 간 처우에 관한 문제라든가, 특히 여성 인력에 대한 체계적인 착취[12] 등이 이에 해당한다. 따라서 우리는 생산 관점의 연구들에 대한 비판들을 생각할 때 곧바로 이 시각의 연구들에 문제가 있다고 이해하기보다는, 예술과 사회의 관계, 그리고 예술 세계를 보다 심도 있게 이해하려면 생산과 더불어 소비와 수용의 측면까지 함께 고려해야 한다는 뜻으로 받아들여야 한다.

다음의 12~14장에서는 예술 작품을 만들어내는 예술 세계의 구성원들 외에 독자·청취자·관객으로서 사람들이 예술을 소비하고 감상하는 방식에 대해 다룬다. 여기서는 그동안 예술과 사회의 관계를 조망하고 설명하면서 중요한 행위 주체로 다루지 못했던 예술의 수용자이자 소비자들에 초점을 맞춰, 이들의 능동성과 적극성의 측면들을 살펴볼 것이다. 아울러 예술 취향이나 소비의 권력과 계급적 측면들까지 폭넓게 다루어봄으로써, 예술 소비가 얼마나 사회적인지, 또 매우 개인적인 것으로 여겨지는 예술에 대한 취향과 소비가 사실은 우리 사회의 불평등한 구조를 재생산하거나 지배 체제를 강화하고 심화시키는 데 얼마나 큰 영향을 미칠 수 있는지 확인해보는 시간을 가질 것이다.

12. 능동적 수용자가 나타났다!

문화의 수용에 관한 이론은 문화의 다이아몬드 모형(50쪽 참조)에서 오른쪽 부분을
이루는 것으로, 대중이 어떻게 문화를 소비하고 사용하며 받아들이는지에 대해
살펴본다. 예술 작품이 만들어내는 의미와 그 의미가 사용되는 방식들은 예술 작
품의 창조자 또는 생산자가 아니라 수용자에 의해 결정되기 때문에, 예술 작품
을 이해하는 데 가장 중심이 되는 것은 관객이다. 문화의 수용이론에서는 예술이
사회에 직접적으로 영향을 미친다고 보는 형성이론적 관점을 거부하며, 오히려
영리하게 반응할 수 있는 관객을 통해 예술 작품이 사회를 형성한다고 주장한
다. 즉, 꼭두각시로서의 독자가 아닌 '영웅과 같은 독자reader as hero'를 상정하는
것이다.

조작되지 않는 대중

만약 누군가 "당신은 왜 미술관에 가십니까?"라고 물었을 때 어떻게 대답하겠는가? 아마도 여러분은 각자 나름의 동기와 목적을 가지고 미술관에 간다고 대답할 것이다. 경험적인 차원에서, 우리 모두가 동일한 이유로 미술관에 가지는 않기 때문이다. 누군가는 애인과 데이트를 하러 방문한다고 할 수도 있고, 또 누군가는 기분 전환을 위해 종종 간다고 답할 수도 있다. 미술을 전공하는 학생이라면 공부와 과제를 위해 방문한다고 이야기할 수도 있으며, 또 다른 누군가는 친구들과 약속이 있는 날 잠시 시간을 때우기 위해 때때로 들른다고 말할 수도 있다. 물론 그림을 보는 것이 정말 좋아서 미술관에 자주 방문하는 사람들도 있을 것이다.

여기서는 미술관을 예시로 들었지만, 이러한 질문은 음악 감상이나 독서를 하는 이유, 영화관이나 공연장에 방문하는 이유 등 다양한 예술 영역에 적용될 수 있다. 중요한 것은 사람들의 대답이 무엇이냐가 아니라 사람들의 대답이 각기 다르다는 사실이다. 사람들은 나름의 동기와 목적, 이유와 욕구를 가지고 예술을 소비한다. 영화를 보더라도 누군가는 SF 장르를, 누군가는 로맨스 장르를 선택한다. 선택은 여기서 더 세분화될 수도 있다. 어떤 배우가 나오느냐, 어떤 감독이 제작했느냐 등 예술 소비자인 우리 앞에 놓인 선택지는 무궁무진하다. 우리는 매우 능동적으로 그것들을 선택한다.

1970년대에 등장한 '이용과 충족 관점use and gratification perspective'은 이 같은 아이디어를 반영하는 관점으로, 예술과 수용, 특히 미디어와 수용에 관한 연구를 매우 흥미롭고 중요한 영역으로 확립시키는 데 기여했다. 무엇보다 예술을 감상하고 향유하는 소비자들에 대해, 단지 미디어가 제공하는 콘텐츠를 수동적 또는 무비판적으로 받아들이는 존재가 아니라, 매우 적극적이고 능동적인 존재로 바라보는 수용 연구에 큰 영향을 미쳤다. 수용이론가들은 기존의 형성이론이 지나치게 피동적인 관객과 독자를 상정한다는 점에서 '대중 조작 모델mass manipulation model'이라 비판하는 동시에, 사람들이 어떻게, 왜 예술 작품을 소비하는지에 관심을 가졌다. 그들은 사람들이 예술을 소비하는 중요한 이유는 '욕구를 충족시키기 위해서'라고 주장했다.

이러한 관점에서 수행된 대표 연구로는 제이 블럼러와 엘리후 카츠가 공동으로 수행한 매스 커뮤니케이션의 이용에 관한 연구[13]를 들 수 있다. 이들의 연구에 따르면 사람들은 크게 네 가지 욕구를 충족시키기 위해 텔레비전을 시청한다. 첫째, 기분 전환을 위해서다. 잠시 학업과 업무에서 벗어나 지친 일상을 달래기 위해 텔레비전 프로그램을 시청하는 것이다. 둘째, 인간관계를 위해서다. 가족, 친구, 직장 동료 등과 원활한 대인 관계를 맺고

'이용과 충족 관점'에 따르면 사람들은 크게
네 가지 욕구를 충족하기 위해
텔레비전을 시청한다.

대화에 참여하기 위한 일련의 공통분모를 형성하는 것이다. 여러분도 지난 밤 시청한 인기 드라마의 내용을 다음 날 친구나 동료와 공유하며 즐거운 기분으로 친밀감을 형성했던 기억이 있을 것이다. 셋째, 개인의 정체성 형성이다. 사람들은 텔레비전에 등장하는 사람들의 개인적인 문제나 처해 있는 환경을 자신의 상황이나 처지와 비교한다. 이 과정에서 자신의 가치를 강화하며, '나 자신'으로서 정체성을 형성하게 된다. 마지막으로 블럼러와 카츠가 제시하는 네 번째 욕구는, 바로 '관찰 욕구'이다. 사람들은 내가 사는 공간을 벗어나 세계 여러 지역에서 어떤 일들이 일어나는지를 궁금해하며, 이에 관련된 정보를 얻고 싶어 한다. 텔레비전은 사람들이 주변에서는 쉽게 접하지 못하는 사건과 경험, 정보를 제공하며, 이들의 관찰 욕구를 충족시켜준다.

이 시기의 텔레비전 시청을 두고 또 다른 학자들은 "오늘날 텔레비전은 과거 벽난로의 기능을 대신하는 '전자 난로'다"[14]라고 표현하기도 했다. 가족 구성원이 한자리에 모일 수 있는 기회를 제공한다는 뜻이다. 물론 가족 구성원 모두가 개인 스마트폰과 태블릿 PC 등으로 유튜브와 넷플릭스를 시청하는 요즘, 텔레비전의 이러한 기능은 옛말이 된 지 오래다. 한때 가정 내 권력의 상징이었던 텔레비전 리모컨에 대한 소유권은 그 위상을 잃었다. 하지만 변하지 않는 사실은 우리 모두 각자의 욕구를 충족시키기 위해 예술을 소비한다는 점이다. 여러분은 왜 예술을 감상하는가? 평소 스스로에게 묻지 않았을 이 질문을 던져보며, 여러분이 예술 소비를 통해 충족하려 했던 욕구가 무엇인지 한번 파헤쳐보자.

영웅과 같은 독자의 탄생

예술의 소비와 수용에 대해 논의하기 위해서는, 잠시 '해석주의 사회학'과 그 근원이 되는 해석학hermeneutics에 대해 살펴볼 필요가 있다. 우리가 앞서 살펴본 반영이론적 접근방식의 연구들이 많이 사용하는 연구 방법이기도 한 해석학적 방법은 '의미'와 '이해', '설명'을 매우 중요하게 생각한다. 차이가 있다면 반영이론 연구는 예술 작품에 담긴 의미에 주목하는 반면, 예술의 소비와 수용 연구에서는 예술 작품을 해석하는 독자가 생산해내는 의미에 주목한다는 것이다. 간단하게 말해, 해석주의 사회학은 의미와 깊게 관련된다고 할 수 있다.

예컨대 "사회 체계 속에서 어떻게 의미가 형성되고, 또 유지되는가?" 혹은 "예술 작품이 의미하는 바는 무엇인가?"와 같은 질문에 답을 구하는 것이 해석주의 사회학의 목적이다. 따라서 해석주의 사회학은 이런 질문들에 답하기 위해 계량적인 차원의 설문조사를 진행하는 대신, 연구자와 연구 대상자(설문 조사 대상자)가 일대일로 만나 이야기를 나누는 심층 면접이나, 연구자가 특정한 사람들의 행동이나 상호작용을 면밀하게 살펴보는 참여 관찰을 진행한다. 이를 통해 이들이 특정 사안들에 대해 어떻게 생각하는지 이야기를 나누고 면밀한 분석을 실시한다.

이러한 해석주의 사회학은 19세기 해석학에서 그 기원을 찾을 수 있다. 전통적인 해석학에서는 기본적으로 연구 대상이 되는 '텍스트'의 의미를 발견하기 위해 상세하게 읽고 해석했다. 여기서 텍스트란 의미를 가진 대부분의 것을 뜻하는데, 책이나 영화, 그림 광고판, 대화, 사람들 간의 상호작용 등이 포함된다. 물론 초기 해석학자들이 분석 대상으로 삼았던 것은 훨씬 더 좁은 범위의 텍스트들로 한정되었다. 예를 들면 어떤 것들이 있을까? 해석학이 유행했던 시대적 배경이나 사회적 배경을 고려하면서, '어떤 텍스트가 해석할 만한 가치를 지닐까?'를 생각해보면 의외로 쉽게 답을 찾을 수 있다.

예를 들면 성경bible이다. 쉽게 말해 성경은 '신이 인간에게 남긴 말을 기록해둔 책'이라 할 수 있다. 기독교적 전통이 강한 서구 유럽 사회에서 성경은 그 어떤 텍스트보다도 중요하고 가치 있는 것으로 여겨진다. 신이 인간에게 남긴 말들의 뜻을 파악하는 것만큼 중요한 것은 없기 때문이다. 성경에 대해 이루어진 해석학적 분석은 후에 우리가 고전이라 부르는 문화적 텍스트로까지 확산된다. 예컨대 대문호라 부르는 작가들의 소설에 대한 해석을 들 수 있다. 여기에는 위대한 예술가는 하늘이 내린 사람이고, 이처럼 대단한 사람이 남긴 작품에는 분명 평범한 많은 사람들에게 도움이 되고 무언가 깨우쳐줄 수 있는 의도나 의미가 담겼을 것이라는 생각이 전제되어 있다.

이 같은 초기의 전통적인 해석학적 연구 방식과 대상은, 점차 더 다양하고 많은 예술 작품들까지로 확산된다. 반영이론적 관점에 입각해 예술 작품을 분석하는 연구가 이 사례에 해당되는데, 앞서 살펴보았듯 반영이론적 관점에서 분석될 수 있는 작품의 수와 범위는 무궁무진하다. 그러나 해석주의 사회학은 예술 작품과 같은 문화적 텍스트가 담고 있는 의미, 즉 작품을 만들어낸 예술가가 '의도한' 의미를 분석하는 데 그치지 않고, 그것을 소비·수용하는 독자와 관객이 만들어낸 의미를 해석하는 데까지 나아간다.

앞서 '이용과 충족 관점'을 통해 살펴보았듯, 특히 소비와 수용을 강조하는 학자들은 독자와 관객이 예술 작품 속에 담긴(혹은 담겨 있다고 여겨지는) 의미를 있는 그대로, 또는 무비판적으로 받아들이는 꼭두각시가 아니라 매우 영리한 수용자임을 강조한다. 그리고 이러한 맥락에서 문화적 텍스트에 담긴 의미뿐 아니라 수용자들이 생산하는 의미 역시 매우 중요한 해석과 설명의 대상이 된다. 흥미롭지 않은가? 만약 여러분들이 '의미의 생산'이라는 문구를 쉽게 받아들일 수 있다면 여러분은 예비 예술사회학자로서 자격을 갖췄다 해도 무방할 것이다!

'두껍게' 서술하기

예술에 대한 소비와 수용의 관점이 해석주의 사회학과 맺는 관계, 그 안에서 의미가 차지하는 중요성을 이해했다면 이제 다음 단계로 넘어가도 될 것 같다. 사회학, 특히 예술사회학을 공부하는 사람이라면 반드시 알아야 할 고전사회학자들이 있는데, 그중 한 명이 앞서 살펴본 카를 마르크스이고, 다른 한 명은 여기에서 살펴볼 막스 베버다. 막스 베버는 사회학 분야에서 엄청난 지적 업적들을 많이 남겼는데, 그중 우리가 살펴볼 것은 베버의 유명한 테제 중 하나인 '전철수의 은유switchman metaphor'이다. 직역해 '스위치맨의 은유'라고 부르기도 한다.

20~30대의 독자라면 '전철수轉轍手'라는 단어가 퍽 낯설게 느껴질 것이

막스 베버

(1864~1920)

1864년 4월, 독일 에르푸르트의 전형적인 중산층 가정에서 태어났다. 그의 아버지와 어머니 사이에는 극명한 차이가 있었는데, 이것이 그의 지적 경향과 심리적 발전에 심대한 영향을 주었다. 관리였던 아버지는 기성 체제의 일원으로 현세적인 즐거움을 만끽하는 타입이었던 반면, 종교적으로 헌신적이었던 어머니는 금욕적인 생활을 추구하려 노력했으며 내세에 관심을 두었다. 팽팽하게 대립하는 부모 사이에서 어린 베버는 처음에는 아버지의 생활태도를 따랐지만, 나중에는 어머니의 자세에 더욱 가까워졌다. 법률가로서 첫 직업 생활을 했던 베버는 점차 경제학, 역사학, 사회학 등으로 관심 영역을 바꾸어갔으며, 생활적인 측면에서는 금욕적이고 엄격한 작업 규칙을 지켜나갔다. 이렇게 스스로 일을 강제한 덕분에 1869년부터 베버의 학문적 경력이 꽃을 피우기 시작했으나, 곧이어 6~7년 동안 극심한 정신병에 시달렸으며, 1903년이 되어서야 정신능력이 회복되기 시작했다. 1904년 이후 학문 생활로 복귀한 베버는 우리에게 잘 알려진 《프로테스탄트 윤리와 자본주의 정신》을 출판했고, 가장 중요한 몇몇 저작들을 써내기 시작했다. 베버의 인생, 그리고 특히 그의 저작에는 아버지로 대변된 관료적 정신과 어머니로 대변된 종교적 심성 간의 긴장이 표출되어 있다. 이 해결되지 못한 긴장이 베버의 저작과 그의 개인 생활을 꿰뚫고 있는 것이다.

므로, 잠시 그 뜻을 짚고 넘어가자. 전철수는 선로가 갈리는 곳에 설치된 전철기를 조작하는 사람이다. 어느 지점에서 둘로 갈라지는 철로를 떠올려보자. 지금이야 모든 것이 전자동으로 이루어져 전철수가 필요하지 않지만, 이전에는 이 작업이 모두 수동으로 이루어졌기 때문에 전철수는 필수였다. 그렇다면 베버는 이 전철수를 무엇에 비유했을까?

베버는 모든 사람들이 기본적으로 합리적이고 자신의 이익에 따라 행동하지만, '무엇이 자신에게 이익이 되는가'라는 생각, 즉 이익의 의미에 대한 생각은 각자의 가치나 관념, 그들이 살아가는 시대와 사회에서 중요하게 여겨지는 문화에 따라 달라진다고 보았다. 여기서 사람들의 '행동'은 특정 방향을 향해 달리는 '기차'를 의미하고, 이익의 의미에 대한 생각은 '전철수'를 뜻한다. 정리하면, 베버는 의미를 연구하는 것이 사람들의 목적을 이해하고 그들의 행동을 설명하는 데 많은 도움을 준다는 것을 집약적으로 보여주기 위해 전철수의 은유를 들었다고 볼 수 있다.

이제 조금 더 구체적인 차원으로 들어가보자. 우리는 예술 작품의 소비와 수용에서 능동적인 독자와 관객이 강조된다는 점, 이들이 만들어내는 의미와 그것에 대한 해석·설명 또한 매우 중요하다는 사실을 배웠다. 그렇다면 실제 연구를 수행한다고 할 때 구체적으로 어떤 방법을 사용해야 할까? 우리가 남들은 모르는 무언가에 대해 상대방을 이해시켜야 하는 상황에 있다고 가정해보자. 아마도 여러분은 단순하게 한마디를 툭 던지기보다는, 최대한 상세하고 구체적으로 작은 부분까지 놓치지 않고 설명하려 노력할 것이다. 그래야 내가 전하려는 말과 의미를 상대방이 정확하게 이해할 것이기 때문이다.

예술 작품을 소비하고 수용하는 독자와 관객들이 만들어내는 의미도 이와 같다. 제대로 된 이해와 설명을 위해서는 표면적 현상에 대한 얕은 서술(이른바 '현상 기술')이 아니라 '두꺼운 서술'이 필요하다. 사회학에서는 이를 '중층 기술thick description'이라고 부르는데, 문화사회학자 클리퍼드 기어츠Clifford Geertz가 만든 이 용어는 표면적인 현상에 대해 단순히 묘사하는 것이 아니라 그 아래에 깔려 있는 의미나 의도, 여러 맥락까지 기술하는 것을 뜻

클리퍼드 기어츠

(1926~2006)

1926년 미국 샌프란시스코 출생으로, 학부에서 영문학과 철학을 전공한 후 하버드대학교 사회관계학과에서 인류학을 공부했다. 아내 힐드레드 기어츠와 함께 인도네시아에서 장기간 현지조사를 수행했으며, 학위를 받은 후에는 몇몇 대학의 교수 및 연구원을 거쳐 시카고대학교 인류학과 교수로 10여 년 동안 재직했다. 이후 프린스턴에 있는 고등과학연구소로 거점을 옮겨, 2006년 작고할 때까지 왕성한 연구와 저술 활동을 지속해왔다. 문화분석에서 의미, 상징, 해석을 강조한 기어츠는 20세기 후반 인류학계에 가장 큰 영향력을 미친 이론가로 평가받는다. 주요 저작으로는 《자바의 종교The Religion of Java》, 《농업의 내향적 정교화》, 《문화의 해석》, 《저자로서의 인류학자》 등이 있다.

한다. 동일한 작품에 대해 사람들이 내놓는 각기 다른 해석과 의미를 연구하려면, 그 의미들이 어떠한 맥락에서 나왔는지를 깊이 살펴보아야 하는 것이다.

무엇인가를 '두껍게' 서술한다는 것, 혹은 의미들의 맥락을 '깊이 있게' 살펴본다는 것은 구체적으로 어떤 뜻일까? 기어츠가 중층 기술을 설명할 때 들었던 '윙크'의 사례를 함께 살펴보자. 이 사례는 오른쪽 눈의 눈꺼풀을 황급히 수축시키는 두 명의 소년에 대한 이야기다. 한 명의 경우는 본인 뜻과는 상관없이 일어난 것이었으며, 다른 한 명의 경우는 친구에게 보내는 음모의 신호였다고 하자. 두 개의 동작은 그 자체로 보았을 때는 완전히 동일한 것이다. 즉, '현상적'인 관찰에만 의거한다면 어느 것이 윙크이고 어느 것이 경련인지 구분할 수 없다. 그러나 우리 모두가 알고 있듯, 눈의 경련과 윙크 사이에는 엄청난 차이가 있다.

윙크를 한다는 것은 아주 정확하고 특별한 수단으로 의사를 전달하는 방법의 하나이다. 윙크를 한다는 것은 ① 의도적으로 ② 특정인에게 ③ 특정 메시지를 전달하기 위해 ④ 사회적으로 약속된 코드에 따라 ⑤ 같이 있는 다른 사람들은 알아채지 못하도록 의사를 전달하는 것이다. 즉, '의도적으로' 눈꺼풀을 수축시키는 행위다. 이는 하나의 행위로서 문화의 일부가 되며, 단순한 동작이 아니라 하나의 제스처라고 할 수 있다. 물론 윙크의 세 번째 경우도 가정해볼 수 있다. 친구들을 재미있게 해주기 위해 첫 번째 소년의 윙크를 흉내 내는 경우이다. 이 경우 '음모의 분위기'가 아니라 '조롱의 분위기'가 된다.

예술 작품에 대한 수용자의 해석을 연구할 때에도 우리는 윙크 다루듯

해야 한다. 예술 작품에 대한 수많은 사람들의 각양각색의 해석을 단순한 '눈의 경련'으로 볼 것인가, 아니면 '윙크'로 볼 것인가? 이는 여러분이 얼마나 관심을 갖고, 주의 깊게 그리고 두껍게 살펴보고 들여다보는지에 달려 있다.

가부장제에 순응하는 로맨스 소설 독자들?

대학생들은 무슨 책을 읽을까? 우리는 심심치 않게 인터넷 기사 등을 통해 ○○대학교 도서관이 선정한 '대학생 필독서 목록' 등을 접하곤 한다. 여기에 포함된 도서들을 보면, 이른바 고전이나 명저, 혹은 교양서로 분류되는 책들이 대부분이다. 토머스 쿤Thomas Kuhn의 《과학혁명의 구조》나 토마 피케티Thomas Piketty의 《21세기 자본》, 박경리의 《토지》와 같은 것들 말이다. 물론 최근 유행하는 에세이집이나 심리학 분야의 책, 페미니즘이나 정치학 관련 서적 등 그때그때의 사회상과 관련된 문제들을 다룬 책들도 다수 등장한다. 대학 진학률 자체가 높지 않았던 과거와 비교해보면 필독서 목록에 제시된 책들의 장르는 매우 다양해졌다고 볼 수 있는데, 그럼에도 불구하고 등장하지 않는 몇 가지 장르들이 있다. 하나는 '만화'이고, 다른 하나는 '로맨스물'이다.

20대 대학생이면 한참 연애에 관심을 가질 만한 나이라는 점에서 의아스러울 수 있다. 최근에는 '책스타그램'이라고 해서 자신이 읽는 책의 사진을 찍어 개인 SNS에 올리는 것도 청년 문화의 일종이라고 하는데, 그곳을 들여다보아도 도통 로맨스 소설의 사진을 찍어 올리는 청년세대를 찾아보기가 어렵다. 정말 로맨스 소설의 인기가 없는 걸까? 그렇지는 않을 것이다. 로맨스 장르의 영화나 드라마가 큰 인기를 끌고 있고, 늘 화제의 중심에 있으니 말이다. 오히려 '대학생이라면 응당 교양서 정도는 읽어줘야 하지 않겠어?'라는 일종의 선입견 혹은 대학 문화가 작용했을 가능성이 크다.

이러한 맥락에서 뻔하디 뻔한 사랑 이야기인 로맨스 소설은 '진정한 문학'의 범주에서 제외되거나, 그 내용이 가부장적 가치관을 뿌리 깊게 내재화한다는 측면에서 비판받아왔다. 물론 책마다 조금씩 인물이나 배경 설정이 달라지기는 하지만, 기본적으로 강인한 남성에게 사랑받는 연약한 여성의 모습이 담겨 있기 때문이다. 따라서 로맨스 소설 자체는 물론, 이를 읽는 독자들에게도 모종의 부정적인 시선이 쏟아졌던 것은 어쩌면 자연스러운 수순이었다고 할 수 있다. 특히 1980년대 미국 사회의 경우 로맨스 소설의 주요 독자층이 가정주부였다는 점에서 "왜 이들은 가부장제의 헤게모니를 담는 로맨스 소설을 읽는가?"와 같은 질문이 제기되었고, 능동적 수용자로서의 '자질'을 의심받기도 했다.

그러나 무엇보다 독자의 경험과 해석을 중요하게 고려해야 한다고 주장했던 미국의 문학 비평가 재니스 래드웨이Janice Radway는, 로맨스 소설을 읽는 여성들을 분석할 때 책의 줄거리만 봐서는 안 된다고 강조한다. 독자들과의 대화를 통해 그들이 실질적으로 독서 과정에서 어떠한 생각을 하는지, 로맨스 소설을 읽는 그 시간이 그들에게 어떠한 의미인지 연구해야 한다는 것이다. 실제로 래드웨이는 자신의 연구를 바탕으로 쓴 《로맨스 읽기Reading the Romance)》에서 로맨스 소설이 여성 독자들에게 많은 이점을 제공한다는 점을 밝혀냈다.

　　래드웨이의 연구에 따르면 전업주부들은 로맨스 소설을 읽을 때 '자기만의 시간'을 갖게 된다. 로맨스 소설을 읽는 동안 잠시마나 실제 가사 업무에서 벗어나는 것이다. 이러한 행위는 이들이 일시적으로 가부장적 질서에서 탈피하도록 만든다. 물론 이때의 '해방'은 직접적이기보다는 간접적이며, 가부장제에 정면으로 도전하고 저항하기보다는 다분히 상징적이고 기호학적인 행위라는 점에서 매우 단순하다고 할 수 있다. 그러나 래드웨이는 이러한 경험들이 축적되면서 기존의 가부장적 질서 체계에 균열을 일으킬 수 있다고 지적한다.

재니스 래드웨이는 《로맨스 읽기》를 통해
로맨스 소설이 여성 독자들에게 많은 이점을
제공한다는 사실을 밝혀냈다.

로맨스 소설과 그 독자들에 관한 래드웨이의 분석은 수용이론의 뿌리 중 하나인 '문학 비평'에 기반한다. 물론 문학 비평을 수행해온 학자나 연구자가 모두 래드웨이와 같은 입장을 취했던 것은 아니다. 초기의 문학 비평은 성경이나 대문호의 문학 작품 같은 고전적 텍스트에 대한 분석을 중심으로 이루어졌다. 당시의 주류 문학 비평 모델에 따르면 텍스트의 의미는 '텍스트 그 자체 안에 있으며', 문학 비평의 역할은 저자가 의도한 의미(이를 전문 용어로 '선호된 의미preferred meaning'라 부른다)를 텍스트로부터 찾아내는 것이었다. 이 모델에 따르면 교수의 역할은 특정 소설을 연구해서 저자가 의도한 의미를 우리에게 알려주는 것으로, 만약 학생이 그 소설로부터 다른 의미를 찾아낸다면 '틀린 것'이 된다.

　　하지만 포스트모더니즘의 영향 아래 문학 비평은 '선호된 의미'가 텍스트 안에 포함되어 있다는 생각에 의문을 표하게 되었고, 오히려 독자들이 텍스트로부터 의미를 창조한다는 주장을 제기하기 시작한다. 대표적으로 테리 이글턴Terry Eagleton[15]은 "텍스트의 의미는 마치 빠지기를 조용히 기다리는 잇몸 속의 사랑니와 같이 텍스트 내에 존재하는 것이 아니"라고 밝힌 바 있다. 실제로 우리는 창작자들의 '표현의 자유'와 더불어 수용자의 '해석의 자유'라는 가치가 중요시되는 시대를 산다. 예술가가 만들어낸 예술 작품은 독자와 관객의 눈과 귀를 통해 수용·해석되면서 한층 다양하고 풍성한 의미들을 만들어낸다.

"해석은 여러분께 맡기겠습니다"

2021년 11월 19일, 넷플릭스에서 공개된 연상호 감독의 드라마 〈지옥〉이 하루 만에 한국을 비롯해 홍콩, 싱가포르, 벨기에, 사우디아라비아, 남아프리카공화국, 카타르 등 24개국에서 1위를 차지하며 연일 화제를 모았다. 어느 날 갑자기 천사로부터 죽는 날과 사후 지옥행을 고지받은 사람들이 예정된 시간에 지옥에서 온 사자들로부터 죽임을 당하는 초자연적 현상을 그렸으며, 누구나 보편적으로 정서와 호기심을 품고 있는 권선징악과 사후세계 같은 소재를 한국 특유의 방식으로 풀어냈다는 평을 받았다. 커다란 인기를 끈 만큼 감독이 과연 어떤 의도로 이 작품을 제작했는지, 작품에 담긴 의미는 무엇인지에 대한 관심 또한 뜨거웠다.

그런데 흥미롭게도 연상호 감독은 주연 배우들과 함께한 코멘터리 영상에서, 〈지옥〉이 책으로 출간될 당시 최규석 작가가 "작가의 말이 오히려 책을 읽는 데 방해가 될 것 같다"며 작가의 말을 넣기를 거부한 사실을 전했다. 아울러 감독 자신도 〈지옥〉에 대해 "보신 분들의 생각이 더 중요하고, 보신 분들의 생각이 오히려 더 궁금한 작품"이라고 이야기했다. 작가와 감독의 이 같은 발언은 오늘날 예술 작품을 소비하는 독자와 관객이 단순히 '만들어진' 작품을 '있는 그대로' 받아들이는 피동적 객체가 아닌, 능동적이고 자율적인 '주체'임을 인정하는 것이다. 그와 동시에 보는 이의 관점에 따라 예술 작품의 의미가 매우 다양하게 해석되고 창조될 수 있음을 알려준다.

우리는 연상호 감독 이외에도 많은 예술가들이 독자와 관객에게 작품을

'해석할 권리'를 부여하는 장면을 목격할 수 있다. 예컨대 수능시험에 단골 출제되는 작가로 잘 알려져 있는 최승호 시인은 2009년 한 일간지와의 인터뷰에서 "내가 쓴 시가 나온 대입 문제를 풀어봤는데 작가인 내가 모두 틀렸다"며, 시라는 예술 작품에 정답이 있다고 가정하는 고등학교 시 교육에 대해 쓴소리를 했다. 또한 기자가 시인의 시 〈북어〉에 대해 고교 참고서는 "시인은 부당한 독재 권력에 대해 한마디 비판도 못하는 굴종의 삶을 비판한다"고 풀이했는데 이건 맞느냐고 질문하자, 다음과 같이 답하며 예술 작품의 해석에는 정답이 없음을 다시 한번 강조했다.

> 그것 봐, 또 한정한다. 1979년 사북에서 전두환 정권 계엄령이 내려졌을 때 쓴 것은 맞다. 하지만 이 시는 죽음의 탐구로 볼 수도 있다. 작품은 프리즘과 같아서 눈 밝은 독자를 만나면 분광하며 스펙트럼을 일으킨다. 이런 해석은 노을을 보고 허무·열정의 이중성을 느끼는 사람에게 '빛의 산란'이 정답이라고 못 박는 꼴이다.[16]

'꽃의 화가'로 불리는 홍익대학교 미술대학 동양화과 안진의 교수는 2014년 《한국일보》에 기고한 글을 통해 이 점을 더욱 직접적으로 언급한다. 갤러리에서 만난 관객들과의 대화와, 그 대화를 통해 화가 자신이 느낀 바를 담담하게 서술한 이 글에서 그는 자신의 작품을 매우 다채롭게 해석하는 많은 관객들을 만난다고 언급하며, "작품의 의미를 더 풍성하게 해주는 다양한 해석이 고맙다"고 했다. 그의 말에 따르면 "작품에는 작가가 심어놓은 의미도 있고, 감상자가 바라보는 의미도 있다. 그것은 일치할 수도 있고 아닐 수도 있다. 그런데 감상자들은 작가의 의도와 그[감상자 자신의] 해석이 일치하는 경우 매우 기뻐한다. 마치 그것이 정답인 듯 말이다. 하지만 미술품 감상에 정답이 있는 것은 아니다."[17]

물론 오늘날 우리가 감상하는 모든 예술 작품에 예술가의 의도나 의미가 결여 또는 결핍되어 있는 것은 아니다. 다만 여기서 강조하는 것은, 과거 예술 작품의 해석에서 창작자에게 절대적 권위를 부여했던 분위기가 오늘날에는 작품을 수용하는 관객에게로 이양되어간다는 점이다. 이 책의 서두에서 살펴보았듯이, 모든 예술은 '커뮤니케이션'이다. 관객에게 도달하지 않고는 완성될 수 없는 것이 바로 예술이라는 점을 고려할 때, 작품을 직접적으로 소비하고 수용하는 관객의 주관적 경험과 감상, 해석에 점차적으로 더욱 큰 힘과 영향력이 부여되는 것은 어찌 보면 당연한 수순이라고도 할 수 있다. 다음에 인용한 안진의 화가의 말을 곱씹어보면서 '영웅과 같은 독자', '능동적 수용자'에 대해 다시 한번 생각해보자.

관람자는 자신의 의지대로 본다. 심리학에서 이야기하는 인간의 '선택적 주의', 즉 사람은 자기가 보고 싶은 것만 보고, 듣고 싶은 것만 듣고, 기억하고 싶은 것만 기억하는 경향처럼, 관람에 있어서도 어떤 절대적이고 객관적인 정답은 없다. 작가의 손을 떠난 작품은 스스로 독자적인 생명체이며, 작품은 감상자의 시선과 체감 온도에 따라 같이 살아 숨 쉰다.[18]

13. 작품 '해석'과 의미 '생산'

이제 여러분은 독자와 관객으로서 여러분이 지닌 능동성에 대해 이해했을 것이다. 예술가에게 창작의 자유, 표현의 자유가 있다면 여러분에겐 해석의 자유가 있다. 같은 영화를 보고 제각기 해석이 다른 이유에 대해 놀라거나 당황할 필요가 없다는 것이다. 그런데 개인별로 상이한 예술 작품의 해석은, 학문적인 관점에서 이 같은 다양한 해석들을 어떻게 분석할 것이냐는 문제를 촉발시킨다. 이를테면 이런 문제다. "왜 사람들은 예술 작품을 소비할 때 저마다 다른 해석들을 내놓을까?", "이러한 해석들 간에 유사점 혹은 차이점은 없을까?" 즉, 해석의 원인이나 배경, 일련의 '유형들'로서의 해석에 대한 문제가 제기되는 것이다.

예술사회학에서는 예술에 대한 사람들의 소비 유형과 해석 방식이 독자와 관객이 처한 사회구조적 맥락 안에서 이루어지며, 그렇기 때문에 이러한 맥락들 안에서 사람들이 예술을 소비하는 방식을 연구해야 한다고 주장한다. 그러나 이는 단순히 남성과 여성이 동일한 예술 작품에 대해 다른 해석을 내린다거나, 특정 예술 작품, 예를 들면 영화나 드라마가 문화권이 다른 국가들 사이에서 각기 다른 흥행 기록을 세운다는 식의 분석은 아니다. 예술사회학자들은 여기서 한 걸음 더 나아가 그러한 차이를 유발하는 맥락 자체에 관심을 기울인다. 또한 그러한 맥락 안에서 독자와 관객이 예술 작품을 구체적으로 어떻게 이해하는지 확인하기 위해 '왜', '어떻게'라는 질문을 제기한다.

또한 예술사회학은 독자와 관객이 특정한 예술 작품 혹은 장르를 소비함으로써 어떻게 그들만의 고유한 의미를 생산해내는지에도 관심을 둔다. '소비를 통한 생산'이라니. 처음 듣는 사람들은 무척 생경한 표현일 수 있다. 그러나 예술사회학을 깊게 이해하고, 나아가 예술을 사회학적으로 읽어내고 또 분석하기 위해서는 반드시 알아야 할 내용 중 하나이다. 실제로 예술에 대한 '소비'는 그것을 소비하는 '나'에게 많은 이미를 가져다주며, 타인들로 하여금 여러분들이 예술 소비로 '발산'하는 의미를 포착하게 만든다. 아직 이 개념이 잘 와닿지 않는다면, 지금부터 이야기하는 사례들을 찬찬히 살펴보면서 예술 소비를 통한 의미 생산이 무엇을 뜻하는지 알아가보자.

'기대의 지평'이 촉발한 논란

평소 영화나 드라마를 자주 시청한 독자라면, 혹은 개인적으로 한류 현상에 큰 관심을 가진 독자라면 한 번쯤 이런 궁금증을 품어본 적이 있을 것이다.

'왜 같은 작품인데 어떤 나라에서는 인기가 많고, 다른 나라에서는 인기가 없을까?' 혹은 여러분들 중 눈썰미가 남다른 영화 마니아가 있다면 "왜 동일한 작품인데 나라마다 포스터가 다를까?"라는 질문을 던져보았을 수도 있다. 이 글에서는 예술에 대한 수용이론적 관점에 영향을 미친 문학 비평에 기대어 이러한 질문들의 답을 제시하고자 한다.

문학 비평의 핵심적인 질문은 "텍스트가 진짜 의미하는 것이 무엇인가?"에서 점차 "어떤 환경하에서 어떤 의미와 해석을 독자들이 창조해내는가?"로 전환되어왔다. 이러한 관점에서 문학 작품을 분석하는 수용이론은 독자들이 '기대의 지평horizon of expectation'과 함께 예술 텍스트를 접한다고 가정했다. 여기서 기대의 지평은 독자들의 인구사회학적 특성, 즉 성별, 연령, 인종, 민족, 계급, 사회적 연결망, 그 외 개인적인 특성들을 포함하는 배경적 특징을 의미하며, 특정한 기대의 지평을 공유하는 집단을 일컬어 '해석적 공동체'라 부른다. 여기서는 독자들이 자신들의 기대의 지평에 기대어 예술 작품을 읽는다는 것을 전제한다. 즉, 독자가 예술 작품으로부터 읽어내는 의미는 인구사회학적 배경의 영향을 받는다고 할 수 있다.

여기 1945년 전쟁 통에 부모를 잃은 어린 남매의 이야기를 다룬 애니메이션이 있다. 노사카 아이유키野坂昭如의 소설 《반딧불이의 무덤》을 원작으로 1988년 스튜디오 지브리의 다카하타 이사오高畑勳 감독이 제작한 〈반딧불의 묘〉가 그것이다. 1945년 일본 효고현 고베시 근교를 배경으로 한 어린 남매의 비극적인 삶을 그린 이 작품의 줄거리는 대략 다음과 같다. 제2차 세계대전이 끝나갈 무렵, 한 마을에 폭격기로 인한 대공습이 일어난다. 마을이 화염으로 휩싸이자, 열네 살 세이타는 부모님과 따로 만나기로 약속하며 네

살 여동생을 업고 피신한다. 그러나 만나기로 했던 부모님은 모두 전쟁 중
에 사망하고, 집과 부모를 잃은 두 남매는 먼 친척의 집으로 향하게 된다.
이후 친척 아주머니의 냉대를 견디다 못해 집을 나선 두 남매는 산속 방공
호에 거처를 마련한다. 두 남매는 열악한 환경 속에서 물고기와 개구리를
잡아먹고, 반딧불이를 잡아 불을 밝히며 생존하기 위해 애쓰지만, 결국 비
극적인 최후를 맞이하게 된다.

객관적인 역사적 사실을 떼어놓고, 작품 그 자체로만 본다면 굉장한 수
작이라 평가할 만하다. 실제로 수많은 평론가들은 이 작품을 두고 최고의
장편 애니메이션이라며 극찬을 아끼지 않았다. 작품의 완성도, 스토리의 밀
도, 연출 등만 보자면 일본을 넘어 세계 애니메이션 역사에 길이 남을 걸작

일본을 전쟁의 피해자로 묘사하며
군국주의를 옹호한다고 비판받은 애니메이션
〈반딧불의 묘〉의 한 장면과 포스터.

III. 생산되고 소비되는 예술

이라는 것이다. 그러나 결정적으로 이 작품은 일본을 전쟁의 가해자가 아닌 피해자로 묘사함으로써 피해국들로부터 엄청난 공분을 불러일으켰다. 엄연한 전쟁 가해국일 뿐만 아니라 전쟁 이전에도 여러 식민지를 수탈했던 역사가 있는 일본이 전쟁으로 인한 자국의 피해 사실만을 부각시켰으며, 군국주의를 옹호하고 미화하기까지 했다는 것이다. 더욱이 이 같은 부정적 평가는 일본이 식민지에서 행한 숱한 잔학 행위들에 대해 사과는커녕 역사 왜곡에 급급한 모습을 보이는 것과 겹쳐, 작품에 대한 시각을 더욱 부정적으로 만들었다.

물론 일본의 가해 역사를 잘 아는 관객들 중에서도 이 작품에 대해서만큼은 작품성을 인정해야 하며, 누가 가해자이고 피해자인지를 논하기에 앞서 전쟁 그 자체가 힘없는 일반 국민들에게 가져오는 참상에 주목해야 한다고 주장하는 경우도 있다. 그러나 이 주장을 펼치는 사람들 역시 극도로 조심스러운 태도를 취한다. 다수의 관객들이 이 영화에 대해 어떻게 인식하는지를 알기 때문이다. 이처럼 한 편의 영화나 애니메이션에 대한 수용자의 해석은 능동적인 동시에, 분명한 사회적 사실이나 구조의 영향을 받는다. 아마 한국 관객들 중에서도 일제강점기를 직접 경험했거나 이 시기를 비교적 가깝게 느끼는 관객들이 분노를 더 크게 느낄 것이다.

여기서는 대표적인 사례로 〈반딧불의 묘〉를 들었지만, 비슷한 사례는 얼마든지 찾아볼 수 있다. 예컨대 유태인들은 바그너의 음악을 듣지 않는다고 한다. 그들을 잔혹하게 탄압하고 살해한 히틀러가 가장 사랑했던 작곡가이고, 바그너 역시 반유대주의 성향이 짙었기 때문이다. 따라서 유태인들에게 바그너의 음악은 '죽음의 음악'으로 받아들여진다. 좀 더 가까운 예시로는 소설 《82년생 김지영》을 들 수 있다. 몇 해 전 큰 인기를 끈 뒤 동명의 영화로도 제작되었으며, 이 시대 한국 여성이라면 누구나 공감할 만한 소재와 내용이라 할 수 있지만, 당시 격화되었던 한국 사회의 젠더 갈등과 더불어 남녀 관객들의 평가가 극적으로 갈리며 커다란 논란을 촉발시켰다. 이러한 사례들은 독자와 관객이 작품에 의미를 부여하고 내용을 해석하는 데 무조건적인 자율성이나 능동성이 적용되는 것은 아니며, 일정한 사회적 힘이 가해진다는 점을 보여준다.

스포일러가 된 포스터

바야흐로 한국 문화 콘텐츠가 세상을 지배하는 시대다. 케이팝은 물론이고 한국 영화와 드라마가 전 세계적으로 선풍적 인기를 끈다는 점에서 한국이 새로운 문화 강자로 등극했다고 볼 수 있다. 이때 관객들이 어떤 작품을 볼지 결정하는 데 중요한 역할을 하는 것 중 하나는 바로 드라마나 영화의 얼굴이라 할 수 있는 포스터다. 드라마나 영화 포스터를 예술사회학적 관점에서 바라볼 때 흥미로운 점은, 같은 작품이어도 국가에 따라 포스터의 외양이 바뀐다는 것이다.

이는 앞서 살펴본, '기대의 지평'을 고려해 더 많은 관객들을 유치하기 위한 영화 제작사의 전략이라고 볼 수도 있다. 각국의 관객 집단을 하나의 '해석적 공동체'로 간주해, 이들에게 어필할 수 있는 지점들을 부각시키는 것이다. 이를 보여주는 대표 사례로 박찬욱 감독의 영화 〈친절한 금자씨〉의 포스터가 있다. 국내용 버전에는 배우 이영애의 창백한 얼굴, "정말이지…착하게 살고 싶었답니다"라는 문구와 박찬욱 감독의 이름이 적혀 있다. 영화를 본 관객들이라면 이 포스터가 얼마나 영화의 분위기와 잘 어울리는지 느낄 수 있을 것이다.

일본판 포스터는 검정색과 붉은색이 대비를 이루었던 국내용 포스터와는 달리 온통 순백색을 띠는 배경에, 창백하다기보다는 청순가련한 느낌의 아련한 표정을 짓는 배우 이영애의 얼굴이 한층 두드러지게 표현되어 있다. 이는 당시 일본에 대대적인 한류 열풍을 일으켰던 드라마 〈겨울연가〉를 연상시키는 순백의 느낌을 살리고, 드라마 〈대장금〉에서 배우 이영애가 분한 착하고 바른 장금이의 이미지를 좋아하는 일본 관객들의 선호와 취향을 고려한 것이다. 그래도 일본판 포스터는 국내용 포스터와 비슷한 측면이 많다. 프랑스와 스웨덴의 포스터와 비교하면 말이다.

프랑스판 포스터는 배우 이영애의 얼굴 전체를 보여주는 대신, 빨간색 눈 화장 덕분에 한층 강렬해 보이는 그의 눈을 클로즈업해서 보여준다. 제목 역시 〈친절한 금자씨〉를 직역하는 대신 '복수$_{vengeance}$'라는 단어를 활용해, 한 여성의 '복수극'이 주요 내용임을 강조한다. 일본판 포스터 속의 청순한 여성의 모습과 달리 프랑스판 포스터 속의 여성은 각종 액션에 능한 복수의 화신과 같은 모습이다. 왜 이런 드라마틱한 변화가 일어났을까? 한국이나 일본에 비해 배우 이영애의 인지도가 낮은 프랑스에서는, 배우를 강조하는 대신 전 세계적으로 가장 인기가 많은 액션 장르의 영화임을 보여주는 데 초점을 맞추었기 때문이다. 관객을 유치하려는 영화 제작사의 입장에

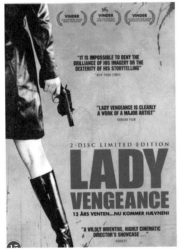
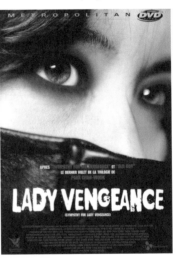

영화 〈친절한 금자씨〉의 원작(한국), 일본, 프랑스, 스웨덴 포스터(왼쪽 위부터 시계방향).
서로 다른 포스터는 더 많은 관객들에게 어필하기 위한 각국 제작사의 전략을 보여준다.

서는 이 점이 더욱 큰 홍보 효과를 가져온다고 본 셈이다.

마지막으로, 언뜻 보기에 영화 〈킬빌〉을 연상시키는 스웨덴판 포스터는 스웨덴 관객들의 관심과 흥미를 자극하기 위한 설정이 노골적으로 두드러진다. 스웨덴판 포스터에서는 아예 배우 이영애의 얼굴이 나오지 않으며, 가죽 의상을 입고 한 손에 총을 든 강한 여성의 뒷모습만이 비춰진다. '여자의 복수Lady Vengeance'라는 제목 역시 붉은색으로 강렬하게 적혀 있으며, 그 옆에는 핏자국을 표현해놓았다. 이는 프랑스판 포스터에서와 마찬가지로 이 영화가 액션 장르라는 점을 강조하는 동시에, 영화 〈킬빌〉의 감독 쿠엔틴 타란티노의 작품에 대한 선호도가 높은 스웨덴 관객의 취향을 적극적으로 고려한 조치이다. 이처럼 우리는 동일한 영화인데도 포스터들이 어떻게 변형되는지를 확인함으로써 해당 국가 관객들에 대한 정보를 역으로 얻을 수 있다.

그렇다면 해외에서 수입된 영화들의 경우는 어떨까? 한국 관객들의 시선을 사로잡는 포스터는 어떤 특징들이 있는지 한번 살펴보자. 먼저 살펴볼 것은 톰 후퍼Tom Hooper 감독의 〈레미제라블〉이다. 원작 포스터에는 어린 여자아이의 얼굴과 함께 싸움Fight과 꿈Dream, 희망Hope, 사랑Love이라는 단어가 차례로 적혀 있다. 포스터 상단에 주연 배우들의 이름이 적혀 있기는 하지만 크게 눈에 띄지 않는다. 어떻게 보면 매우 단순한 이 영화 포스터는 국내로 수입되면서 한국인의 취향에 맞게 가공되었다. 어떤 배우가 출연하는지를 중요하게 고려하는 한국 관객들의 특성에 맞춰 유명한 주연 배우들의 얼굴이 포스터의 80퍼센트 이상을 차지하며, 영화 제목 위에는 "당신의 영혼을 울릴 감동 대작"이라는 글귀가 적혀 있어 이 작품이 '감동적인' 내용임

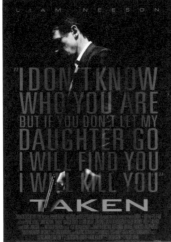

영화 〈레미제라블〉과 〈테이큰〉 원작 포스터(왼쪽)와 각각의 한국판 포스터.
원작 포스터는 국내로 수입되면서 한국 관객들의 취향에 맞게 가공되었다.

           III. 생산되고 소비되는 예술

을 강조한다. 무엇보다 맨 아랫줄에 이보다 더 굵고 밝은 글씨로 "2013년 아카데미 8개 부문 노미네이트!"라는 문구가 있다. 이는 명확하게 이 작품이 세계적으로 인정받은 작품임을 강조하는 것으로, 역시 한국인들이 주요하게 생각하는 영화 선정의 기준과 부합한다.

영화 〈테이큰〉의 포스터도 이와 매우 유사한 변형의 과정을 거쳤다. 원작 포스터에서는 총을 든 배우의 옆모습을 통해 영화가 액션물임을 보여주고, 영화 속 배우의 대사가 배경 처리되어 제시된다. 반면 한국판 포스터에서는 주인공을 맡은 배우 리암 니슨의 얼굴이 강조되었으며, "전직 특수요원의 프로페셔널한 추격이 시작된다!"라는 문구가 상단에 크게 제시되어 있어, 아직 영화를 보지 않은 관객들도 대략의 줄거리를 파악할 수 있게끔 해놓았다. 뿐만 아니라 '테이큰'이라는 제목 아래에 빨간색 글씨로 "숨막히는 스릴을 만난다!"는 문구를 적어놓아 영화의 전반적 분위기까지 제시해준다. 이 밖에도 해외 영화들의 국내용 포스터를 살펴보면 거의 스포일러에 가까운 문구들이 큼직하게 박혀 있음을 확인할 수 있다.

브리콜라주, 기성세대 엘리트를 경악시키다

앞서의 사례들은 해석 공동체로서의 수용자 집단과, 이들이 특정 예술 작품의 의미를 해석해내는 데 영향을 미치는 구체적인 사회적 맥락들에 대해 생각해볼 수 있게 한다. 이를 통해 예술 작품의 내용이나 그 생산 과정뿐만 아니라 예술 작품의 소비, 즉 어떤 작품을 누가 어떻게 소비하고 수용하느냐 하는 문제 역시 관객·독자가 발 딛고 사는 사회와 긴밀하게 연결되어 있음을 알게 해준다. 지금부터는 예술 작품의 소비자들이 단순히 그 내용을 해석하는 것을 넘어, 조금 더 적극적인 의미에서 소비 행위 자체를 통해 특정한 의미를 생산해내고 발산하는 과정을 살펴볼 것이다. 특히 여기서는 하위문화subculture 소비에 초점을 맞춰, 사회의 주류 문화와 구별되는 특정 문화들에 대한 소비가 이 문화를 소비하는 소비자들에게, 그리고 이들을 바라보는 다른 사회 구성원들에게 어떠한 의미로 받아들여지는지에 주목할 것이다.

'브리콜라주bricolage'라는 단어를 혹시 들어본 적이 있는가? 이 프랑스어 단어의 사전적 의미는 '여러 가지 일에 손대기' 혹은 '수리'라는 뜻이다. 예술직 측면에시는 '손에 닿는 대로 이무것이나 재료로 이용헤 예술 작품을 만들어내는 기법'을 의미하기도 한다. 오늘날 예술에서 자주 활용되는 이 단어는 사실 프랑스의 인류학자 레비스트로스의 책《야생의 사고The Savage Mind》에서 사용된 문화 용어이다. 브라질의 원시 부족을 연구한 후 쓴 이 책에서 레비스트로스는 원주민들이 그들만의 '야생의 사고'가 있다고 언급하며, 여러 분야에서 다양한 일을 해내는 부족사회 내 문화 담당자인 브리콜뢰르bricoleur에 주목한다. 브리콜뢰르는 부족사회에서 한정된 재료와 도구를 가지고 다양한 일을 능숙하게 하는 사람을 말하며, 사전적으로는 '여러 가지 일이나 작업에 손을 대는 사람'으로 정의된다. 즉, 브리콜라주는 브리콜뢰르가 행하는 하나의 멀티태스킹 정도로 해석될 수 있다.

영국의 문화 연구자 헵디지는 이러한 브리콜라주를 연구한 대표적인 문화주의자이다. 문화주의 연구에서 하위문화는 매우 중요한 연구 주제 중 하나인데, 헵디지[19]는 이러한 전통하에서 '저항적 하위문화'에 관한 연구를 수행했다. 그는 영국의 젊은 노동자계급 남성들이 브리콜라주를 통해 기성 문화와 중산계급의 가치에 상징적으로 저항한다고 분석했다. 그에 따르면 젊은 노동자계급의 남성들은 전통적으로 예술 작품을 만드는 데 사용되지 않았던 일상 속 여러 물건들을 골라, 기성세대들이 충격을 받을 만큼 예상치 못한 방법으로 조합해내거나 충격적이고 새로운 스타일의 음악을 만들어냈다. 이를 통해 자신들을 하나의 집단으로 규정하며 독특한 '집단 정체성'을 구축했다. 그러나 태생적으로 저항적 성격을 띠었던 브리콜라주는 점차 문화 산업에 의해 수용·정화되면서 결국 그 저항적 성격이 사라지게 된다.

해외 유명 브랜드 샤넬의 2014년도 봄·여름 시즌 패션쇼는 브리콜라주

브리콜라주 콘셉트로 열린 샤넬의
2014년도 봄·여름 시즌 패션쇼는
문화 산업에 수용·정화된
'저항적 하위문화'의 결말을 보여준다.

를 콘셉트로 했는데, 이는 앞서 헵디지가 언급한, 문화 산업에 수용·정화된 저항적 하위문화의 결말을 보여주는 하나의 사례라 할 수 있다. 애초 배경에 존재했던 저항 의식은 사라지고, 겉으로 보이는 이미지만 남아 자본에 의해 이용되고 마는 것이다. 또 한 가지 여기서 주목할 점은, 브리콜라주를 통한 젊은 노동자계급의 저항이 상징적이라는 점이다. 이는 하위문화의 독특한 특성인 동시에 한계점이라고도 할 수 있는데, 이와 관련해서는 마돈나 Madonna의 소녀 팬들에 관한 이야기를 하면서 다시 한번 살펴볼 것이다.

폭주족과 히피는 어떻게 연결되는가

하위문화와 관련된 또 하나의 대표적인 연구로는 폴 윌리스가 수행한 '폭주족'과 '히피족'의 하위문화와 음악에 관한 연구를 들 수 있다. 윌리스는 1978년에 쓴 책《세속 문화Profane Culture》에서 폭주족과 히피족이 어떻게 음악과 사회적 삶을 연결시키는지 살펴보았다. 그 결과, 이들이 선택하는 음악과 이들의 집단 생활양식 간에 일련의 '상동 관계homologies'가 존재함을 밝혀냈다. 예컨대 폭주족들은 전통적인 록 음악과 같은 강하고 빠른 비트의 음악을 선호했는데, 이 음악은 이들에게 안정감과 진실성, 남자다움의 감정을 제공하는 것으로 나타났다. 반면 히피들은 프로그레시브 록progressive rock 음악을 선호했는데, 이는 이들이 마약을 할 때 더욱 기분이 좋아지게 만드는 등 강렬한 감정적 경험을 제공하는 것으로 확인되었다.

헵디지와 윌리스 모두 영국 문화 연구British Cultural Studies의 전통 아래 대중문화 소비자에 대한 민족지적ethnography 연구를 수행했다. 여기서 민족지적 연구란, 설문조사나 통계 기법과 같은 양적 연구 기법이 아닌 인터뷰나 참여 관찰 등의 질적 연구 기법을 활용한 연구를 의미한다. 영국의 문화주의자들은 기존의 엘리트 문화가 아닌 '변경의 하위문화' 또는 노동자계급의 구성원들이 향유하는 대중문화를 연구하고 찬양했으며, 상이한 집단(예: 계급) 간에 벌어지는, 문화 소비를 통한 상징적 투쟁에 대한 연구를 강조했다. 이 같은 연구 경향은 문화 소비의 '정치적 문맥'을 강조함으로써, 이와 다른 관점에서 대중문화 분석을 시도했던 미국의 학자들에게 큰 자극을 주었다.

문화주의자들에 대한 존 스토리John Storey의 설명은,[20] 이들이 추구했던 연구의 방향을 구체적으로 보여준다. 스토리에 따르면 문화주의자들은 특정 집단이나 계급, 또는 전체 사회의 경험과 가치(감정의 구조)를 재구성하기 위해 문화적 텍스트와 행위를 고찰했다. 이는 그들이 살았던 당시의 문화를

폭주족(맨 왼쪽)과 히피의 모습,
그리고 이들이 어떻게 음악과 사회적 삶을 연결하는지
살펴본 폴 윌리스의 책 《세속 문화》의 표지.

좀 더 잘 이해하기 위함이다. 문화주의자들이 이 연구를 한 이유는 대중문화(보통 사람들의 생생한 문화)가 연구할 만한 가치가 있다고 여겼기 때문이다. 문화주의자들은 '이용과 충족 관점'처럼 사람들이 문화 소비에 능동적인 존재라고 믿었다. 이때 감정의 구조는 '구조'라는 말이 암시하듯 분명하고 견고하지만 개인의 활동 중 가장 섬세하고 파악하기 힘든 부분에서 작동하는, 이른바 '한 시대의 문화'[21]로 이해될 수 있다. 그렇기에 문화 연구에서는 앞서 살펴본 의미와 이해, 그리고 이를 '두껍게' 기술하는 것이 매우 중요하다.

'기호학적 저항'의 의의와 한계

영국 문화 연구의 주요 연구 주제들 중 또 하나의 중요한 축을 담당하는 것은 '능동적 수용자the active audience'에 관한 것이다. 대표적인 예로는 피스크 John Fiske[22]의 연구를 들 수 있다. 그는 미국·영국·호주에서 대중예술 소비에 관한 연구를 수행해, 사람들이 대중예술 소비를 통해 자신만의 '의미를 창조'해낸다는 점을 밝혀냈다. 그의 연구는 그가 던진 연구 질문과 관련해 능동적 수용자 측면에서 중요한 의의를 지닌다. 그는 예술, 특히 대중예술에 부여되었던 부정적 특성들을 언급하며, 왜 능동적이고 주체적인 관객과 독자가 이 같은 대중예술을 소비하는지에 의문을 가졌다. 이를테면 '대중예술이 백인, 자본가, 가부장의 헤게모니를 담는다면 사람들은 왜 이러한 문화를 소비하는가?' 하는 것이다.

피스크는 사람들이 실제로 대중예술을 소비하는 모습을 연구한 뒤, 이들의 소비가 단순한 소비에 그치는 것이 아니라, 소비 행위를 통해 적극적으로 자신들의 의미를 만들고, 새롭게 만들어낸 의미로 기존의 메시지에 저항한다고 주장했다. 대중매체를 통해 지배적 엘리트가 제시하는 의미를 무조건적으로 받아들이는 것이 아니라, 스스로 정체성을 만들며 '기호학적 저항semiotic resistance'을 통해 지배적 메시지에 저항한다는 것이다. 우리는 이와 관련된 아주 흥미로운 사례를 마돈나의 소녀 팬들에게서 찾아볼 수 있다.

명실상부한 '팝의 여왕'으로 불리는 마돈나를 수식하는 형용사는 아주 많다. 1980년대 중반부터 2000년대 중반에 이르기까지 대중음악계를 강타하며 신드롬에 가까운 인기를 구가한 것은 물론, 2020년대에도 현역 가수로 활발히 활동 중인 그는 대중음악계 역사상 가장 큰 성공을 거둔 여성 아티스트로 평가받는다. 특히 음반 판매량은 총 3억 장 이상을 기록해 '역사상 가장 많은 음반을 판매한 여성 아티스트'로 기네스에 등재되는 등 상업성과 음악성, 영향력 등 여러 부문에서 최정상급의 성공을 거두면서 언론 및 학계의 진지한 분석 대상이 되기도 했다. 마돈나가 데뷔한 1980년대 미국 사회는 특히 젠더 문제에서 매우 보수적이었기 때문에, 이러한 기존 체제에 보란 듯이 저항하는 마돈나의 등장은 가공할 만한 충격을 안겨다주었다.

첫 '빌보드 핫100' 10위권 곡인 〈보더라인Borderline〉의 뮤직비디오에서 그는 당시 금기시되던 인종 간의 초월적 사랑을 보여주었고, 이어 1984년 〈라이크 어 버진Like a Virgin〉 앨범으로 성에 대해 거리낌없이 이야기하며 성 해방가로서의 면모를 보이기도 했다. 또한 마릴린 먼로의 노래 〈다이아몬드는 여성의 가장 좋은 친구Diamonds are a Girl's Best Friend〉를 패러디한 곡 〈머티리얼 걸Material Girl〉을 통해 주체적이고 진취적인 여성상에 대해 노래하며 센세이션을 일으켰다. 여기에 더해 마돈나의 패션은 당시 미국 10대 소녀들이 따라하는 워너비Wannabe 문화를 만들어내며 하나의 사회적인 현상을 불러일으키기도 했다.

10대 소녀들을 중심으로 한 마돈나 열풍을 보여주는 단적인 사례가 바로 1985년, 미국 캘리포니아주 로스앤젤레스에 위치한 셔먼오크스 갤러리 아몰Sherman Oaks Galleria Mall에서 개최된 '마돈나 닮은꼴 대회Madonna look-alike contest'이다. 이 대회의 심사위원은 무려 앤디 워홀이었으며, 수많은 10대 소녀들이 마돈나를 그대로 따라한 듯한 의상과 헤어스타일을 하고, 말투와 행동을 흉내 내며 그들의 우상인 마돈나와 닮아 보이려고 애썼다.

소녀 팬들은 왜 그렇게 마돈나에 열광하며 그의 스타일을 따라하려고 했을까? 그것은 단순히 마돈나의 음악이 듣기 좋거나 외양이 멋져 보이는 것을 떠나 그가 상징하는 성적 자유로움, 저항 정신 등이 일종의 해방감을 부여하고, 그들을 억누르던 기존의 가부장적인 사회 체제에 대항할 수 있는 하나의 도구로 작용했기 때문이다. 물론 마돈나의 소녀 팬들이 부모나 다른 어른들에게 물리적인 폭력을 행사하거나, 거리에서 시위를 하는 등 직접적으로 사회 체제에 저항한 것은 아니다. 그렇기 때문에 피스크는 그들의 저항을 '기호학적 저항'이라 부른 것이다.

저항이 기호학적이라니 이게 무슨 말일까? 일반적으로 우리가 어떤 것에 저항한다고 할 때 쉽게 떠올릴 수 있는 이미지는 거칠게 몸싸움을 하거나 원하는 바를 목청껏 외치는 모습이다. 이 같은 저항을 우리는 '물리적 저

마돈나의 〈라이크 어 버진〉
뮤직비디오의 한 장면(위)과
'마돈나 닮은꼴 대회'에 출연한 소녀 팬들의 모습.
피크스는 마돈나를 향한 소녀 팬들의 열광이
가부장적인 사회 체제를 향한
'기호학적 저항'이라고 보았다.

항'이라고 부른다. 한편 기호학은 문화 전체를 일종의 기호 체계로 보고 이를 연구하는 학문을 의미한다. 그런 맥락에서 볼 때 마돈나 소녀 팬들의 저항은 매우 기호학적이다. 이들의 저항은 마돈나의 '음악'을 매개로 하고, 파격적인 '복장(의상)'을 도구로 활용하기 때문이다.

그리고 바로 여기에 이들의 대중예술 소비의 의의와 한계가 있다. 의의에 주목하는 이들은 어쨌든 마돈나의 팬들이 현실에 순응하지 않고 '저항'한다는 측면을 강조한다. 하지만 한계에 주목하는 이들은 그들의 저항이 마돈나의 앨범을 구매하고, 마돈나 스타일의 옷을 구매하는 등 실질적으로는 자본주의 사회에서 가장 중요한 행동이라 할 수 있는 '소비'를 통해 이루어진다는 점에서 단순히 '기호학적' 측면에 머무른다는 점을 강조한다. 여러분들은 어느 쪽에 손을 들어주겠는가?

주관성을 어디까지 수용할까?

독자와 관객, 즉 예술 작품의 수용자가 갖는 능동성과 자율성, 그리고 이와 동시에 작용하는 문화 소비의 사회성에 대한 접근은 여느 이론이나 관점이 그러하듯 많은 비판에 직면해왔다. 가장 일반적인 수준의 비판은 이론의 목적과 일반화의 가능성에 대한 논쟁이다. 아무래도 수용이론이 개별 예술 소비자들의 능동성, 그리고 이들이 생산해내는 의미와 이에 대한 해석을 강조하다 보니, 실증적인 연구를 수행하는 사회학자들은 의미와 같은 주관적인 주제를 연구할 필요가 없다고 주장한다. 통계적인 절차를 거쳐 이론을 검증하는 데 주력하는 이들의 입장에서는, 해석적 전통에 입각한 모든 연구들은 증명이 불가능하기 때문에 고려할 만한 가치가 없다고 보는 것이다.

상대적으로 덜 급진적인 실증주의자들은 일반적인 목적을 위한 해석적 접근은 인정하지만, 개별 연구들의 신뢰성과 타당성에 대해서는 여전히 의문을 제기한다. 말 그대로 해석이라는 행위에는 연구자의 선입견이나 편견과 같은 주관이 개입될 여지가 많기 때문이다. 조사와 연구의 과정에서 연구자의 입맛이나 주장에 맞는 표본, 즉 연구 대상자나 관련 자료를 임의로 추출할 수 있다는 것 역시 문제가 된다.

물론 수용이론을 지지하는 학자들의 입장에서는 의미라는 것이 본질적으로 각 개인마다 다른 것인데 표본 추출이 왜 문제가 되느냐고 반문할 수 있다. 또한 현상학자들의 주장처럼, 이 세상에 존재하는 모든 것이 역사적이고 우연적이라면 사실상 모든 이론의 일반화는 불가능하다고 할 수도 있다. 더 나아가 포스트모더니즘이 주장하듯 모든 사회학 이론이 권력으로부터 구성된 '일반적 구조grand narrative'를 내포한다면, 일반화는 역시 불가능해지며 오히려 해체되어야 할 수도 있다.

또 다른 비판은 예술의 수용자들이 텍스트로부터 창조하는 의미는 무엇이며, 어느 정도의 의미를 찾아내느냐에 대한 논쟁과 관계된다. 수용이론적 관점의 연구를 인정한다 하더라도, 그 연구 결과들을 어떻게 어느 정도로 받아들일 것이냐 하는 문제가 발생한다는 것이다. 또 다른 측면에서는 수용이론적 관점이 관객을 이론화하고는 있지만, 좀 더 기술적인 측면에서 이를 검토하는 데 실패한다고 지적하기도 한다. 연구의 대상 역시 문제로 지적된다. 가령 우리가 앞서 살펴본 많은 하위문화 연구들의 사례와 같이, 문화 연구 전통을 따르는 많은 학자들이 마르크스주의적 시각을 가지고 민속지학적 방법을 사용해 여러 변방의 집단이나 노동자계급을 연구하지만, 이것이 오히려 중상류계급을 무시하고 간과해버리는 잘못으로 이어질 수 있음을 강조하는 것이다.

14. 예술을 소비한다는 것

바야흐로 '개취(개인의 취향)'에 대한 존중을 강조하는 '취존(취향 존중)'의 시대다. 취향은 지극히 개인적인 것이고, 사람마다 다르기 때문에 누구의 취향이든 모두 똑같이 존중받아야 한다는 뜻이다. 그런데 정말 취향이 개인적인 것일까? 모든 취향은 충분히 존중받을까? 여기 그 관념에 정면으로 반박하는 이론적 틀과 연구를 제시한 학자가 있다. 프랑스 출신의 사회학자이자 현대 사회과학계의 거장인 피에르 부르디외Pierre Bourdieu는 예술에 대한 취향은 결코 개인적이지 않으며 다분히 사회적이라고 주장한다. 그는 왜 이런 주장을 했을까? 그가 이야기하는 너무나 사회적인 '예술의 소비'를 살펴보자.

고야를 좋아하는 당신, 상층계급이시군요

먼저 부르디외 식으로 여러분의 취향을 알아보기 위해 267쪽의 그림들 중 여러분의 취향에 맞는 그림을 골라보자. 이 그림들은 부르디외가 1964년 프랑스 파리에 거주하는 시민들을 대상으로 수행한 설문조사에서 실제로 사람들의 예술 취향을 조사하기 위해 활용한 그림들이다. 이외에도 부르디외는 바흐의 〈평균율〉, 베토벤의 〈엘리제를 위해〉, 요한 슈트라우스 2세의 〈아름답고 푸른 도나우강〉 등 여러 음악과 다양한 문학 작품, 기타 예술 장르들에 대한 선호를 묻는 문항을 통해 각각의 사회계급 구성원들이 보유한 예술적 취향을 확인했다. 그리고 놀랍게도, 각각의 계급 구성원들이 일련의 '취향 공동체'를 이룬다는 점을 발견했다.

그렇다면 앞의 그림들은 각각 어떤 사회계급 구성원들의 취향일까? 이 글의 제목이 힌트를 주듯이, 맨 앞에 제시된 프란시스코 고야_{Francisco Goya}의 〈자식을 잡아먹는 사투르누스〉는 상층계급의 취향에 해당한다. 여러분들 중 누군가는 "어머, 나도 이 그림 마음에 들었는데, 난 상층계급 취향인가 봐"라며 은근히 기뻐했을 수도 있고, 누군가는 "아니 왜 이런 무서운 그림을 좋아하지? 상층계급 사람들 다 이상해!"라고 의아해할 수도 있다. 도대체 상층계급 사람들은 왜 고야의 그림을 좋아하는 걸까? 같은 맥락에서 왜 중간계급 사람들은 레오나르도 다빈치_{Leonardo da Vinci}의 〈모나리자〉를, 하층계급 사람들은 오귀스트 르누아르_{Auguste Renoir}의 〈두 자매〉를 좋아하는 걸까? 이에 대한 부르디외의 설명을 들어보자.

부르디외가 사람들의 예술 취향을 조사하기 위해 사용했던 세 작품인
프란시스코 고야의 〈자식을 잡아먹는 사투르누스〉(1819~1823, 왼쪽 위),
레오나르도 다빈치의 〈모나리자〉(1503), 오귀스트 르누아르의 〈두 자매〉(1881, 아래).

부르디외가 상층계급의 취향으로 제시한 조르주 브라크의 〈에스타크의 집〉(1908, 왼쪽).
그에 따르면 반 고흐의 〈밤의 카페 테라스〉(1888)는 중간계급의 취향을 보여준다.

먼저 부르디외는 앞서 제시된 고야의 그림과 브라크Georges Braque가 그린 〈에스타크의 집〉, 음악 중에서는 바흐의 〈평균율〉과 라벨의 〈왼손을 위한 피아노협주곡〉을 상층계급의 취향으로 제시하며, 이를 '정통적 취향'이라 명명한다. 부르디외에 따르면 이 작품들은 자기만족적인 심미주의자들의 취향을 보여주는 작품들로, 이들은 형식성과 난해함, 대상으로부터의 거리 등을 중요하게 생각한다. 예술 작품에 대한 지식과 경험이 풍부한 상층계급은 미술 작품 등을 감상할 때 단순히 겉으로 드러난 이미지만을 소비하는 것이 아니라 그 안에 담긴 의미와 상징, 화가의 화풍과 해당 작품이 만들어지게 된 역사적 사건이나 배경 등에 대해서도 생각한다. 그러나 상층계급의 이 같은

III. 생산되고 소비되는 예술

피에르 부르디외

(1930~2002)

현대 사회과학계에서 가장 영향력 있는 프랑스 학자이다. 광범위한 영역에 걸친 그의 창의적이고 세련된 이론은 계층, 가족, 종교, 정치, 언어, 예술, 문화 전반에 걸쳐 커다란 영향을 미쳤다. 그의 저작들과 이론은 이해하기 어려운 것으로도 잘 알려져 있다. 평생에 걸쳐 수십 권의 저서와 수백 편에 이르는 논문을 남겼는데, 한국 사회에 대표 저서로 알려져 있는 것은 장클로드 파스롱Jean-Claude Passeron과 공동 저술한 《교육, 사회, 문화에서의 재생산》과 《구별짓기: 문화와 취향의 사회학》으로, 엄청나게 많은 부르디외의 연구들 중에서 상대적으로 가장 '쉽고', 또 '가장 인용이 많이 되는' 것으로 알려져 있다.

부르디외의 이론을 더 잘 이해하기 위해서 '후기구조주의자post-structuralist'이자 '네오마르크스주의자neo-Marxist'로서의 그의 학문적 위치를 짚어볼 필요가 있다. '후기' 혹은 '탈' 등의 표현으로 번역되는 접두사 'post-'는 구조주의를 그대로 적용하는 것이 아니라 긍정적 비판을 통해서 구조주의의 교훈을 간직한다는 뜻을 담고 있다. 부르디외의 이론에서 후기구조주의의 특징을 나타내는 대표 개념은 '아비투스'라 할 수 있는데, 그의 이러한 이론과 개념은 변동이나 갑작스러운 사건 등에 대한 설명력이 약하다는 비판을 받는다. 또한 부르디외는 계급적 사회 분화를 강조하지만, 마르크스적이라고 할 수 없는 가장 분명한 차이점이 있기 때문에 'neo(새로운)'라는 접두어가 붙는다. 의미의 관계, 상징재, 계급 관계 가운데서도 상징적 지배에 커다란 중요성을 부여하는 부르디외의 시각은 베버 쪽에 더욱 가깝다 할 수 있다.

취향은 '타고난' 것이 아니라 '길러진' 것으로, 어렸을 때부터 경제적·문화적으로 풍족한 환경에서 생활하며 체득한 경험들이 이들의 취향으로 굳어진 것이라 할 수 있다.

반면 '대중적 취향'을 가진 하층계급은 보자마자 혹은 듣자마자 즉각적인 만족을 주며 쉽게 몰입할 수 있는 작품에 대해 선호를 보인다. 하층계급의 취향을 대표적으로 드러냈다 할 수 있는 르누아르의 〈두 자매〉는 한눈에 보기에도, 앞서 상층계급의 취향으로 언급된 그림들과는 소재나 화풍, 그림이 주는 느낌에서 큰 차이를 보인다. 상층계급이 선호하는 작품이 관객으로 하여금 "이 그림은 대체 뭘 그린 거지?"라는 혼란을 야기하는 반면, 하층계급이 선호하는 작품들은 특별한 부연 설명이 필요 없는 대상을 밝고 따뜻한 색감으로 그려내어 관객이 훨씬 쉽게 접근할 수 있게 한다. 부르디외는 이러한 하층계급의 취향을 두고, '예술을 위한 예술'의 덧없음을 주장하는 취향과 선택이라 설명한다. 이는 육체노동을 주로 하는 하층계급의 사회경제적 배경이 이들로 하여금 실제 삶과 직결되는 '필요성'의 가치를 최우선으로 삼게 만든다는 데서 비롯된다.

한편 중간계급의 '중간적 취향'은 앞서 이야기한 상층계급과 하층계급의 중간적 성격을 띤다. 부르디외는 중간계급의 취향을 보여주는 대표적인 작품으로 다빈치의 〈모나리자〉와 고흐의 〈밤의 카페 테라스〉, 모네의 〈파라솔을 든 여인〉을 꼽는데, 이들 작품들은 상층계급의 취향이었던 그림들이 대중화된 것들이거나, 대중적인 취향이었던 그림들 중 상층계급에 의해 선호된 것들이라 할 수 있다.

부르디외에 따르면 중간계급의 취향은 중간계급이 갖는 '아비투스

아비투스^{23}

아비투스habitus는 1960년대 부르디외를 통해 사회와 개인, 객관주의와 주관주의, 결정론과 자유의 이분법적인 대립을 극복하는 중심축으로 부상했다. 부르디외는 아비투스의 작동 논리를 다음과 같이 설명한다. 일단 외부의 '사회적 요인'은 특정한 방식으로 느끼고 생각하고 행동하는 지속적이고 전환 가능한 성향으로 각 개인 내부에 자리 잡는다(외재성의 내면화). 이렇게 형성된 아비투스는 개인의 모든 경험을 총합하면서 매순간 지각·평가·행동의 매트릭스로 기능한다. 개인은 이에 따라 외부환경의 제약과 요구에 반응한다(내면성의 외재화). 이러한 측면에서 아비투스는 언제나 모호성과 유동성이 있을 수밖에 없지만, 새로운 맥락에 대한 즉각적이고 독창적인 대응을 낳는다. 이는 우리가 생각과 신체에 지니고 있는 일련의 자원들과 성향들이며, 다양한 사회적 상황에 적용시킬 수 있다. 이를 통해 우리는 만남·사건·결정에서 자신의 방식을 즉각적으로 사용하고 진행할 수 있다.

이렇게 설명하고 나면 아비투스는 매우 좋은 개념처럼 보인다. 그러나 문제는 아비투스가 권력과 계급에 의해 유형화된 사회의 체계적 불평등과 연관되어 있다는 점이다. 아비투스는 불평등에서 발생하며, 불평등을 생산해내는 객관적 구조를 언제나 재생산하는 경향을 띤 일련의 실천적 행위를 만들어낸다. 부르디외에 따르면 피지배자의 위치에 있는 사람들은 성공적으로 삶을 개선시키고 좋은 사회적 지위를 가질 수 있도록 하는 아비투스를 갖고 있지 못하다. 그들의 아비투스는 자신들의 열등한 지위를 재생산할 수 있는 욕구·동기·일상생활·전략만으로 구성되어 있다.

부르디외는 가족과 교육이 이와 같은 불평등한 아비투스를 만들어내는 데 중요한 역할을 담당한다고 주장한다. 개개인의 아비투스를 형성하는 데 생애 초기의 교육과 경험이 결정적이기 때문이다. 아비투스의 기본적 요소인 언어감각, 논리적 사고, 미적 기호, 타인과의 애착관계, 미래에 대한 기대 등은 가정에서 반복된 교육과 경험을 통해 지속적인 성향체계로 결정화되고, 어린 시절에 얻어진 것일수록 더욱 깊게 뿌리내린 뒤 평생에 걸쳐 지속적으로 영향을 미치며, 다양한 실천을 통해 사회의 계급 구조를 재생산한다.

^{habitus}'와 관련되는데, 중간계급 중에서도 '상승하는 쁘띠 부르주아'들은 다양한 형식을 통해 정당한 문화를 인정하고 획득하려는 욕구가 있다. 따라서 끝없이 상층계급의 취향을 추구하는 동시에 하층계급의 취향과 거리를 두려고 한다. 이러한 계급적 특성은 고스란히 그들의 예술적인 선호와 취향으로 연결된다.

취향으로 구분 짓는 '나'와 '너'

누군가는 '사회계급별로 선호하는 예술 작품이 다른 것이 왜 문제가 된단 말인가? 그냥 각자기 좋아하는 예술 작품을 소비하면 되는 것이 아닌가?'라고 질문할 수 있지만, 이때 단 한 가지 전제가 성립해야 한다. 바로 우리 사회에 존재하는 예술 작품에 대한 취향이 모두 동일한 가치를 갖는 것으로 평가된다는 전제이다. 그러나 한번 생각해보자. 나도 모르게 '클래식 음악'을 좋아하는 사람과 '아이돌 음악'을 즐겨듣는 사람을 다르게 생각한 적이 있지 않았는가? 지금은 한국 대중음악, 특히 아이돌 음악의 위상이 많이 높아져 잘 사용되지 않지만, 한때 아이돌 가수를 포함한 대중가수는 '딴따라'로, 이들을 따라다니는 여성 팬들은 '빠순이'로 불렸던 사실을 기억할 것이다.

왜 클래식을 좋아하는 사람은 '애호가'라고 부르면서, 아이돌 음악을 좋아하는 사람들에 대해서는 '빠순이'라는 불명예스러운 이름을 붙였을까? 그것은 우리 사회에 클래식 음악과 그 음악을 좋아하는 사람들, 아이돌 음악과 그 음악을 좋아하는 사람들에 대한 차별화된 시선이 있기 때문이다. 우리가 일상에서 무의식적으로 사용하는 단어와 표현은 생각보다 많은 사회적 의미를 함축하는데, '애호가'와 '빠순이'도 마찬가지이다. 이뿐 아니라 오랫동안 우리는 클래식 음악이나 순수미술, 문학 작품 등을 일컬어 고급예술이라 명명해왔으며, 그와 대비되는 대중예술에 대해서는 암묵적으로 저급예술이라는 타이틀을 부여해왔다.

예술에 대한 취향은 개인적 차원에서나 사회적 차원에서 결코 평등하지 않으며, 똑같이 존중받지 못한다. 어쩌면 그렇기 때문에 우리는 이토록 '취존'을 부르짖는 것일 수도 있다. 물론 개인의 사회적 지위나 위신을 드러내주는 것에는 여러 방법이 있다. 얼마나 많은 경제력을 보유하는가 혹은 얼마나 대단한 사람들과 네트워크를 형성하는가, 아니면 어떤 학교를 나와 어떤 직업을 지녔는가 등 소위 사회경제적 배경이 대표적인 예가 될 수 있다. 그러나 개인이 보유한 취향, 특히 예술에 대한 취향은 이 같은 물질적·객관적 지표들로는 설명되지 않는 지위 표식*으로 기능하며, 그 형성 과정이 구체적으로 가시화되지 않기 때문에 더욱 강력한 힘을 발휘한다.

부르디외의 이론에 따르면 특정 예술 작품에 대한 선호나 취향은 개인이 보유한 '체화된 상태의 문화자본embodied cultural capital'이라 할 수 있는데, 이는 해당 취향을 가진 개인이 나고 자란 가정의 경제적 수준과 긴밀하게 연관된다. 예컨대 경제적·문화적으로 부유한 가정에서 태어나, 말을 떼기 전부터 부모와 함께 집에서 클래식 음악을 듣고, 방학 때면 예술의전당 한

---

* 타인들로 하여금 개인의 사회경제적 지위를 가늠할 수 있게 해주는 여러 특징들.

문화자본 개념

부르디외는 기존 마르크스적 관점의 경제자본 외에 '사회자본'과 '문화자본'을 함께 고려해야 한다고 주장했다. 현금이나 주식, 부동산 등 물질적 차원의 부만으로는 개인이 보유한 자원을 충분히 설명해낼 수 없다는 이유에서다. 우리는 무엇보다 경제력이 우선시되는 자본주의 사회에 살지만, 단지 돈이 많다고 해서 누군가를 높게 평가하지는 않는다. 가령 우리가 '졸부'나 '벼락부자'라고 부르는 사람들은 돈은 많지만 그에 걸맞은 다른 요소들을 갖추지 못해 암묵적인 조롱의 대상이 된다. 이때의 '요소'들이란 우리가 기대하는 학력 수준이나 직업, 언어적 습관, 태도와 매너, 취향을 일컫는다. 여러분이 생각하는 상류층이 누구인지, 어떤 자격과 조건을 갖춘 사람들인지를 한번 구체화해보면 무슨 말인지 단번에 이해할 수 있을 것이다.

이러한 맥락에서 부르디외가 제시하는 사회자본과 문화자본 개념, 이 중에서도 특히 문화자본 개념은 예술 소비와 사회구조가 맺는 관계를 이해하는 데 아주 중요한 틀을 제공한다. 부르디외는 문화자본을 다시 세 가지 다른 상태로 구분한다. 첫째, '체화된 상태embodied state'의 문화자본은 취향이나 태도, 언어 습관과 같은 것이다. 외적인 부(경제자본)가 긴 사회화 과정을 통해 인간 자체의 내적한 한 분야, 즉 아비투스가 된 것으로, 가장 알아채기 어렵다는 특성을 갖는다. 둘째로 '객체화된 상태objectified state'의 문화자본은 책이나 미술 작품, 음반 등의 예술 작품을 지칭하는 것으로, 쉽게 이야기해 우리가 보고 듣고 만질 수 있는 유형의 문화자본이라 할 수 있다. 이러한 형태의 문화자본을 진정으로 향유하기 위해 중요한 것은, 단순한 '소유'를 떠나 체화된 문화자본이 필수적으로 요구된다는 점이다. 마지막으로 '제도화된 상태 institutionalized state'의 문화자본은 앞서 언급한 두 상태의 문화자본이 사회적으로 객관화 혹은 제도화된 것으로, 대학교의 학위나 사회적·공식적 인정 같은 것을 의미한다.

III. 생산되고 소비되는 예술

가람 미술관에 가서 미술 전시를 본 사람은 매우 자연스럽게 순수예술에 익숙해지며, 해당 장르를 좋아할 확률이 그렇지 못한 사람보다 높아진다. 조금 다른 예로 오디션 프로그램에 나와 트로트를 구성지게 부르는 어린아이들의 사연을 들어보면, 이들이 조부모와 매우 가깝게 지내거나 함께 생활하며 트로트 음악을 즐겨 들었다는 이야기가 빠지지 않고 등장하는데, 이 경우도 장르만 다를 뿐 앞서 순수예술을 좋아하게 되는 과정과 비슷하다.

예술에 대한 선호나 취향이 경제적 측면, 즉 물질적 부와 밀접하게 연관된다는 사실 이외에 또 하나 중요한 사실은, 이 같은 취향이 사회적 집단을 형성하고 집단들 간의 가시적·비가시적 경계를 강화하는 수단으로 활용된다는 것이다. 표면적인 수준에서 취향 공동체를 이루는 이들은 사실상 동일한 사회경제적 배경, 즉 계급적인 배경을 공유하는 집단이다. 이들은 자신과 비슷한 사람들을 내집단으로 포섭하고, 그렇지 못한 사람들에 대해서는 외집단으로 배제하는 모습을 보인다. 취향을 매개로 유유상종하는 것이다. 따라서 이러한 포섭과 배제의 과정은 매우 자연스럽고 부드럽게 이루어지는 것처럼 보인다. 부르디외는 이를 사회계급들 사이에서 벌어지는 보이지 않는 투쟁, 혹은 '구별 짓기'라고 설명한다.

미술관에 가면 작아지는 이유

앞서 매우 자연스럽고 부드럽게 이루어진다고 이야기한 포섭과 배제의 과
정에 대해 좀 더 이야기해보자. 부르디외가 이야기하는 계급 간 구별 짓기
는 절대 노골적으로 진행되지 않는다. 그보다는 더욱 은근하고 비밀스럽게,
배제를 하는 사람이나 당하는 사람이나 자신이 배제하고 또 배제당한다는
사실을 눈치채지 못하는 사이 부지불식간에 이루어진다. 어떻게 이게 가능
할까? 자, 예를 들어보자. 여러분은 어느 장소에 있을 때, 혹은 어떤 사람들
과 함께할 때 가장 편안함을 느끼는가? 나와 전혀 다른 사람? 아니면 나와
비슷한 사람? 아마 후자일 것이다. 여러분들과 가깝게 지내는 사람들에 대
해 한번 생각해보라. 서로 너무나 잘 통해 소울메이트가 아닐까 싶은 사람
이면 더욱 좋다.

　분명 여러분은 머릿속에 그리는 그 사람과 많은 취향을 공유할 것이다.
음악 취향이 비슷할 수도 있고, 동일한 스타일의 영화를 좋아할 수도 있다.
그래서 평소 서로가 좋아하는 음악에 대해 이야기를 주고받고, 주말이 되면
함께 영화관에 가거나 미술관에 갈 수도 있다. 그리고 아주 높은 확률로 두
사람은 성장 배경이 비슷할 것이다. 물론 이 같은 유사한 성장 배경 혹은 성
장 환경은 두 사람이 나고 자란 가정의 계급적 위치에 토대를 둔다. 우리는
새로운 사람을 만날 때, "혹시 어떤 계급이세요?"라고 묻지 않는다. 대신 무
엇을 좋아하는지, 평소 어떤 취미 생활을 즐기는지, 자주 가는 장소는 어디
인지, 어떤 친구들과 어울리는지 묻고, 이를 통해 상대방이 어떤 사람인지

파악한다.

　매우 당연하게도, 비슷한 예술 취향을 공유한다는 점은 서로에 대한 호감을 높이는 데 중요한 역할을 한다. 이렇게 형성된 관계는 다시금 두 사람 주위에 존재하는 또 다른 비슷한 사람들과의 연결로 이어지며, 취향 공동체로 보이는 하나의 집단을 형성하게 된다. 바로 이러한 과정이 부르디외가 이야기하는 내집단으로의 포섭이다. 표면적으로 비슷한 미적 취향과 생활양식을 공유하기 때문에 서로 어울린다고 여겨지는 이 집단은, 그러나 단순한 취향 공동체라기보다는 그 밑바탕에서 공동의 계급적 위치를 공유하는 계급 공동체이다. 부르디외에 따르면 상층계급 구성원들은 자신과 유사한 경제자본·문화자본을 보유한 또 다른 상층계급 구성원들과 함께할 때 익숙함을 느끼고, 그러한 상황을 '자연적인' 상태로 받아들인다. 물론 이는 중간계급이나 하층계급의 경우도 마찬가지이다.

　그렇다면 배제가 이루어지는 메커니즘은 어떠할까? 나와 다른 집단 구성원에 대한 배제의 과정 역시 포섭의 과정과 유사한 양상을 보인다. 혹시 미술관이나 클래식 공연장에 방문해 나도 모르게 움츠러든 경험이 있는가? 왠지 이곳은 나와 어울리지 않고, 그래서 내가 여기 있으면 안 될 것 같은 느낌을 받아본 경험 말이다. 두 명의 청년을 한번 상상해보자. 한 명은 어렸을 때부터 주말이면 부모님과 미술관에 가 그림을 감상하거나 클래식 공연장에서 음악을 감상했고, 나머지 한 명은 전혀 그런 경험 없이 성장했다. 그러다 어느 날 두 사람이 과제나 업무 때문에 미술관에 가야할 일이 생겼다면, 이 두 사람은 어떤 기분이 들까?

　전자의 청년은 아주 편안한 마음으로 익숙하게 미술관에 방문할 준비를 마칠 것이다. 그러나 미술관 방문이 처음인 청년이라면 어떨까? 물론 들뜨고 설레는 마음일 수도 있지만, 긴장과 불안감을 느낄 수도 있다. 태어나 처음 방문해보는 미술관에 가기 위해 어떤 준비가 필요한지를 검색해보고, 옷은 어떻게 입고 가야 하는지 고민하는 등 무척 신경이 쓰일 수도 있다. 그리고 미술관에 도착해서도 왠지 모르게 마음이 너무 불편하고 오래 있으면 안 될 것 같은 기분이 들어 빨리 나오고 싶을 수도 있다. 어쩌면 부모와 함께 온 꼬마 아이를 보면서, 저 아이는 커서 얼마나 이 공간을 익숙하게 생각할까에 대해 잠시 생각에 잠길 수도 있다. 이는 실제로 소위 고급예술과 관계된 공간과 장소를 처음 방문한 사람들이 자주 하는 이야기이다. 그리고 당연하게도 이들 공간에 대한 이질감은 해당 공간을 익숙하고 자유롭게 전유하는 사람들에 대한 이질감으로 이어지고, 이러한 과정을 통해 포섭 때와 마찬가지로 아주 자연스럽게 '배제'가 이루어진다.

부르디외는 이처럼 중·하층계급 구성원들이 느끼는 이질적인 감정, 특히 그 원인을 자신의 탓으로 돌리는 현상을 '상징적 폭력symbolic violence'이라 부른다. 물리적·신체적 폭력과는 매우 다른 형태로 부드럽고 비가시적이며, 그렇기 때문에 더욱 강력한 힘을 발휘한다. 지배를 받고 착취를 당하는 대상자들이 스스로 인지하지 못한다는 점에서 부드러운 형태를 지니지만, 그렇기 때문에 지배와 착취를 자연스러운 상태로 받아들이고 벗어나려 하지 않으므로 강력한 힘을 갖는다는 것이다. 부르디외는 이런 식으로 피지배계급이 지배구조의 불공정성이나 문제점, 그로 인한 불이익을 자신들의 잘못이나 능력 부족으로 생각함으로써 사회의 지배구조를 재생산하는 데 일조하게 된다고 분석한다.

불평등을 재생산하는 블랙박스

예술 취향을 매개로 한 구별 짓기와 이를 통한 계급 간 이동의 단절은, 불평등한 사회의 계급 구조를 영속적으로 재생산한다는 점에서 문제가 된다. 부르디외의 《구별 짓기》에 담긴 주요 이론적 틀을 도식화한 그림을 살펴보면,[24] 고급문화라는 개념과 이에 대한 배타적인 선호·향유가 구체적으로 어떠한 과정을 거쳐 불평등한 사회구조를 재생산하는지 간략하고 명료하게 보여준다. 그 과정을 차례로 살펴보면, 재생산의 시작점은 일련의 과정을 통해 재생산되는 구조, 즉 가정의 계급적 위치가 된다. 상류계급의 경우, 부모가 보유한 풍부한 경제자본은 자녀가 태어나고 자라면서 다양한 문화적 경험을 할 수 있는 물적 토대가 된다.

자녀는 가정 내에서 부모와 상호작용하고, 또 비슷한 환경의 사람들(대개는 친척, 부모의 지인, 한동네에 사는 이웃 등이 해당한다)과 교류하면서, 단기간에

| 부르디외의 《구별 짓기》에 담긴 주요 이론적 틀 |

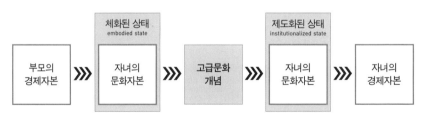

개인의 취향에 대한 서열화

학습하거나 한번에 돈으로 살 수 없는 '체화된 상태의 문화자본'을 습득하게 된다. 인간은 누구나 친숙함과 익숙함, 새로움을 추구하는데, 이때의 새로움은 전적으로 친숙함과 익숙함이라는 특성을 전제로 한다. 태어나는 순간부터 자연스럽게 클래식 음악에 노출되고, 말을 떼기 전부터 부모와 함께 미술관과 공연장으로 고급예술을 즐기러 다닌 사람은 그런 경험을 해보지 못한 사람들에 비해 고급예술에 대한 취향을 가질 확률이 매우 높다.

물론 개인이 갖게 된 취향은 그야말로 개인의 소비 방향을 결정짓는 개인적 성향에 그칠 수도 있다. 하지만 부르디외의 설명에 따르면 상류층에 의해 배타적으로 점유되는 고급예술(고급문화)은, '고급'이라는 표현에서 확인할 수 있듯 그 사회가 공식적으로 인정하고 권위를 부여한 가치 있는 무엇이 된다. 모든 사회 구성원들이 최고라고 생각하는 정당한 문화를 즐길 수 있다는 것은, 따라서 이들이 가질 수 있는 하나의 특권이 되며, 그러한 예술 취향을 가졌다는 것은 곧 이들의 지위를 드러내 보여주는 하나의 표식으로 작용한다. 바로 이러한 과정을 거쳐 자녀가 가지는 '체화된 상태'의 문화자본은, 공식적 승인을 받은 '제도화된 상태'의 문화자본으로 탈바꿈된다.

사회적으로 공인된 이들의 문화자본은 그들이 부모와 같은 수준의 경제자본을 보유하는 데 중요한 역할을 하게 된다. 앞서 언급했듯 비슷한 취향을 가진 사람들, 즉 상류계급은 동류인 상류계급을 알아보고 선호하게 된다. 그들이 살아온 과정, 자라면서 경험했던 많은 이벤트, 현재 즐기는 예술에 대한 취향은 동류의식을 강화하게 되고, 이렇게 형성된 사회적 연결망 속에서 오고가는 도움과 거래는 서로가 서로를 직업적·학업적 측면에서 밀어주고 끌어주는 통로가 된다. 결혼 역시 이렇게 형성된 계급 집단의 경계

속에서 이루어질 확률이 크다.

부르디외는 1960년대 프랑스 파리에 거주하는 시민들을 대상으로 수행한 설문조사 결과를 이 같은 주장의 근거로 들었다. 주지하듯 프랑스는 명실상부한 문화국가로서 예술에 부여하는 국가적·국민적 차원의 가치가 매우 높은 나라이다. 역사상 단 한 번도 나라를 뺏기지 않았기에 아주 오랫동안 공고히 지켜져온 계급 질서와 그에 따른 문화예술적 차이가 뚜렷하게 존재하는 공간인 것이다. 따라서 이렇듯 특수한 역사적·문화적 맥락을 가진 프랑스 사회를 배경으로 한 부르디외의 주장을 하나의 이론으로 보편화할 수 있는지를 두고 수많은 국가의 학자들 사이에 논란이 일었다. 이렇게 촉발된 물음은 더 많은 후속 연구들을 양산하며 부르디외의 주장을 지지하거나 반대하는 결과들로 이어졌다.

한국에서도 2011년 '문화 생산과 소비의 사회적 지평: 문화자본에 관한 경제사회학적 접근' 연구팀이 부르디외가 수행한 것과 동일한 조사에 기반한 전국 단위의 연구를 수행한 적이 있다. 그 결과, 프랑스와 역사적 배경이 다른 한국 사회에서도 사회계급에 따라 상이한 취향이 존재함을 밝혀냈다. 물론 이 같은 예술 취향의 '지형'은 시대의 흐름에 따라 변화한다. 새로운 예술 장르들의 탄생은 물론, 미술관·공연장의 대대적인 확충과 인터넷의 발달로 인한 고급예술에 대한 접근성 향상, 전 국민을 대상으로 하는 다양하고도 풍성한 문화 예술 교육이 그 원인이다. 그러나 우리가 부르디외의 이론에서 중요하게 기억해야 할 점은, 특정 예술에 대한 취향은 개인적인 것이 아니라 다분히 사회적인 것이며, 한 사회의 구조를 재생산하는 데 매우 핵심적인 영향을 미치는 요소이자 자원이 될 수 있다는 사실이다.

자기표현의 수단이 되다

"나는 소비한다, 고로 나는 존재한다I shop I am"라는 말이 있다. 원래 이 문구는 프랑스의 철학자 데카르트가 이야기한 "나는 생각한다, 고로 존재한다I think I am"를 '소비 사회'에 맞게 비튼 것인데, 자본주의 사회에서 개인의 정체성 형성이 소비라는 행위를 통해 실현된다는 뜻으로 사용된다. 실제로 우리는 일상에서 많은 것들을 소비하고, 그것들은 직간접적으로 우리가 누구인지를 드러내어 보여준다. 우리가 사는 곳, 먹는 음식, 입는 옷과 평상시 지니는 물건들은 성별과 직업은 물론, 때로는 성격까지 보여주는 지표로 활용된다. 이 밖에도 혹은 이보다 더욱 중요하게 현대인의 개성과 정체성을 표현해주는 소비 품목이 있으니, 바로 예술이다.

우리는 그야말로 예술이 범람하는 시대를 산다. 비단 미술관에 걸려 있는 예술 작품뿐만 아니라 일상의 모든 영역에서 미학적 측면들이 강조되며, 이는 우리의 일상을 '예술적으로' 가꾸는 데 적지 않은 영향을 미친다. 동일한 기능의 제품도 수만 가지 다른 외양을 한 채로 마음에 들어하는 소비자를 기다린다. 더 이상 예술은 미술관·박물관·공연장·극장에서만 소비할 수 있는, 접근하기 어렵고 다가가기 힘든 존재가 아니다. 우리는 마음만 먹으면 당장에라도 스마트폰과 컴퓨터를 통해 원하는 대로 예술 작품을 보고 듣고 읽을 수 있다. 대량 복제 기술의 발달 덕분에 적은 비용으로 고흐의 그림을 인쇄한 포스터를 방에 걸어둘 수도 있다. 이처럼 급속도로 확장된 예술 작품에의 접근성은 우리가 스스로의 정체성을 형성하고, 무엇보다 나 자신을 표

III. 생산되고 소비되는 예술

현할 때 예술을 적극적으로 활용할 수 있도록 해주었다.

　이러한 행위들은 오늘날 너무나 자연스럽게 이루어져서 여러분들은 어쩌면 의식하지 못할 수도 있다. 하지만 잘 생각해보자. 우리는 SNS의 프로필 사진과 배경음악, 휴대폰 컬러링과 벨소리, 개인 컴퓨터의 배경화면을 설정할 때 예술 작품을 적극적으로 활용한다. 블로그의 시초라 할 수 있는 '싸이월드 미니홈피'에서 가장 중요한 것은 일명 '브금BGM'이라고 불리는 배경음악이었다. 스스로가 생각하기에 나를 잘 표현해주는, 혹은 다른 사람들에게 보여지고 싶은, 자신이 추구하는 자신의 이미지와 그날그날의 기분을 드러내기 위해 우리는 무수히 많은 곡들을 선정했다. 또한 다른 사람들의 취향과 성향, 기분을 파악하기 위해 수없이 많은 '파도'를 타고 다른 사람의 미니홈피에서 흘러나오는 음악을 들었다.

　최근 들어 이러한 경향은 한층 짙어졌다. 기껏해야 미니홈피와 블로그에 머물렀던 과거와 달리 무수히 많은 SNS가 등장했고, '본계정'과 '부계정'의 활용이 점차 활성화되면서 개인이 스스로를 드러내고 표현하며 전시할 수 있는 온라인 공간은 거의 무한대로 확장되었다. 우리는 그 공간을 채워넣기 위해 더 많은 예술을 더 자주 소비한다. 어떻게 보면 예술을 통해 자신을 표현하는 것이 비단 최근의 일만은 아니다. 새로운 사람을 만날 때, 특히 소개팅이나 미팅에 나갔을 때 우리는 서로를 파악하기 위해 많은 질문을 주고받는다. 거기서 빠지지 않는 것이 예술 취향에 대한 질문이다. "어떤 음악 좋아하세요?", "평소에 어떤 장르의 영화를 주로 보세요?"

　물론 앞서 우리가 살펴보았던 부르디외 이론에 입각해 본다면, 이러한 질문들은 개인의 사회경제적 지위나 가정 배경을 가늠할 수 있는 도구가 되기도 할 것이다. 그러나 좀 더 일상적이고 의식적인 측면에서 본다면, 이 질문들은 기본적으로 상대방이 어떤 사람인지 알아보고 이해하기 위해 예술을 적극적으로 활용하는 것이라 할 수 있을 것이다. 당신은 누구인가? 이 질문에 대해 스스로 답하기 어렵다면 평상시 여러분이 듣는 음악, 즐겨 보는 영화, 좋아하는 작가나 화가가 누구인지 한번 살펴보자. 여러분이 소비하는 그 예술 작품들이 여러분에 대해 많은 것들을 말해줄 것이다.

인스타그램 속 미술관

조금 더 세대문화적인 관점에서 볼 때, 최근 'MZ세대'라 불리는 2030세대의 SNS 활용 방식을 보면 단순히 예술을 나를 표현하는 수단으로 활용하는 것을 넘어, 나 스스로를 예술 작품화하려는 시도가 발견된다. 그 대표적인 사례를 꼽아보자면, 인스타그램 등에 '예술 작품을 감상하는 나'의 사진을 찍어 올리는 것을 들 수 있다. 실제로 요즘 젊은 세대의 인스타그램 포스팅 내용을 살펴보면 미술관 포토존에서 사진을 찍거나, 별도로 마련된 공간이 아니더라도 미술 작품 앞에서 그림을 감상하는 자신의 모습을 찍어서 전시하는 게시글들을 자주 볼 수 있다.

　인스타그램이 기본적으로 개인의 경험을 이미지로 찍어 올리는 데에서 시작한 플랫폼이라는 점에서, 스스로를 주인공으로 드러내는 사진을 포스팅하는 것은 일견 당연하게 여겨지기도 한다. 그러나 이들이 미술 작품 혹은 미술 전시의 관람 경험을 활용하는 방식은 독특한 양상을 띤다.

가장 특징적인 것은 인스타그램에 포스팅하는 사진이 단순히 전시 관람 경험을 인증하거나 내가 본 것을 자랑하는 게 아니라는 점이다. 이들은 미술관이라는 특정한 상징성을 띠는 공간 속에서 예술 작품이라는 미적 대상을 감상하는 '나' 자신을 인스타그램에 전시한다. 아주 자세히 들여다보지 않으면 사진 속 인물이 누구의 작품을 보고 있는지, 작품의 제목은 무엇인지 전혀 알 수가 없다. 미술관이라는 공간, 미술품이라는 예술 작품은 이때 사진의 주연이 아니라 조연으로서, 또 배경으로서 사진 속 인물의 예술적 이미지, 즉 미술품 감상이라는 '고상한 취미 생활을 하는 나'를 표현하기 위한 도구로 활용된다. 우리 사회가 예술에 부여한 기호와 상징, 이미지 같은 것들을 적절하게 배치해 나 자신을 돋보이도록 하는 것이다.

이 같은 모습은 예술 작품과 어우러진 나 자신을 전면에 위치시킨다. 이는 예술 작품을 단순히 카카오톡이나 페이스북, 블로그 등의 배경 사진으로 배치하거나, 유명한 시나 문학의 한 구절을 프로필 문구로 적어놓고, 잔잔한 클래식 음악을 배경음악으로 설정해두는 것보다 훨씬 더 직접적인 효과

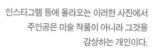
인스타그램 등에 올라오는 이러한 사진에서 주인공은 미술 작품이 아니라 그것을 감상하는 개인이다.

14. 예술을 소비한다는 것

가 있다. 특정 예술에 대한 취향을 간접적으로 암시하는 것이 아니라, 실제로 향유하는 모습을 매우 직접적으로 가시화해 보여주기 때문이다. 그런 의미에서 이러한 행위는 정체성을 형성하고 감성을 표현하는 수단이자, 다른 사람과 나를 차별화하는 젊은 세대만의 새로운 '구별 짓기'라고도 볼 수 있다.

중요한 사실은 이들의 구별 짓기가 여기서 끝나지 않는다는 사실이다. 예술을 소비하는 나를 전시하는 행위를 넘어, 또 다른 이들은 예술 작품을 감상하는 나를 담는 과정에 일련의 '예술적인 방식'을 도입함으로써 그 사진이 또 다른 예술 작품으로 보이게끔 하는 전략을 구사한다. 마치 의도하지 않은 듯, 때로는 누군가가 몰래 찍은 사진인 것처럼, 사진 속 주인공은 카메라를 정면으로 응시하는 대신 뒤돌아선 채로 찍히거나, 사진의 중앙이 아닌 주변부에, 심지어 어떤 경우 반쯤 잘려진 채로 등장한다.

이러한 유형의 사진들은 사실상 피사체가 명확하지 않다. 앞의 사진이 매우 분명하게 예술 작품을 감상하는 나를 피사체로 삼았다면, 이제는 그 자체로 하나의 장면, 혹은 작품처럼 느껴진다. 여기에 별도의 색감처리, 필터

구도와 색감 등에 '예술적인 방식'을 도입함으로써
'감상하는 나'를 담은 사진이 또 다른 예술 작품으로 보이게끔 만들기도 한다.

와 보정이 가미되면서 사진의 작품성은 극대화된다. 또 한 번의 구별 짓기가 이루어지는 셈이다. 나아가 젊은 세대의 이러한 방식은 예술 소비가 이전처럼 감상에 그치지 않고, 감상 행위 자체를 또 다른 작품으로 만들어 SNS에 전시함으로써 소비와 생산, 또 다른 소비가 교차하는 새로운 방식을 보여준다는 점에서 의미가 있다. 또한 소위 고급예술로 명명되어온 순수미술이, '중간 예술'로 규정되어온 사진을 매개로 소비된다는 점에서 장르 간 경계를 흩트리는 행위로도 해석될 수 있다.

예술을
사회학적으로
읽어보기

IV

지금까지 예술사회학이 무엇인지, 예술사회학에서는 예술을 어떤 시각에서 바라보고 연구하는지, 예술과 사회의 관계를 둘러싸고 어떠한 논의들이 진행되어왔고, 또 진행 중인지를 살펴보았다. 이어지는 15장과 16장에서는 순수예술에 적용된 사례 하나와 대중예술에 적용된 사례 하나를 살펴볼 것이다. 이 사례들을 통해 우리는 하나의 예술 현상이 '문화의 다이아몬드'(순수예술)와 '보완된 문화의 다이아몬드'(대중예술)의 각 측면에서 어떻게 설명될 수 있는지, 이 측면들을 종합적으로 살펴보았을 때 얼마나 강력한 설명력을 지니는지 직접 확인할 수 있을 것이다.

먼저 15장에서는 오랫동안 굳건하게 자리를 지켜온 아카데미 시스템이 붕괴되고, 인상주의의 시대를 이끈 인상파가 새롭게 부상했던 현상에 대한 기념비적 분석을 수행한 해리슨 화이트Harrison C. White와 신시아 화이트Cynthia A. White의 연구[1]를 살펴본다. 다음으로 16장에서는 여대급 케이팝 돌풍을 일으키며 세계 정상의 인기를 구가하는 BTS의 성공 요인을 예술·사회·생산·분배·소비라는 '보완된 문화의 다이아몬드'의 다섯 측면에서 분석해볼 것이다.

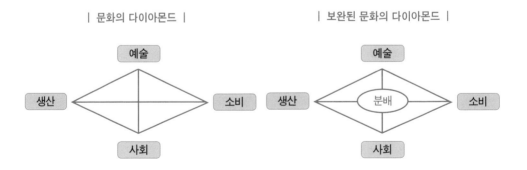

| 문화의 다이아몬드 | | 보완된 문화의 다이아몬드 |

IV. 예술을 사회학적으로 읽어보기

15. 인상파는 어떻게 부상했는가

지금부터 함께 살펴볼 '아카데미 시스템의 붕괴와 인상파의 부상'에 관한 분석은, 1965년 화이트와 화이트가 공동으로 집필한 《캔버스와 경력Canvases and Careers》에 근거한다. 이 연구는 '문화 생산 관점'을 가장 완전하게 보여준 초기 저작으로, 프랑스혁명기의 경제적 혼란과 이데올로기의 변화 속에서도 살아남았던 로열 아카

| 문화의 다이아몬드를 활용한 '인상파 부상' 분석 틀 |

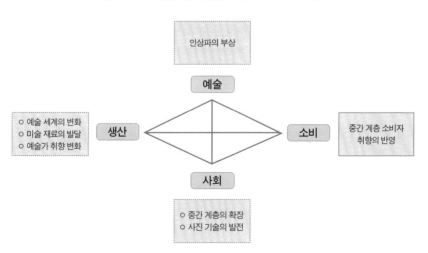

데미 예술 생산 시스템이 어떻게 무너졌는지, 그 자리를 인상주의의 새로운 화풍과 이를 주도한 인상파 화가들이 어떻게 대체하게 되었는지 잘 보여준다. 이 장에서는 '인상파의 부상'이라는 하나의 예술 현상을 웬디 그리스올드의 '문화의 다이아몬드'에 적용해 각 부분들을 살펴볼 것이다.

예술: 로열 아카데미 시스템의 붕괴

○ 견고했던 로열 아카데미 시스템의 붕괴
○ 새로운 화풍의 인상파 화가들의 등장과 대두

로열 아카데미 시스템과 장레옹 제롬

프랑스 미술계는 아주 오랫동안 '로열 아카데미'라는 하나의 견고한 시스템 안에서 작동해왔다. 아카데미 입성이 정식 화가로 인정받는 유일한 방법이었고, 예술 작품의 생산·분배·소비가 모두 이 시스템 안에서 이루어졌다. 화가들에게 제공되는 물질적·상징적 보상 역시 아카데미 안에서 분배되었다. 그야말로 폐쇄적이고도 배타적인 유일무이한 하나의 미술 장_field(예술의 생산 부분에서 설명했던 '독자적 보상 체계'가 여기에 해당한다)이었던 셈이다. 진정한 아름다움에 대한 절대적 미의 기준을 세우고, 위대한 작품이 무엇인지에 대해 추구하는 바가 명확했던 당시의 아카데미 소속 화가들은 소위 대작 혹은 걸작이라 불리는 작품들을 그려냈다. 대형 박물관이나 미술관이 아니고서는 걸어둘 수도, 제대로 감상할 수도 없는 커다란 캔버스에 그림을 그리는 데 몇 년의 긴 시간이 소요된 것은 물론이다.

그 당시 아카데미를 주도하던 화풍을 보여주는 대표적인 화가로는 장레옹 제롬Jean-Léon Gérôme을 들 수 있다. 신고전주의 화가이자 조각가인 제롬의 그림은 사진처럼 정확한 사실성과 조각 같은 인물 표현이 특징이다. 제롬은 프랑스 국립미술학교인 에콜 데 보자르École des Beaux-Arts에서 후학을 지도하고, 프랑스 최고 명예훈장인 레지옹 도뇌르Légion d'honneur를 받는 등 화가로서 커다란 명예를 누렸다. 대표작으로는 〈판사들 앞의 프리네Phryne before the Areopagus〉와 〈피그말리온과 갈라테이아Pygmalion and Galatea〉 등을 들 수 있다.

어렸을 적에 《그리스 로마 신화》 시리즈를 즐겨 보았던 독자라면, 피그말리온과 갈라테이아 이야기를 알 것이다. 그렇지 않더라도 '피그말리온 효과'라는 단어를 한 번쯤은 들어보았을 것이다. 피그말리온 효과는 무언가에 대한 긍정적인 믿음과 기대가 실제 현실이 되는 경향을 말한다. 자신이 조각한 여인(갈라테이아)을 사랑하게 된 피그말리온은 미의 여신 아프로디테에게 조각상을 실제 사람으로 변하게 해달라는 소원을 빌고, 마침내 그 소원을 이룬다. 제롬의 〈피그말리온과 갈라테이아〉는 이 이야기에서 가장 극적인 장면을 그려낸 것이다.

그림 속 남자는 이 이야기의 주인공인 키프로스의 조각가 피그말리온이다. 그가 껴안고 있는 여인은 그가 상아를 깎아 조각한 갈라테이아다. 그림의 오른편에서는 미의 여신 아프로디테의 아들 에로스가 갈라테이아를 사

장레옹 제롬의 대표작인 〈판사들 앞의 프리네〉(1861, 아래)와
〈피그말리온과 갈라테이아〉(1890)는 당시 아카데미가
진정한 '아름다움'으로 인정했던 화풍을 보여준다.

람으로 변하게 한 뒤 두 사람의 포옹을 지켜본다. 여기서 허리가 활처럼 휘
어 있는 갈라테이아의 모습에 주목하자. 허리 위쪽 피부는 정말 살아 있는
사람처럼 혈색이 도는 반면, 아직 완전히 변하지 못한 허리 아래쪽은 차가
운 빛의 상아색을 띤다. 제롬은 갈라테이아의 신체를 아름답고 완벽하게 묘
사했을 뿐만 아니라, 차가운 조각상에서 체온이 있는 실제 사람으로 변해가
는 모습을 사실적으로 그려냈다. 이 같은 사실적 묘사는 관객으로 하여금
신화 속 인물들이 실제 눈앞에 있는 듯한 깊은 감명을 준다. 그런데 도대체
왜 이러한 그림을 생산해낸 아카데미 시스템이 붕괴되고 인상파가 대두하
게 된 것일까?

새로운 화풍, 인상주의의 시작

'인상주의Impressionism' 혹은 '인상파'에 대해 구체적인 정보를 알지는 못하더라도, 인상파의 그림이 어떤 느낌인지, 인상파를 대표하는 화가들에는 누가 있는지 정도는 말할 수 있을 것이다. 그 정도로 우리에게 인상주의와 인상파 화가들의 그림은 친숙하다. 간략하게 설명해본다면, 인상주의는 19세기 후반 프랑스를 중심으로 일어난 미술 사조이며, 인상파는 인상주의를 추구한 화가들을 뜻한다. 인상주의의 가장 대표적인 특징은 기존의 전통적인 회화 기법을 거부하고 색채와 색조, 질감 자체에 관심을 두었다는 점이다. 이는 앞서 살펴본 신고전주의 화풍이 그림의 대상에 대한 사실적 묘사를 강조했던 것과 완전히 대비된다.

인상주의 화가들은 빛을 매우 중요하게 여겼다. 이들은 빛과 함께 시시각각으로 움직이는 색채의 변화 속에서 자연을 묘사했고, 색채나 색조의 순간적인 모습을 이용해 눈에 보이는 세계를 정확하고 객관적으로 기록하려 했다. 신화 속에 등장하며 이상적으로 여겨지는 인공적인 모습 대신, 있는 그대로의 모습, 화가의 눈에 보이는 바로 그 모습을 그려내고자 한 것이다. 인상주의는 1860년대 파리의 미술가들이 주도하기 시작했고, 대표적인 화가로는 우리가 익히 들어 아는 모네와 피사로, 고갱, 르누아르, 마네, 세잔, 고흐 등이 있다. 여기서는 인상파의 기원이 된 작품 〈인상, 해돋이〉를 그린 '인상파의 아버지' 모네의 이야기에 주목해볼 것이다.

클로드 모네Claude Monet는 프랑스의 대표적인 인상파 화가로, 인상파의 창시자이자 지도자로 불린다. 다른 인상파 화가들이 후기로 가며 화풍을 바꿔갈 때, 모네는 끝까지 인상주의 화풍을 고수하며 인상주의의 시작과 끝을

클로드 모네의 〈수련〉 시리즈(1890~1926) 중 일부.
빛과 기후의 조건을 달리해 매번 다른 모습으로 수련을 그렸다.

함께한 화가로도 잘 알려져 있다. 모네는 1890년부터 1926년 타계할 때까지 약 30년 세월을 〈수련〉 시리즈를 그리는 데 보냈다. 수련이라는 동일한 대상을 반복해 그렸지만, 빛과 기후의 조건을 달리해 매번 다른 모습으로 연작을 그려낸 것이 큰 특징이다. 기본적으로 인상파 화가들은 물체가 고유색을 갖는다는 사실을 부정한다. 이들은 매 순간 빛에 의해 변화하는 색채를 포착해서 그려내고자 했기 때문에 같은 장소에서 여러 장의 그림을 각기 다른 색채로 그려냈는데, 모네의 〈수련〉 시리즈가 바로 대표적인 사례라 할 수 있다(모네는 생전에 총 250점의 수련 그림을 그렸다).

이제부터는 흔히 '천재들의 부상'이라고 명명된 인상파의 대두라는 예술적 현상을 텍스트 삼아, 그것이 사회구조와 생산, 소비 영역의 변화들과 어떻게 연결되는지 살펴볼 것이다. 그저 시간의 흐름에 따라 자연스럽게 나타났다고 생각한 인상파의 그림들이, 복잡한 미술세계 안에서 어떠한 역동에 따라 출현하게 되었는지 함께 살펴보도록 하자.

사회: 중간 계층의 확장과 새로운 기술

○ 예술에 대한 관심이 큰 사회적 풍토
○ 구매력을 보유한 중간 계층의 발달
○ 사진 기술의 발달

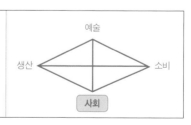

우리가 사회구조를 이야기할 때 대표적으로 언급하는 것이 바로 그 사회를 구성하는 계급 구조의 변화이다. 계급 구조 내에서 중심부를 차지하는 중간 계층은 한 사회를 지탱하는 데 가장 중요하다고 이야기된다. 이들은 특히 경제적 측면에서 한 사회의 중추 역할을 하는데, 중간 계층의 비율과 생활 수준이 높아질수록 그 사회는 전반적으로 삶의 질이 높다고 말할 수 있다. 한국의 역사를 잠시 되짚어 보자. 일명 압축적 근대화라 불리는 빠른 경제적 성장을 이룩한 한국 사회는, 특히 1990년대 들어와 경제 발전과 정치 민주화라는 두 마리 토끼를 모두 잡으며 '문화의 시대'이자 '여가의 시대', 무엇보다 '소비의 시대'로 접어들었다. 중산층은 높아진 구매력을 바탕으로 삶의 질을 높이는 데 필요한 물품과 경험들을 샀다. 이러한 구매층의 증가가 예술 시장의 활성화를 촉진시킨 것은 두말할 필요가 없다.

프랑스의 로열 아카데미 시스템이 붕괴되고 인상주의가 부상할 당시에도 이와 비슷한 사회구조적 환경이 조성되었다. 상당한 수준의 구매력을 가진 중간 계층이 발달한 것이다. 문화강국이라 불리는 프랑스에서, 생활수준의 향상을 경험한 중간 계층은 그전까지 자신들에게 허락되지 않았던 예술품 구매에 자연스럽게 관심을 갖게 되었다. 로열 아카데미 내부에 한정되어 있었던 일종의 미술 시장이 로열 아카데미 외부에 훨씬 더 큰 규모로 형성될 수 있는 토양이 마련된 것이다. 하지만 이 같은 중간 계층의 수요와 욕구를 충족시키기에 로열 아카데미 시스템은 적절하지 않았다. 이들은 예술을 위한 예술, 미학을 위한 미학을 추구했기에 아카데미 바깥의 소비자에게 관심을 두지 않았고, 변화하는 사회구조로부터 점점 동떨어지게 되었다.

사진술이라는 새로운 기술의 발전 역시 아카데미의 위상에 위협을 가하는 요소였다. 앞서 제롬의 그림을 필두로 한 신고전주의 화풍의 특징이 무엇이었는지 기억하는가? '사진과 같은 사실성'이었다. 대상을 있는 그대로 찍어 보여주는 사진이 없던 시절, 화가가 정교하게 사실적으로 묘사해낸 그림은 대단한 능력이었고, 그 자체로 범접할 수 없는 아우라가 있었다. 이미지를 기록으로 남길 수 있는 유일한 방법이라는 점을 무기 삼아 화가들이 사물을 왜곡 없이 그려내려 노력하는 동안, 과학자들은 사진을 만들어내는 기계를 고안하는 데 골몰했다. 그리고 1839년 8월 19일, 루이 자크 다게르Louis-Jacques-Mandé Daguerre가 30분 만에 사진이 나오는 발명품을 선보이게 된다.

이 최초의 사진기를 본 과학자들은 '조물주가 만들어낸 위대한 마법'이라며 극찬했지만, 화가들은 그들의 미래를 예견했는지 사진기의 등장을 '회화의 죽음'이라 명명하며 비난을 퍼부었다. 이제 사람들은 기록을 위해 그릴 필요가 없게 되었다. 더 정확하게 말하자면, 원하는 이미지를 기록으로 남기기 위해 수년에 걸쳐 막대한 비용을 지불할 필요가 없어졌다. 단 30분이면 원하는 이미지를 기록으로 남길 수 있게 되었기 때문이다. 이는 아무리 정교한 그림도 결코 따라갈 수 없는 것이었다. 인류의 역사를 살펴보면 새로운 기술의 등장은 언제나 사회의 여러 측면에 많은 변화들을 가져왔다. 기존 직업의 소멸과 새로운 직업의 부상을 야기하기도 하고, 이전에는 없었던 새로운 욕구나 욕망을 불러일으키기도 했다. 당시 프랑스 사회와 로열 아카데미도 이 같은 거센 변화의 바람에 직면했다고 할 수 있다.

생산: 야외로 나간 화가들과 딜러들

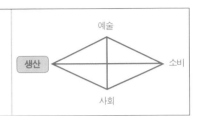

○ 예술 세계의 변화: 딜러-비평가 중심으로의 전환
○ 유화 물감과 기성 캔버스의 사용으로 가능해진 야외 작업
○ 예술가의 취향 변화: 아카데미를 벗어나 개성 표현

예술

생산 ←——————→ 소비

사회

미술계 내부에서도 대대적인 변화들이 일어나며 인상주의 태동의 촉진제로 작용했다. 좀 더 직접적으로 예술의 '생산' 측면과 관련해 화이트와 화이트가 주목한 첫 번째 변화는, 예술 세계가 아카데미 중심에서 '딜러-비평가' 중심으로 전환되었다는 점이다.

당시 프랑스 사회에서는 중간 계층이 확대되었을 뿐 아니라 화가들의 수 또한 대폭 증가했다. 문제는 아카데미 시스템의 '지나친' 성공에 있었다. 로열 아카데미는 약 200명의 예술가를 후원하고 보상하기 위해 만들어진 곳으로, 에꼴Ecole* 체계를 통해 뛰어난 예술가들을 파리로 데려왔고, 고급 예술을 확립했다. 그러나 점점 더 많은 예술가들이 파리로 몰려들자 아카데미는 그에 걸맞는 확장에 실패했고, 그에 따라 보상은 그 가능성이 너무나 희박해져버렸다. 줄어든 가능성은 필연적으로 더 많은 정치성의 개입으로

---

* 한국은 고등학교 이후에 대학이라는 하나의 교육 과정이 있는 반면, 프랑스는 크게 세 분야의 각기 다른 교육기관이 있다. 첫 번째는 대학Universités이고, 두 번째는 에꼴Ecoles, 세 번째가 그랑제꼴 Grandes Ecoles이다. 이 중 에꼴은 '전문과정'을 뜻한다('CIO 프랑스 유학원' 사이트 참조).

이어졌으며, 자연스럽게 아카데미 내에서 성공하지 못한 예술가들은 다른 길을 모색하기 시작했다.

이 상황에서 아카데미로부터 인정받지 못한 작품들의 판매 경로로서 딜러들의 존재는 매우 중요해질 수밖에 없었다. 19세기 후반에 등장하기 시작한 딜러들은 아카데미와 상관없이 예술 작품을 직접 판매했다. 물론 한 가지 장애가 있었다. 자신들이 판매하는 작품이 살 만한 값어치가 있는 훌륭한 작품이라는 확신을 고객에게 심어주어야 했다. 이들의 첫 계획은 잠재적 구매자들의 '그림 보는 눈'을 훈련시키는 것으로, 비평가들이 이 일을 담당했다. 비평가들은 곧 구매자들이 믿을 수 있는 이해 중립적인 집단으로 자리매김했으며, 딜러-비평가 체계에서 매우 중요한 구성 요소가 되었다. 이같은 현상은 바꿔 말하면, 그동안 아카데미에 입성해 인정받고자 했던 화가들이 더 이상 아카데미에 의존하지 않아도 되는 새로운 평가·거래 시스템이 구축되었다는 뜻이다. 사진술의 발달에 이어 아카데미의 '필요성'과 '중요성'이 다시 한번 감소하는 계기가 된 것이다.

아울러 그림 작업에 좀 더 직접적으로 영향을 미치는 또 다른 기술이 발달하게 되는데, 바로 유화 물감과 기성 캔버스의 등장이다. 앞서 여러 차례 언급했듯, 아카데미에 소속된 화가들은 별도의 커다란 화실이 필수적으로 요구되는 거대한 캔버스에 그림을 그렸으며, 물감 역시 요즘 흔하게 볼 수 있는 튜브형 물감이 아닌 직접 안료로 만든 물감을 사용했다. 따라서 화가들의 작업은 전적으로 실내에서 이루어질 수밖에 없었다. 하지만 들고 나갈 수 있는 크기의 캔버스와 튜브형 유화 물감은 예술가들에게 야외 작업이라는 새로운 장을 마련해주었다. 화실 밖으로 나갈 수 있었기에 그릴 수 있는 소재와 대상, 주제 역시 좀 더 다양하게 확장되었다.

이와 함께 기존의 신고전주의 화풍과는 다른 시도를 해보려는, 즉 아카데미와 차별화를 꾀하고 좀 더 개인의 고유한 개성·스타일이 반영되는 작품(예: 풍경화, 일상화)을 그리려는 화가들의 취향 변화도 인상주의의 발흥을 촉진하는 자극제가 되었다. 활성화된 딜러-비평가 중심의 시스템과 사진술의 발달, 가능해진 야외 작업을 고려해본다면 이 같은 취향 변화는 어쩌면 당연한 수순이었다고 할 수 있다.

소비: 중간 계층 취향의 부상

○ 새로운 구매자 집단인 중간 계층의 부상
○ 거실 장식용 사이즈의 그림 선호
○ 중간 계층의 취향에 맞춘 풍경화와 풍속화 증가

화가들의 예술 취향 변화는 새로운 소비 주체인 중간 계층의 부상과도 연관된다. 예술에 대한 관심과 구매력을 동시에 보유한 중간 계층의 그림 소비가 증가함에 따라, 화가들의 취향도 자연스럽게 관객들이 선호하는 스타일로 변화하게 되었기 때문이다. 앞서 프랑스 사회를 바탕으로 설문조사를 진행했던 부르디외는 상층계급과 중간계급, 하층계급의 예술 취향이 모두 다르다고 지적했는데, 그의 연구에 따르면 형식·대상과의 거리 등을 중요하게 여기는 상층계급과 달리, 중간계급은 풍속화나 풍경화 같은 좀 더 일상적인 그림을 선호한다. 또한 성과 같이 큰 규모의 저택에 거주하는 상층계급과 달리, 상대적으로 작은 규모의 집에 거주하는 중간계급은 거실에 장식용으로 걸어둘 수 있는 작은 사이즈의 그림을 선호한다. 이러한 수요자의 욕구는 그림을 판매해야 하는 화가들에게도 영향을 미칠 수밖에 없었다.

다음의 두 사진을 보자. 한 사진은 엄청난 크기의 그림들이 걸려 있는 대형 미술관 내부를 촬영한 것이다. 한눈에 그림을 담기 어려울 정도이다. 이 정도 크기의 그림은 웬만한 대저택이 아니고서는 거실 장식용으로 불가능하다. 그림의 주제 역시 집에 두기엔 무겁고 장엄한 느낌을 주어 중간계급의 취향과는 다소 동떨어져 있음을 알 수 있다. 반면 아래쪽의 사진은 모네의 〈수련〉 연작이 걸려 있는 미술관 내부를 촬영한 것으로, 가까이에서도 충분히 그림의 모든 부분을 한눈에 담을 수 있는 크기임을 알 수 있다. 더욱이 내용적 측면에서도 주제나 색감 면에서 중간 계급이 거실에 장식용으로 걸어두기에 안성맞춤이다.

지금까지 우리는 로열 아카데미 시스템의 붕괴와 인상파의 부상이라는 하나의 예술 현상이자 문화적 텍스트인 역사적 사실을 두고, 그것과 관계 맺으며 상호 영향을 미친 사회구조와 미술계(미술 시장), 소비자의 측면을 살펴보았다. 각각의 요소들이 유기적으로 연계되어 있다는 점이 흥미롭지 않은가? 이처럼 문화의 다이아몬드에 입각해 예술을 분석하는 작업은, 반영이론이나 형성이론처럼 예술과 사회의 관계를 단순한 일직선상에 놓고 바라보는 관점의 한계를 극복할 수 있도록 해준다. 동시에 생산과 소비의 측면, 이

새로운 소비 주체로 부상한 중간계급은 대저택에 사는 상층계급과 달리
거실에 걸어둘 수 있는 작은 그림을 선호했다.

들 각각의 요소들을 이어주는 선들에 대한 연구가 집적될 때 좀 더 풍성한 분석과 설명, 이해가 가능하다는 사실을 알려준다.

16. 다섯 장면으로 보는 BTS

한류를 주도하는 케이팝은 아시아 국가들을 넘어 전 세계에서 한국을 대표하는 콘텐츠가 되었으며, 그 정점에는 신드롬이라 불리는 BTS 현상이 자리한다. BTS 현상은 기존의 케이팝 붐과는 몇 가지 측면에서 결이 다르다.

첫째, 빌보드 앨범 차트 정상으로 상징되는 '북미 시장 정복'이다. BTS는 팝의 심장부인 미국에서 폭발적인 반응을 일으킨 뒤 아시아와 남미 지역으로 유명세를 키워나갔고, 외부의 인기가 일종의 도화선이 되어 다시 한국 대중의 관심을 증폭시킨, 글로벌 케이팝 역사상 처음으로 벌어진 일종의 양방향 혹은 역수입 현상이다. 둘째, 유례없이 공고한 글로벌 팬덤의 지지에 기반을 둔 성공이라는 것이다. BTS 성공은 이제 그들만큼이나 유명해진 '아미ARMY'라는, 다분히 독점적인 성격의 팬층이 뿜어내는 화력에 의해 떠받쳐졌다는 점에서 독특하다. 물론 오늘날의 BTS를 있게 한 데에는 오랜 시간 노하우와 시스템을 구축해온 한국 엔터테인먼트 산업도 자리하고 있다.

이 장에서는 '보완된 문화의 다이아몬드' 틀을 사용해 BTS 현상을 조망

IV. 예술을 사회학적으로 읽어보기

한다. 인상파의 경우와 달리, BTS의 성공을 '보완된' 문화의 다이아몬드 틀을 사용해 분석하는 이유는 명확하다. 현대로 오면서 '분배' 측면의 중요성이 날로 커지고 있기 때문이다. 인상파가 대두될 당시와 비교할 수 없는 매스미디어의 발전은 물론이고, 나날이 빨라지는 소셜미디어의 발달은 한류 등 한국 대중예술의 확산과 성공에 핵심적 역할을 수행하고 있다. '예술 세계', '핵심 인력과 보조 인력' 등의 개념을 고안해 예술사회학 분야에 뛰어난 업적을 남긴 베커가 비판받았던 것도 분배 체계에 대한 논의를 다루지 않았기 때문이다. 이에 여기서는 생산과 분배 체계 부분이 따로 분리된 '보완된 문화의 다이아몬드'를 활용해 BTS의 성공 요인을 크게 다섯 가지로 분석한다.

첫째, BTS라는 문화적 텍스트이다. 이와 관련해서는 모방과 결합을 통

| 보완된 문화의 다이아몬드를 활용한 'BTS 현상' 분석 틀 |

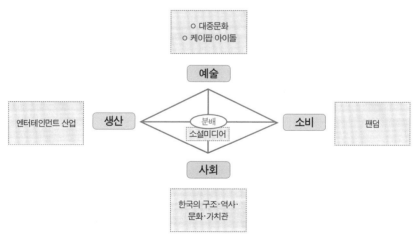

해 체화한 글로벌한 미학이라는 주제 아래, BTS 멤버들의 외모를 비롯한 음악, 가사, 퍼포먼스의 특성을 다각적인 관점에서 분석한다. 둘째, 생산 측면에서 한국의 문화 산업, 특히 기획사 주도의 엔터테인먼트 산업의 특징을 살펴본다. 셋째, 소셜미디어를 중심으로 한 분배 체계에 관한 부분이다. 대중문화 콘텐츠와 엔터테인먼트 산업·소비, 한국 사회 전반을 연결하는 소셜미디어의 영향력과 특징을 살펴봄으로써 케이팝을 통해 아시아의 미美가 전파되는 과정을 조망한다. 넷째, 소비 측면에 주목해 수동적 소비자에서 주체성과 능동성을 바탕으로 제2의 생산자가 된 팬덤의 기능과 역할, 특징을 분석한다. 마지막으로 다섯째, 앞서의 모든 것을 아우르는 토대인 사회 측면에 초점을 맞춰 BTS의 성공을 이끌어낸 한국 사회의 구조와 문화, 지배적인 가치와 감정적 특징 등을 살펴본다.

예술: 모방과 결합을 통한 진화

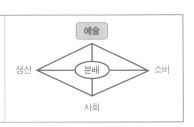

○ 음악: 국제적 감각과 한국적 색채의 어우러짐
○ 퍼포먼스: 독보적 실력이 주는 경이로움
○ 가사: 거대 담론에서 자아 탐구로의 이동
○ 외모: 남성다움의 중화를 통한 외적 아름다움의 재규정

BTS 신드롬을 문화의 다이아몬드에 적용시켜 보았을 때, '예술'의 위치에는 여러 가지가 놓일 수 있다. 예컨대 앞서 인상파에 대한 분석에서와 마찬

가지로 문화 현상 자체, 즉 BTS 신드롬이라는 현상이 하나의 꼭짓점을 차지할 수 있다. 그러나 여기에서는 좀 더 구체적인 맥락으로 들어가 이 현상을 촉발한 여러 문화적 요소들(음악, 퍼포먼스, 가사, 외모 등)을 살펴보기로 한다. BTS의 문화적 콘텐츠는 어떠한 특성들을 지녔기에 이런 유례없는 성공을 이끌어냈을까?

첫째, BTS의 음악은 국제적 감각과 한국적 색채를 동시에 겸비하고 있으며, 이를 조화롭게 개별 곡들에 녹여내 전 세계 팬들을 매료시키는 데 성공했다. 기존의 케이팝은 무국적의 미학에 입각해 초국가적인 제작 방식을 채택함으로써 한국이라는 지역색을 없앤, 완벽하게 서구적인 사운드를 구축해왔다. 그러나 BTS는 그동안 기피 요소로 다루어져왔던 한국성 또는 한국적 색채를 과감하게 드러냄으로써, 그동안 케이팝의 강점으로 강조되어 온 국제적인 감각 외에 새로운 매력을 전달할 수 있는 고유한 음악을 만들어냈다.

둘째, BTS가 보여준 화려한 퍼포먼스, 특히 이들의 '칼군무'는 보는 이들에게 일종의 경이로움을 안겨주며 BTS 신드롬을 견인하는 데 커다란 역할을 했다. BTS의 신곡이 발표되면 뮤직비디오와 무대는 물론, 별도로 공개된 안무 연습 동영상 속 고난이도의 춤과 완벽한 동작이 늘 화제가 되었다. 이와 관련해 음악평론가인 김작가는 "칼군무에 라이브까지 소화하는 BTS는 보이그룹 계보가 희미해진 미국 팬들에게 신선한 충격이었을 것"이라면서 BTS의 음악과 퍼포먼스 능력을 미국 시장에서의 성공 요인으로 꼽는다. 실제로 미국 신문 기사 대다수는 BTS가 보여주는 노래와 춤의 퍼포먼스에 대한 극찬을 아끼지 않고 있다.[2]

셋째, BTS 음악의 가사 역시 빼놓을 수 없는 성공 요소다. 2000년대 중반까지 케이팝은 해외 팬들을 타깃으로 설정해 영어나 일본어로 작사되거나 번안된 곡들을 만들어왔다. 그러나 BTS는 순수 한국말을 사용했으며, 때로는 각 지역의 사투리를 사용해 한국어의 다양성과 재치, 위트를 보여주었다. 무엇보다 이들의 가사가 전달하는 메시지는 단순히 남녀 간의 사랑이나 이별이 아니라 꿈이나 희망, 노력, 성장, 아픔 등 인간사 전반을 관통하는 정서적 측면을 다루었다. 특히 BTS는 멤버들 스스로의 자전적 이야기를 가사로 풀어내며, 주요 팬층이라 할 수 있는 전 세계 청년세대의 상황을 절절하고도 적절하게 대변해주었다.

넷째, BTS 멤버들의 외모는 새로운 남성미를 구축하며 인기를 높이는 데 중요한 역할을 했다. 서태지와 아이들을 비롯해 남성 아이돌인 H.O.T와 젝스키스(1세대), 빅뱅(2세대) 등은 물론이고, 이제까지 서구의 보이그룹들은 거친 느낌의 고전적·전통적 남성미를 강조해왔다. 그러나 BTS는 이 틀을 깨고 앨범의 콘셉트에 맞는 화려한 메이크업과 다양한 헤어, 중성적 느낌의 의상을 두루 섭렵했다. 또한 남성들에게 터부시되어온 눈물 등의 솔직한 감정들을 서슴없이 표출함으로써 전통적인 성性 관념에 고정되어 있던 아름다운 외모의 경계를 허물며 긍정적인 반향을 일으켰다.

사회: 한국 사회의 구조와 문화

○ 인정 욕구에 기반한 성장의 신화
○ 수월성과 효율성 우선주의
○ 열성적인 댓글 문화
○ 한국의 팬덤 문화와 가족주의

문화의 다이아몬드에서 '사회'에 해당하는 부분은, 예술·생산·분배·소비의 측면과 결부된 한국 사회의 구조적·제도적·사회문화적 측면이 어떻게 BTS의 성공을 이끌어냈는지에 대한 이야기이다. 물론 여기에는 긍정적 측면뿐 아니라 부정적 측면도 함께 존재한다. BTS 신드롬의 배경에 자리한 양날의 검과 같은 사회적 측면은 크게 네 가지로 구분할 수 있다.

첫째, 인정 욕구에 기반한 성장 신화다. 한국은 오랫동안 선진국의 인정을 절대적인 성공 기준으로 삼아, 이들의 문화를 적극적으로 모방·결합해 글로벌한 특성을 띤 케이팝이라는 새로운 장르를 만들어냈다. 일각에서는 이를 두고 케이팝이 세계의 인정을 받기 위해 한국의 국적성이나 지역성, 그 외 많은 개인 아티스트들의 개인성과 주체성을 지워버렸다며 비판한다. 그러나 또 다른 측면에서 보면, 이 같은 해외 문화의 적극적 차용과 도입은 전 세계에 보편적으로 통용되는 '글로벌한 매력'으로서 케이팝의 문법을 만들어냈다는 점에서 장점이 있다고 볼 수 있다.

둘째, 탁월함을 생산해내는 데 큰 장점을 발휘해온 한국 엔터테인먼트 산업의 수월성과 효율성 우선주의를 들 수 있다. 케이팝뿐 아니라 한국의 여러 영역에서 발현되어온 이 같은 전략은 다양한 명암이 있다. 부정적인 측면에서 바라보자면, 수월성과 효율성의 극단적 추구는 10대 연습생들과 아이돌 멤버들의 혹독한 연습, 그로 인한 인권 침해로 이어질 수 있다는 점에서 문제적이다. 반면 이 같은 수월성 추구는 케이팝의 대대적 성공을 이끈 핵심 요소인 '칼군무' 등의 완벽한 퍼포먼스는 물론, 아이돌의 빼어난 외모 등과 불가분의 관계를 맺고 있다는 점에서 무조건 부정적으로만 평가하기에는 어려움이 있다.

셋째, 초연결 시대 소셜미디어의 영향력과 트랜스미디어 전략과 관련해 오늘날 한국 사회를 지배하는 댓글 문화 역시 매우 중요하다. 최근 연예 분야 관련 기사들에 난무하는 악플이 심각한 사회문제로 떠오르자, 포털사이트인 다음과 네이버는 해당 분야 기사의 댓글 기능을 중단한 바 있다. 이는 명백하게 댓글 문화의 부정적 측면을 보여준다. 그러나 앞서 BTS의 팬클럽 아미의 사례를 통해 살펴보았듯, 인터넷상에서 벌어지는 활발한 의견 교류와 상호작용은 BTS가 만들어내는 많은 콘텐츠들을 전방위적으로 확산하는 효과가 있으며, 이들의 성공에 결정적인 영향을 미쳤다.

넷째 한국의 팬덤 문화와 그것이 담지하는 가족주의가 중요한 사회문화적 요소로 지목될 수 있다. 오늘날 아이돌 멤버를 대하는 팬들의 태도는 가족 구성원을 대하는 태도와 유사하다. 좋아하는 아이돌 멤버를 '오빠'는 물론 '내 새끼' 또는 '우리 애'로 부르거나, '내 가수를 키운다'는 마음으로 정성 들여 팬 활동을 하는 경우가 대부분이기 때문이다.

그러나 이 같은 가족적인 분위기의 팬 활동은 한국의 실제 현실을 고려할 때 괴리되는 부분이 많다. 현대의 한국 사회는 과거에 정상가족이라 불리턴 시스템이 해체되면서 자발적 비혼, 딩크DINK, 1인 가구 등으로 그 형태와 내용이 점차 다변화·다각화되고 있다. 이러한 현실적인 상황을 고려해본다면 팬덤 인구의 급격한 증가와 확장이나, 자신이 좋아하는 아이돌을 친밀한 가족 구성원처럼 대하는 현상은 어쩌면 완벽한 가족을 꿈꾸는 현대 한국인의 바람과 그에 대한 좌절이 투영된 현상으로 해석될 수도 있을 것이다.

생산: 완벽함을 만들어내는 기획사 시스템

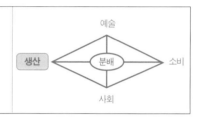

○ 한국 엔터테인먼트 산업의 독특한 시스템
○ 빅히트 엔터테인먼트: 기존 시스템의 진화
○ K팝을 만드는 사람들: 케이팝 한류의 바탕이 된 문화 세대

BTS 신드롬을 설명해주는 '생산' 측면의 첫 번째 요소로는 외모·음악·퍼포먼스의 삼위일체라는 케이팝의 완벽함을 만들어내는 한국의 문화 산업 시스템을 꼽을 수 있다. 그 중심에는 소위 '기획사'라 불리는 엔터테인먼트 산업 주체가 자리한다. 현재 한국의 4대 연예기획사인 SM, JYP, YG, HYBE(빅히트)는 BTS를 비롯한 케이팝 성공의 근원지로 인식되며 전 세계적인 주목을 받고 있다.

잘 알려져 있듯 오늘날의 케이팝은 미국과 영국, 일본 등 선진국의 아이돌 프로덕션 시스템을 계승한 것으로, 미국적인 팝 아이돌의 전통을 이은 것이 1980년대 제이팝 아이돌, 그 뒤를 이은 것이 2000년대 케이팝 아이돌 산업이다. 즉, 케이팝 아이돌은 미국의 보이밴드와 일본의 아이돌 문화 전통을 잇는 포맷이라 할 수 있다. 이때 케이팝은 제이팝 시스템에서 한 발 더 나아가, 시각적·미적 충격을 안겨주는 뮤직비디오와 전문 댄서를 방불케 하는 안무를 결합해 그 완성도를 한층 더 높이는 데 성공했다. 이수만의 SM 엔터테인먼트가 최초로 미국 댄스 음악의 트렌디함과 일본의 아이돌 육성 시스템을 접목시켰으며, 이후 양현석의 YG, 박진영의 JYP 등 3대 기획사와 그 후 설립된 수많은 연예기획사들이 이러한 시스템을 도입했고, 이는 한국을 대표하는 문화 산업 시스템으로 자리 잡았다.

이러한 체계적이고도 엄격한 문화 산업 시스템 아래서 생산된 케이팝 아이돌은 국제적 감각을 중심으로 한 보편적인 사운드와 비주얼, 타의 추종을 불허하는 뛰어난 실력을 기반으로 전 세계에 한류 바람을 일으켰다. 세계의 팬들은 케이팝 아이돌이 보여주는 화려함과 완벽함에 열광했으며, 많은 외신들은 한국의 아이돌 육성 시스템에 주목했다. 얼마나 많은 연습생들이 오랜 시간 땀을 흘리며 연습하는지, 또 연예 기획사에서 이들의 외모를 관리하고 춤과 노래, 외국어, 작사·작곡 스킬을 체계적으로 가르치는 데 얼마나 많은 투자를 하는지 앞다투어 보도했음은 물론이다. 오늘날 케이팝 아이돌이 보여주는 탁월성 뒤에는 이들의 피, 땀, 눈물과 치열하게 작동하는 한국 엔터테인먼트 산업의 기획력이 있다.

BTS와 이들을 키워낸 HYBE 엔터테인먼트와 방시혁 프로듀서는 이러한 케이팝의 전통을 계승하는 동시에 그 한계를 극복해 케이팝의 장면을 한 단계 진화시킨 팀이라고 할 수 있다. 접목과 결합의 완벽한 체화를 통해 성장해온 케이팝의 역사에서 BTS는 보이밴드의 오랜 전통에 힙합이라는 낯선 요소를 접목하는 데 성공했다. 뿐만 아니라 BTS는 기존의 케이팝 아이돌들이 시도하지 않았던 철학, 문학, 미술, 현대무용 등 다양한 예술 장르를 끌어왔다. 이를 통해 기존 한국 대중문화의 맥을 따르면서도 한 단계 더 진화시켜, 다양하고도 넓은 스펙트럼의 콘텐츠로서 케이팝의 영역을 확장시키는 데 기여했다.

한국 문화 산업이 이렇게 강력한 힘을 기를 수 있게 된 데에는 무엇보다 1990년대 경제적·문화적 호황기를 거치며 세계의 문화를 흡수하고, 이를 자연스럽게 체화하며 자신들만의 문화적 자본을 누적해온 '문화 세대'의 형성이 큰 영향을 미쳤다. HYBE의 방시혁을 비롯해 YG의 양현석, JYP의 박진영, 그 외 한국 주요 엔터테인먼트 산업을 이끄는 이들은 1990년대에 청(소)년기를 보냈던 세대로, 주로 정치적·경제적 특성들로 규정되던 이전 세대들과 달리 문화적 생산력과 소비력을 무기로 한국의 새로운 대중문화 영역을 개척하고, 그 수준을 세계 정점에까지 올려놓은 장본인들이다.

분배: 네트워킹의 놀라운 힘

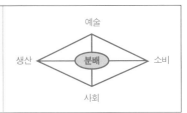

- ○ 케이팝에 날개를 달아준 초연결 시대의 소셜미디어
- ○ 1인 미디어와 개인 플랫폼의 증가가 일으키는 바이럴
- ○ 트랜스미디어 스토리텔링을 통한 세계관의 확장

BTS 신드롬은 그 어느 때보다도 빠르고 역동적으로 확산되는 초연결 시대의 SNS를 빼놓고는 설명할 수 없다. 많은 연구들이 BTS의 성공을 둘러싸고 그들은 무엇이 달랐는지를 규명하는 데 골몰해왔으며, 그 주요한 요인으로 청년세대 중심의 팬덤과 이들이 한몸처럼 사용하는 소셜미디어를 지목했다. 그 시작은 2012년 싸이의 〈강남스타일〉이 한국 대중문화 최초로 유튜브 조회 수 1억 건을 달성하며 미국 진출에 성공한 일이다. 이는 수직적 유통 방식을 바탕으로 하는 매스미디어의 힘이나 가수의 유명세에 기반하지 않고, 국내외 소셜미디어의 활용이 부각되며 수평 전파가 이루어진 사례이다.[3]

이후 BTS를 비롯한 많은 케이팝 아이돌들이 유튜브나 페이스북, 트위터, 인스타그램, 브이앱 등 다양한 SNS를 활용해 음악을 홍보하며 인지도와 인기도를 높인다. 실제로 한 조사에 따르면 해외 수용자들이 한국의 음악 콘텐츠를 접촉하게 되는 경로 1위는 온라인·모바일 서비스 플랫폼(83.6퍼센트)인 것으로 나타났으며,[4] 그 외 많은 연구들 역시 케이팝 수출에 SNS가 강력한 영향력을 행사했음을 인정한다.[5] BTS는 이러한 SNS 활용에서 단연 압도적인 양상을 보여준다. BTS는 2013년에 데뷔했지만 2011년 7월부터 팬

들과 트위터로 소통을 시작했으며, 전 세계 뮤지션 중 트위터상에서 가장 많이 언급된 그룹으로 기네스북에 등재되었다. BTS의 공식 트위터 팔로워 수는 4195만 7682명(2022년 11월 4일 기준)이다.

트랜스미디어 스토리텔링을 통해 확장되는 세계관의 적극적인 활용 또한 BTS가 기존의 케이팝 아이돌과 달리 새롭게 취했던 전략 중 하나이다. 트랜스미디어란 헨리 젱킨스Henry Jenkins에 의해 제시된 개념으로, 초월을 의미하는 '트랜스trans'와 매체를 의미하는 '미디어media'를 합성한 단어이며, 전통적인 한 가지 미디어의 경계선을 넘어 서로 결합·융합된 미디어를 말한다. 그리고 트랜스미디어 스토리텔링은 다양한 미디어 플랫폼을 통해 이야기를 풀어내 청자의 이해를 돕는 것을 의미한다. 음반, 앨범, 영화, 도서, 드라마와 같은 각각의 텍스트들이 하나의 '세계관'이라 할 수 있는 전체 스토리 안에서 서로 구별되는 독특함을 지니는 가운데 가치 있는 기여를 하게 되는 것이다.

BTS는 유기적으로 구성된 시리즈 유형의 앨범에서 이 같은 트랜스미디어 전략을 활용해 'BUBTS UNIVERSE'라 불리는 BTS 세계관을 구축하고, 팬들의 온라인 네트워킹을 촉진했다. 이를 통해 대내적으로는 팬들에게 엄청난 몰입감과 재미를 선사하고, 대외적으로는 인지도와 화제성을 극적으로 끌어올리는 데 성공했다. 현재 BTS의 트랜스미디어 전략에 관해 인터넷을 검색해보면 'BTS의 세계관을 제대로 즐기는 법'을 정리해둔 다수의 블로그 글이나 게시글 등을 찾아볼 수 있는데, 이들에 따르면 먼저 웹툰을 보며 대략의 느낌과 내용을 파악하고, 뮤직비디오를 본 후, 그에 관해 팬들이 정리해둔 해석을 보면 각 앨범을 좀 더 완전하게 이해할 수 있다.

BTS가 구사한 이러한 트랜스미디어 전략은 새로운 BTS 콘텐츠 소비 양상과 직결된다고 할 수 있다. 소비자들은 단순히 BTS의 음악이 전달하려는 핵심적인 주제 의식이나 메시지에 주목하기보다는, 개별 곡과 뮤직비디오를 분해해 그 속에 흩뿌려진 수많은 단서들을 수집하고, 이를 퍼즐 조각처럼 이어 붙여 재구성한다. 그리고 팬들은 비로소 BTS의 세계관을 이해하게 된다. 이는 분배의 측면에서 중요한데, '퍼즐 맞추기' 과정에서 수많은 팬들이 서로 의견을 공유하고 나름의 해석을 내놓으며 BTS의 콘텐츠를 알리고 퍼뜨리는 역할을 하기 때문이다. 이는 기획사가 주축이 되어 텔레비전이나 라디오 등의 매스미디어를 통해 위에서 아래로 콘텐츠를 분배하던 것과는 완전히 다른 분배 방식이다.

소비: 팬덤, 생산자가 되다

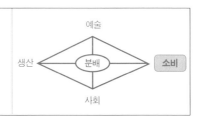

- ○ 팬덤의 역사: '오빠부대'에서 유사 가족으로
- ○ 팬덤의 특징: 연대의 힘을 통한 선한 영향력 행사
- ○ 소비층의 변화: '덕질'을 체화한 소비자의 등장과 확산

문화의 다이아몬드 중 '소비' 측면에 초점을 맞추면, 무조건적 추종자에서 능동적인 생산자로 거듭나며 주체성을 발휘하게 된 팬덤에 대해 고찰해볼 수 있다. BTS 신드롬을 이끈 팬덤의 새로운 면모를 분석하기 위해서는 우선

팬덤의 역사에 대해 간략하게 살펴볼 필요가 있다. 1세대와 2세대를 지나 3세대를 거쳐 이제 4세대 아이돌 시대를 맞는 한국 대중문화계는 그에 상응하는 오랜 팬덤의 역사를 보유하고 있다. 비단 아이돌 팬덤이 아니더라도, 한국은 팬클럽의 원조인 조용필 '오빠부대'를 시작으로 팬덤의 개념과 구성, 기능과 역할 측면에서 다양한 변화의 양상을 거쳐왔다. 3세대 팬덤 이전까지만 하더라도 소위 '빠순이'라 불리며 멸시의 대상이 되었던 아이돌 팬덤은 이제 케이팝의 가장 든든한 지원군이자 권력이 되었다.[6] 사실상 BTS가 싸이와 다르게 꾸준하면서도 점진적인 성과를 내는 것이나 빌보드 뮤직 어워드 톱 소셜아티스트 상을 5년 연속 수상(2017~2021)한 것, 비틀스 이후 처음으로 1년 내 세 개의 앨범을 '빌보드 200' 1위에 올린 것은 모두 팬덤의 영향이라 할 수 있다.

과거의 아이돌이 범접할 수 없는 우상으로 존재하던 것과 달리 오늘날 아이돌은 점차 함께하는 친구·동료의 역할을 수행하면서, 팬덤의 성격도 수동적이고 무조건적인 추종자에서 유사 가족이자 능동적인 생산자로 변모했다. 팬들은 지지하는 아이돌의 이모, 삼촌, 엄마, 동생을 자처하며 그들을 '내 새끼'나 '우리 애'로 부르면서 적극적인 양육자의 태도를 취하고, 실제 가족과 같은 격려와 보살핌, 애정 어린 비판을 서슴지 않는다. 특히 BTS의 경우 전 세계의 팬들이 트위터나 팬 커뮤니티를 통해 소통·교류하며 여러 사회적 이슈들에 대해 선한 영향력을 행사하는데,[7] 이는 점차 개별화·파편화되어가는 현대사회의 개인들을 연결하고, 사회에 긍정적인 영향까지 미친다는 점에서 새로운 종류의 연대가 갖는 힘을 보여준다.

BTS의 선한 영향력을 보여주는 대표적인 사례로는 BTS가 2017년 유엔

BTS' army of admirers: Inside one of the world's most powerful fandoms

By Yoonjung Seo and Julia Hollingsworth, CNN
Updated 0407 GMT [1207 HKT] October 13, 2019

News & buzz

Fact checking Trump's claim that Kurds did not help the US in

China President Xi Jinping's balancing act over Hong Kong

BTS가 유니세프와 함께 '러브 마이셀프' 캠페인을 펼치는 모습(맨 위)과
CNN이 "세상에서 가장 강력한 팬덤"이라고 보도한 BTS의 팬덤 '아미'.
이 캠페인은 아미가 적극 동참하면서 영향력이 커졌다.

아동기금(유니세프)과 공동 진행한 '러브 마이셀프LOVE MYSELF' 캠페인을 들 수 있다. 유니세프는 2021년 10월 6일 발표한 성명에서 BTS와 시작한 '러브 마이셀프' 캠페인으로 4년간 무려 360만 달러(한화 약 42억 9000만 원)의 기부금 이 모였다며 BTS에 각별한 감사를 표했다. 2017년 시작된 이 캠페인은 아동·청소년 폭력 근절 등을 주제로 시작됐으며, BTS는 유엔총회 연설, 음악, 콘서트, 인터뷰, 소셜미디어 등 다양한 경로로 전 세계에 희망의 메시지를 전했다. 그리고 이에 공감한 BTS의 팬덤 아미가 적극적으로 기부와 선행에 동참하면서 캠페인의 영향력도 갈수록 커졌다. 2020년에는 BTS와 소속사 HYBE 엔터테인먼트가 비영리단체인 '블랙 라이브스 매터Black Lives Matter(흑인의 생명도 중요하다)' 측에 100만 달러(한화 약 12억 원)를 기부한 사실이 알려지자, 아미들 역시 200만 달러(한화 약 24억원) 이상을 기부해 화제가 되기도 했다.

여정을 마무리하며

우리의 예술사회학으로의 첫 여정이 모두 끝이 났다. 어떤가? 예술을 사회학적으로 읽어낸다는 것이 무엇인지 이해가 되는가? 이 여행을 무사히 마친 독자라면 분명 예술을 사회학적으로 읽어낼 수 있는 단단한 힘을 갖게 되었을 것이라 생각한다. 이 힘을 바탕으로 어떤 예술을 어떠한 방식으로 더욱 흥미진진하게 읽어나갈지는 이제 여러분들에게 달렸다. 그러나 걱정할 필요는 없다. 이제까지 학습한 내용들과 함께라면 예술사회학으로 또 다른 여행을 떠날 때도 여러분들의 발걸음은 한층 더 가벼워질 것이다.

모쪼록 이 책을 통해 독자들이 예술이라는 매력적인 대상을 사회학이라는 한층 더 매력적인 학문적 시각에서 바라볼 수 있기를, 그리고 이 책을 자양분 삼아 앞으로 더 많은 한국적 사례들을 담아낸 예술사회학 연구들이 풍성해지기를 기대해본다. 새내기 예술사회학자로서 홀로서기를 준비하는 여러분들에게 이 책이 유용한 선물이 되었기를 바란다.

주

I. 예술사회학으로 떠나기 전에

1) Wendy Griswold, *Renaissance Revivals: City Comedy and Revenge Tragedy in the London Theater, 1576-1980*, The University of Chicago Press, 1986.

2) Victoria D. Alexander, *Sociology of the Arts: Exploring Fine and Popular Forms*, Malden, MA: Blackwell, 2003.

3) Dorothy Q. Leavis, *Fiction and the Reading Public*, London: Chatto and Windus, 1978[1932].

4) Bernard Rosenberg and David Manning White(eds.), *Mass Culture: The Popular Arts in America*, Michigan: Free Press, 1957, p.9.

5) Dick Hebdige, *Subculture: The Meaning of Style*, New York: Methuen, 1979.

6) Paul Willis, *Profane Culture*, London: Routledge, 1978.

7) 정철현, 《문화연구와 문화정책》, 서울경제경영, 2005.

8) Simon Firth and Howard Horne, *Art into Pop*, London: Methuen, 1987, p.109.

II. 예술과 사회가 만나는 방식

1) 박노해, 《노동의 새벽》, 느린걸음, 2014[1984].

2) Peter Laslett, *Household and Family in Past Time*, Cambridge University Press,

1972.

3) 이태준, 《까마귀-이태준 단편선》, 문학과지성사, 2006.

4) 김경식, 〈근현대 한국의 국민병〉, 《함춘인사이드: 서울의대 역사 스케치》, 2017.

5) 최샛별·최흡, 《만화! 문화사회학적 읽기》, 이화여자대학교출판부, 2009.

6) 이서라·정의준, 〈영화 '장미의 이름'에 나타난 '지식과 권력'의 속성 탐색: 기호학의 '이항적 대립' 구조를 중심으로〉, 《한국콘텐츠학회논문지》, 15권 8호, 2015, 194~200쪽.

7) Bernard Berelson, "Content Analysis in Communication Research", *Free Press*, 1952.

8) Leo Lowenthal, *The Triumph of Mass Idols*, Routledge, 1984, p.111.

9) 앞의 책, p.123.

10) 〈유재석·우사인 볼트에게도 밀린 이순신 장군·세종대왕〉, 《조선일보》, 2017.2.20.

11) Don G. Campbell, *The Mozart Effect*, AVON BOOKS, 2001.

12) 〈수사전문가들 '영화-드라마, 이래서 모방범죄 걱정'〉, 《동아일보》, 2021.8.10.

13) 〈'더 세게, 더 잔혹하게' … 폭력의 끝장 치닫는 한국영화〉, 《연합뉴스》, 2016.9.25.

14) 〈교도소 수감된 사회의 문제아들이 '강남 스타일' 말춤을 추면서 생긴 일〉, 《조선일보》, 2021.6.22.

III. 생산되고 소비되는 예술

1) Barbara Rosenblum, "Style as Social Process", *American Sociological Review*, 43(3), 1978, pp.422~438.

2) Samuel Gilmore, "Coordination and Convention: The Organization of

the Concert World", *Symbolic Interaction*, 10(2), 1987, pp.209~227.

3) Annett Kuhn, "Post–war Collecting: The Emergence of Phase III", *Art In America*, 65(September), 1977, pp.110~113.

4) Kitty C. Hart, "Changing Public Attitudes Toward Funding the Arts", *Annuals of the American Academy of Political and Social Science*, 471(January), 1984, pp.45~56.

5) Betty Chanberlain, "Professional Page: Alternative Space", *American Artist*, 44(September), 1980, pp.99~100.

6) Michael Useem, Paul DiMaggio and Paula Brown, *Audience Studies of the Performing Arts and Museums: A Critical Review*, Washington: National Endowment for the Arts, 1977.

7) Ronald Berman, "Art vs. The Arts", *Commentary*, 68(November), 1970, pp.46~52.

8) 정호승, 《수선화에게 – 정호승 시선집》, 비채, 2015.

9) 하상욱, 《서울 시 2》, 중앙북스, 2013.

10) 조성관, 〈'한 줄 시로 인생역전 – 나'〉, 《주간조선》, 2014.11.7.

11) Diana Crane, *Reward Systems in Art, Science, and Religion*, SAGE Journals, 1976.

12) William T. Bielby and Denise D. Bielby, "I Will Follow Him: Family Ties, Gender–Role Beliefs, and Reluctance to Relocate for a Better Job", *American Journal of Sociology*, 97(5), 1992, pp.1241~1267; "WOMEN AND MEN IN FILM: Gender Inequality Among Writers in a Culture Industry", Gender & Society, 10(3), 1996, pp.248~270.

13) Jay G. Blumler and Elihu Katz(eds.), *The Uses of Mass Commuication*, London: sage, 1974.

14) Gaye Tuchman, Arlene Kaplan Daniels and James Benet(eds.), *Hearth and Home: Images of Women in Mass Media*, New York: Oxford University Press, 1978.

15) Terry Eagleton, *Literary Theory: An Introduction*, Minneapolis:

University of Minnesota Press, 1983, p.89.

16) 이원진, 〈[토요인터뷰] 최승호 시인 "내 시가 출제됐는데, 나도 모두 틀렸다"〉, 《중앙일보》, 2009.11.21.

17) 안진의, 〈[사색의 향기] 관람, 해석의 자유〉, 《한국일보》, 2014.9.28.

18) 같은 글.

19) Dick Hebdige, *Subculture: The Meaning of Style*, Routledge, 1979.

20) John Storey, *An Introductory Guide to Cultural Theory and Popular Culture*, Harvester Wheatsheaf, 1993, p.67.

21) Raymond Williams, *Marxism and Literature*, Oxford University Press, 1977.

22) John Fiske, *Understanding Popular Culture*, Routledge, 1989.

23) 최샛별·이명진, 〈문화자본 지수의 개념화와 측정: 디마지오의 문화자본 지수 체계를 중심으로〉, 《한국사회학》, 47권 2호, 2013, 31~60쪽; 〈한국의 문화자본 지형도 구성을 위한 척도개발 기초연구: 문화예술 활동과 음악선호를 중심으로〉, 《조사연구》, 13권 1호, 61~87쪽.

24) 최샛별, 〈상류계층 공고화에 있어서의 상류계층 여성과 문화자본: 한국의 서양고전음악전공여성 사례〉, 《한국사회학》, 36권 1호, 2002, 5~28쪽.

IV. 예술을 사회학적으로 읽어보기

1) Harrison C. White and Cynthia A. White, *Canvases and Careers: Institutional Change in the French Painting World*, The University of Chicago Press, 1965.

2) 최샛별, 〈글로벌 아티스트 BTS의 경계짓기와 경계넘기〉, 동아시아연구원, 2020, 47~78쪽; 최샛별 외, 《BTS의 글로벌 매력 이야기》, 동아시아연구원, 2021.

3) 배영, 〈문화 콘텐츠의 유형별 소비패턴과 소셜미디어의 역할〉, 《정보

사회와 미디어〉, 15권 2호, 2014, 33~65쪽.

4) 류은주·변정민, 〈K-Pop의 한류 지속을 위한 소셜 미디어 활용 방안에 대한 고찰〉, 《문화와 융합》, 41권 3호, 2019, 167~218쪽.

5) 이웅철, 〈우리는 항상 무엇인가의 팬이다: 팬덤의 확산, 덕질의 일상화, 취향의 은폐〉, 《한국문화인류학》, 49권 3호, 2016, 95~135쪽; 송정은·장원호, 〈Building Empathy in Hallyu〉, 《지역사회학》, 19권 2호, 2018, 29~52쪽.

6) 한국국제문화교류진흥원, 《한류 나우》, 29권, 2019.

7) 〈"방탄소년단의 선한 영향력, '아미'의 건강한 팬문화 … 전 세계에 희망과 감동"〉, 《스타뉴스》, 2020.5.23.

도판 출처

찾아보기

인명

용어

문헌

그림, 음악, 영상